改革试验创新教材
供医学类院校使用

逻辑学教程

第3版

主　审　蔡　锋

主　编　刘　辉　路　博

副主编　曲富有　杨夕琳　李茹冰

编　者（按姓氏笔画排序）

王　睿　哈尔滨医科大学（大庆）

白　冰　哈尔滨医科大学（大庆）

曲富有　哈尔滨医科大学（大庆）

刘　辉　哈尔滨医科大学（大庆）

李茹冰　哈尔滨医科大学（大庆）

杨夕琳　哈尔滨医科大学（大庆）

罗秋莎　哈尔滨医科大学（大庆）

姜佳琦　哈尔滨医科大学（大庆）

姜婷婷　哈尔滨医科大学附属第五医院

路　博　哈尔滨医科大学（大庆）

人民卫生出版社
·北京·

图书在版编目（CIP）数据

逻辑学教程 / 刘辉,路博主编 . -- 3 版 . -- 北京 ：
人民卫生出版社, 2024. 6. -- ISBN 978-7-117-36431-7

Ⅰ. B81

中国国家版本馆 CIP 数据核字第 20247XC810 号

人卫智网	www.ipmph.com	医学教育、学术、考试、健康，购书智慧智能综合服务平台
人卫官网	www.pmph.com	人卫官方资讯发布平台

逻辑学教程
Luojixue Jiaocheng
第 3 版

主　　编：刘　辉　路　博
出版发行：人民卫生出版社（中继线 010-59780011）
地　　址：北京市朝阳区潘家园南里 19 号
邮　　编：100021
E - mail：pmph @ pmph.com
购书热线：010-59787592　010-59787584　010-65264830
印　　刷：三河市国英印务有限公司
经　　销：新华书店
开　　本：787×1092　1/16　　印张：12
字　　数：300 千字
版　　次：2017 年 12 月第 1 版　　2024 年 6 月第 3 版
印　　次：2024 年 7 月第 1 次印刷
标准书号：ISBN 978-7-117-36431-7
定　　价：40.00 元

打击盗版举报电话：**010-59787491**　　**E-mail：WQ @ pmph.com**
质量问题联系电话：**010-59787234**　　**E-mail：zhiliang @ pmph.com**
数字融合服务电话：**4001118166**　　**E-mail：zengzhi @ pmph.com**

前　言

人类的一切思维活动和知识领域都要应用逻辑,离不开逻辑。国际上历来有把"逻辑学"列为学校的文化基础课而加以研修的传统。1974年联合国教科文组织(UNESCO)把逻辑学(包括逻辑的运用、演绎逻辑、一般逻辑、归纳逻辑、方法论等)、数学、天文学和天体物理学、地理科学和空间科学、物理学、化学、生命科学确立为7大基础学科,逻辑学更是位居首位,肯定了逻辑学的基础性地位。2019年11月,联合国教科文组织正式将每年的1月14日定为世界逻辑日。这充分说明逻辑学的重要性日益受到关注。

逻辑学是一门基础性的学科,其基本理论是其他学科普遍适用的原则和方法。同时逻辑学又是一门工具性学科,它为包括基础学科在内的一切科学提供逻辑分析、推理、论证的工具,是推动新学科发展的动力,亦是推动高等教育改革创新发展,即"推进新工科、新医科、新农科、新文科建设"不可或缺的动力之一。本书的编写将为这种创新教育的改革提供所需助力。

开设逻辑学课程是培养创新人才、建设创新型国家的必然诉求。创新是一个国家和民族兴旺发达的动力之源。建设创新型国家是我国发展的战略目标之一。而科学的逻辑思维,则是创新人才必备的素质之一。高等院校开设逻辑学课程旨在培养创新型人才,提升大学生创新能力,为民族创新发展培养合格的人才。

本书的编写和出版将有助于培养读者的理性思维,助力人们思维能力和理解能力的提升,能够更加准确、深入地分析和应对现实世界中的各种问题,引导社会理性与和谐发展。

本书的编写和出版亦会帮助读者更好地理解和应用语言,提高沟通和表达能力;增强读者的思考能力和判断力,能够从客观的维度审视问题;培养读者的推理、论证能力,提升逻辑思维水平,有效地分析问题和解决纷繁复杂的问题,应对现实生活中的各种挑战。

本书此次修订,秉持立德树人的教育理念,坚持理论联系实际,以提升广大学生学习逻辑学的主动性和积极性为价值诉求,在保持逻辑学知识体系的科学性、系统性基础之上,适当地运用了一些日常生活中的具体实例进行讲解,进一步强化了内容的生动性、趣味性,增强了对学生的吸引力;同时也助力学生通过学习,能够系统地掌握和理解逻辑学的基本知识、基本原理和推理技巧,培养科学思维素养,提高思维的准确性和敏捷性,增强学生语言表达能力、论辩能力以及创新能力;助力学生培养和提升其岗位胜任力,使学生在未来的职业生涯中,始终能够立足于岗位的发展和需求,不断地进行创新和变革,实现自我的可持续发展。

由于编者的时间、水平有限,错误在所难免,望读者多提宝贵意见。

本教材为黑龙江省高等教育教学改革项目阶段性研究成果。课题编号为:SJGSZD2022006。

编者

2024年3月

目 录

第一章 引 论

普通逻辑学是一门历史悠久且具有强大生命力的科学。每门科学都是以事物的某一方面作为自己的研究对象,普通逻辑学也不例外,它有自己的研究对象。在这一章里,主要讲述普通逻辑学研究的内容、学习普通逻辑学的方法与意义等。

第一节 普通逻辑学的产生与发展

"逻辑"一词是由英文 Logic 音译过来的,它源于希腊文"逻各斯",原意指思想、言辞、理性、规律性等。古代西方学者用"逻辑"来指"研究推理论证的学问"。日本学者把"逻辑"译为"论理学",古印度称之为"因明学",我国过去曾有"名学""辩学""理则学"等称呼。新中国成立后通称"逻辑学"。

在现代汉语中,"逻辑"是个多义词。有时指客观事物的规律,如"事物的发展有其内在逻辑";有时指某种特别的理论、观点(含贬义),如"这真是荒谬的逻辑";有时专指思维的规律、规则,如"说话、写文章要讲逻辑";有时指研究思维形式、思维规律和思维方法的科学,如"要在青少年中普及逻辑知识的教育"。

恩格斯曾经指出,关于思维的科学,是一种历史的科学,是关于人的思维的历史发展的科学。形式逻辑正是这样,为了进一步认识普通逻辑学的对象和意义,了解形式逻辑的发展简史是很有必要的。

逻辑学是一门古老的科学,早在 2 000 多年以前,伴随着生产实践、自然科学和思想"论战"的发展,以思维和论辩的方法为研究对象的逻辑学就在中国、古印度、古希腊逐步产生了。不过,当时它还不是一门独立存在的科学,而是在哲学的怀抱里抚育成长的,它的成熟并从哲学中分化出来,而是经历了一个漫长的分化过程。

古代中国是逻辑学的发源地之一。春秋战国时期,有不少学派、学者研究过属于逻辑学方面的问题,主要体现在惠子、公孙龙、墨子、荀子、韩非等人的著作和言论中。其中,以《墨经》对逻辑学的贡献最为卓著。《墨经》包括有《经上》《经下》《经说上》《经说下》《大取》《小取》共六篇,内容涉及概念、判断、推理、证明以及思维规律等各方面。例如,《小取》篇说:"以名举实,以辞抒意,以说出故。"这里的"名"相当于"概念","辞"相当于"判断","说"相当于"推理"。它说明在人们的思维和论证过程中,概念是用来反映事物的,判断是用来表达思想的,推理是用来推导事物的因果联系的。又如,《经说上》篇"辩:或谓之牛,或谓之非牛,是争彼也,是不惧当。"这是说,"是牛"和"不是牛"两个命题不能同时成立,实际上是对矛盾律思想的表述,即两个相反的命题不能同时为真,其中必然有一个是假命题。事实说明,我国古代的逻辑思想是十分丰富的,需要大力研究和发掘。

古印度也是逻辑学的发源地之一。约在公元前 5 世纪—前 2 世纪,被现今称作逻辑学的古印度的"因明学"就开始萌芽。"因"指推理的依据,"明"就是通常说的"学说","因明"就是古印度关于推理的学说。主要代表著作有:陈那的《因明正理门论》、商羯罗主的《因明入正理论》等。在这些著作中,作者研究了推理和论证的方法,形成了印度特有的逻辑理论和体系。例如,陈那提出"三支论式",认为每一个推理形式都由三个部分("支")组成,即由"宗(立论者提出的论题)""因(立论的依据)""喻(用比喻证实自己的立论)"组成。这里所谓"宗",相当于三段论的结论;所谓"因",相当于三段论的小前提;所谓"喻",相当于三段论的大前提。三支论式与三段论,主要是前提和结论的次序不同,它们的推理形式实际上是一致的。

对形式逻辑进行了全面的研究,并且在理论上有系统的建树的,是古希腊的学者,其中最主要的是亚里士多德(公元前384—前322年)。在亚里士多德以前,德谟克里特(约公元前460—前370年)曾经研究了归纳、类比和定义方面的问题,苏格拉底(约公元前469—前399年)曾经阐述了他对归纳法与演绎法的一些看法,柏拉图(约公元前427—前347年)继续研究了定义、划分以及判断方面的问题。亚里士多德在总结前人研究成果的基础上,第一次全面、系统地研究了逻辑学的各种主要问题,首创了形式逻辑学说。因此,有人称亚里士多德为"逻辑之父"。

亚里士多德的主要逻辑学著作有:《范畴篇》《解释篇》《前分析篇》《后分析篇》《论辩篇》和《辩谬篇》。后人把它们收集在一起,合称为《工具论》。这是一部划时代的著作,其中《范畴篇》主要研究了概念和范畴的问题,《解释篇》主要研究了判断及与其有关的问题,《前分析篇》和《后分析篇》主要研究了推理和证明的问题,《论辩篇》和《辩谬篇》主要研究了辩论的方法以及如何驳斥诡辩的问题。在这六篇中,《前分析篇》和《后分析篇》是最重要的部分,亚里士多德关于三段论和证明的学说,就是在这里阐述的。此外,亚里士多德在其重要的哲学著作《形而上学》中,还集中地论述了形式逻辑的基本规律,即矛盾律、排中律以及同一律。需要指出的是,亚里士多德虽然在个别地方曾提到过归纳法,但他并未给它以应有的地位,故他的主要研究聚焦在演绎法上面,这也是他对逻辑学的主要贡献。

在亚里士多德之后,古希腊斯多葛学派研究了复合判断的问题,他们把复合判断区分为假言判断、选言判断和联言判断等。在此基础上,他们研究并制定了假言推理和选言推理的形式和规则。斯多葛学派的这些研究成果,补充了亚里士多德所研究的逻辑学的不足,丰富了形式逻辑的内容。

欧洲中世纪为教会服务的"经院哲学"束缚着人们的思想,亚里士多德的逻辑学被歪曲,变成了论证"上帝"存在的工具。然而,即使是在这一时期,形式逻辑仍有一些发展,主要表现在:出现了一些把形式逻辑体系化的逻辑学著作教本,如西班牙人彼得的《逻辑大全》;对一些逻辑问题进行了新的探讨,发展了斯多葛学派的命题逻辑学说;研究了语义悖论及其解决方法等。

到17世纪,随着实验自然科学的兴起和发展,英国哲学家弗朗西斯·培根(1561—1626年)开拓了新的逻辑科学领域,研究了科学归纳法问题,奠定了归纳逻辑的基础。培根的主要著作是《新工具》。在这部著作中,培根抨击了中世纪"经院哲学"对形式逻辑的歪曲,尖锐地批评了亚里士多德的演绎逻辑(主要是三段论)的缺点,提出了科学归纳的"三表法",即"存在和具有表""差异表""程度表"。运用这三个表,经过一步一步排除,便可以找到事物之间的因果联系,发现事物的一般规律。需要指出的是,培根是否定演绎法的,然而他所建立的归纳逻辑却是对形式逻辑的重大贡献。

1662年,法国出版了《波尔·罗亚尔逻辑》(原名《逻辑学或思维的艺术》)。这是一本在欧洲颇有影响的逻辑学教科书,其中分别讨论了概念、判断、推理和方法问题,对于全面地普及形式逻辑知识发挥了重要作用。

17世纪末,德国哲学家戈特弗里德·威廉·莱布尼兹(1646—1716年)一方面提出了"充足理由原则",丰富了思维规律的内容;另一方面,也是他在逻辑上的最主要的贡献,即提出了用数学方法来描述和处理逻辑问题。简单说就是用数学语言表述事物的状态、关系和过程,并加以推导、演算和分析,以形成对问题的解释、判断和分析评估。正是这一思想,为数理逻辑的诞生开拓了道路。一百多年以后,英国数学家乔治·布尔(1815—1864年)把莱布尼兹的思想变成现实,他所建立的"逻辑代数"(即"布尔代数")成为数理逻辑的早期形式。随后,弗雷格和罗素等人通过自己的研究,使数理逻辑进一步系统和完善起来,发展成为一门新兴的学科。1910—1913年出版的罗素和怀特海的巨著《数学原理》,就是这方面的主要成果和标志。21世纪30—40年代以来,数理逻辑又得到了迅速的发展,出现了许多新的分支,如递归论、模型论、公理集合论和证明论等;与此同时,数理逻辑在开关线路、自动化系统、计算机科学和技术等方面,得到了广泛的应用。数理逻辑的建立和发展,是形式逻辑和数学研究的重大成果。

19世纪英国哲学家约翰·穆勒(1806—1873年)继续发展了培根的归纳学说,他在《逻辑体系》(我国严复译为《穆勒名学》)中,明确而系统地阐述了科学归纳的五种逻辑方法,即契合法、差异法、契合差异并用法、共变法和剩余法,充实了归纳逻辑的内容。

18—19世纪,德国古典哲学家们也曾研究了逻辑学问题。康德(1724—1804年)从唯心主义的观点出发,把形式逻辑所研究的思维形式和思维规律,同客观事物完全割裂开来,认为它们通通是先验的东西,是人脑中的观念之间的联系。康德对逻辑学的一些看法,对后来是有影响的。黑格尔(1770—1831年)批判了旧逻辑学中的形式主义和形而上学,用极大的精力研究了人类辩证思维的形式和规律,提出了一个庞大的唯心主义的辩证逻辑体系。尽管黑格尔的辩证逻辑是头足倒置的、不科学的,但其中却包含有合理的因素和深刻的思想。

19世纪中叶到21世纪,马克思、恩格斯、列宁、斯大林和毛泽东一方面在批判黑格尔辩证逻辑中唯心主义体系的同时,吸收了其中的合理因素,并用马克思主义的唯物辩证法研究逻辑学问题,为科学的辩证逻辑奠定了坚实的基础;另一方面又批判了唯心主义和形而上学对形式逻辑的歪曲,科学地阐述了形式逻辑的某些基本原理,对丰富和发展形式逻辑作出了重要贡献,推动了形式逻辑的普及和提高。

第二节 普通逻辑学的对象和性质

逻辑学是一门研究思维形式结构及其规律的科学,恩格斯曾指出:"逻辑是关于思维过程本身的规律的学说"。随着人类实践、认识和思维科学的发展,逻辑学已逐步发展成为一个多层次、多学科的庞大系统。它主要包括两大门类:形式逻辑和辩证逻辑。形式逻辑又包括传统形式逻辑和现代形式逻辑两大分支。传统形式逻辑又分为演绎逻辑和归纳逻辑;现代形式逻辑主要指数理逻辑(又称符号逻辑)。此外,还有模态逻辑、多值逻辑、认识逻辑、时态逻辑,等等。国内一般逻辑学书上讲的形式逻辑,都是指传统形式逻辑。本书以传统形式逻辑为主要内容,以现代形式逻辑的部分内容为辅。

一、普通逻辑学定义

普通逻辑学是研究思维的逻辑形式及其基本规律,以及一些简单逻辑方法的科学。

(一)思维定义

辩证唯物主义的认识论告诉我们,实践是认识的基础,人们在社会实践中对于客观事物的认识可以分为感性认识和理性认识两个阶段。感性认识是人们在实践活动中,通过感性器官接触外界而获得的关于事物表面的和外部联系的认识,它包括感觉、知觉和表象三种形式,具有直接性和具体性的特征。在感性认识的基础上,对感性认识所得到的综合材料加以整理和改造,逐步把握事物的本质、规律性,产生认识过程的飞跃,形成概念,进而构成判断和推理,这是理性认识阶段,这就是思维。可见,思维就是人们对感性材料加工制作的过程,即形成概念、作出判断、进行推理的过程。按照我国著名学者钱学森的观点,思维分为抽象(逻辑)思维、形象思维和灵感(顿悟)思维。而逻辑学不是研究一切类型的思维,它是以抽象思维为研究对象的。与感性认识不同,抽象思维具有以下几个特征:

第一,思维具有概括性。

思维的概括性是指思维能反映同一类事物的共同本质,即能够从许多个别事物的各种各样的属性中,舍去表面的、非本质的属性,把握一类事物内在的、本质的属性。例如:人们对"人"的认识,就是在感性认识的基础上,通过思维舍弃了具体人的性别、年龄、身高、体重、职业等表面特征非本质的属性,进而概括地反映了"人"具有"能思维、能制造和使用工具进行劳动"这个质的规定性。

第二,思维具有间接性。

思维的间接性包括两个方面的含义:一是指思维可以凭借以往的经验和认识,对没有直接作用于感官的事物和属性加以反映。例如:人们可能通过雪地上留下的脚印,凭借以往的经验和认识,推知此人的身高、体重,尽管人们没有直接见到这个人。二是指思维可以对那些人们根本无法直接感知的事物和属性加以反映,从而获得新认识。例如,当物体以接近光速运动时,物体沿运动方向的空间长度缩短,物体内部变化过程的时间持续性延长,并且空间长度变短和时间持续性延长二者在数值上是相互补偿的。狭义相对论所揭示的这一空间与时间同物质运动速度之间的内在联系,人们根本无法直接感知,但是人们可以通过思维而理解。

第三,思维同语言有着不可分割的联系。

思维对客观世界的反映是借助于语言来实现的。斯大林说:"没有语言材料、没有语言的'自然物质'的赤裸裸的思想,是不存在的。"人们在运用概念作出判断和进行推理的思维活动时,是一刻也离不开语词、语句等语言形式的。没有语词、语句,也就没有概念、判断和推理,也就不能有人的思维活动。例如,我们想到小鼠饿了,我们该给它投食了。这就是思维,这个思维要凭借汉语中的语句和语词等语言材料才能进行。当然凭借其他语种(如英语、日语等)的语言材料也可以,但不能丢掉一切语言材料而只论思维。思维和语言不可分割,思维只有在一定的语言材料的基础上、在语言的词和句的基础上才能产生和存在。思维是语言的内容,而语言是思维所凭借的物质材料,二者紧密不可分。

(二)思维的逻辑形式

世界上的任何事物都有它的内容和形式,思维也是这样。有其内容,也有形式。思维内容就是指反映在思维形态(概念、判断、推理)中的事物的性质、事物之间的关系、事物的本质及其规律等,思维的形式则是思维内容赖以表达的方式,即思维形态各部分之间的联结方式。逻辑学是研究思维的,但它不研究思维的一切方面,而是专门以思维的逻辑形式为主要研究对象。

任何具体的概念、判断、推理都是内容和形式的统一,不同的思维内容可以有相同的逻辑形式,同一思维内容也可以有不同的逻辑形式;也就是说,不同的概念、判断和推理可以采用共同的逻辑形式,不同的逻辑形式也可以表达相同的概念、判断和推理。

例1:

(1)所有杨树都是落叶乔木。

(2)所有哺乳动物都是脊椎动物。

(3)所有具有中华人民共和国国籍的人都是中华人民共和国的公民。

这里句(1)有关植物,句(2)有关动物,句(3)有关人,它们各有不同的内容,但有共同的形式结构:"所有……都是……",用"S"与"P"分别表示"所有"和"都是"后面的"……",上述判断共同的逻辑形式用公式表示就是:

所有 S 都是 P

其中"S"与"P"可以用任何概念来代替,称它们为"逻辑变项"。"所有"与"都是"其含义是固定不变的,称为"逻辑常项"。判断的逻辑形式除了"所有 S 都是 P"以外,还有"所有 S 都不是 P""P 并 Q""如果 P,那么 Q",等等。

例2:

(1)只有阳光充足,植物才能实现光合作用,

　　阳光不充足,

　　所以植物不能实现光合作用。

(2)如果阳光不充足,那么植物就不能实现光合作用,

　　阳光不充足,

　　所以植物不能实现光合作用。

这两个具体的推理内容是相同的,但是,它们所采取的逻辑形式是不同的。用"P"与"Q"分别表示"阳光充足"和"实现光合作用"两个判断,那么,这两个推理的形式结构可用公式表示为:

只有 P,才 Q　　　如果非 P,那么非 Q

非 P　　　　　　　非 P

所以,非 Q　　　　所以,非 Q

显然,这两个推理形式是不同的。可见,相同的思维内容可以有不同的逻辑形式。在上述推理形式中,"P"和"Q"可以用任何判断来代替,是推理形式中的逻辑变项,"只有……才……"和"如果……那么……",其含义是固定不变的,是逻辑常项。推理的逻辑形式也是多种多样的,这里也将分别加以研究。

概念是思维的最小单位,其内部结构一般不再作划分。判断是由概念组成的,概念之间的不同联结方式构成判断的不同逻辑形式。推理是由判断组成的,判断之间不同的联结方式可构成推理的不同逻辑形式。论证是由推理组成的,那么,不同的推理形式以及推理之间的联结方式构成了不同的论证方式。从这个意义上,思维的逻辑形式也可以说是概念与概念、判断与判断、推理与推理之间的联结方式。任何逻辑形式都包括逻辑变项和逻辑常项两部分,逻辑常项决定逻辑形式的性质,不管逻辑变项表示什么具体内容,都不能改变一个逻

辑形式的性质。

（三）思维的逻辑规律

思维的逻辑规律，也叫思维逻辑形式的规律，简称逻辑规律，是指思维的逻辑形式之间所具有的必然联系。

思维的逻辑形式之间是有联系的，这种联系有的是必然的，有的不是必然的。形式逻辑主要研究的是逻辑形式之间的必然联系。例如："所有 S 都是 P"与"所有 S 都不是 P"两个判断形式之间存在这样的必然联系：不能同真，可以同假。这就是一条逻辑规律。再如："所有 S 都不是 P"与"所有 P 都不是 S"之间存在这样的必然联系：必同真，必同假。二者相互转化而不改变其逻辑性质，这也是一条逻辑规律。但是，上述两条逻辑规律都是适用于某种特定逻辑形式的规律，是特殊的规律，通常称为逻辑规则。有的逻辑规律不仅适用于某一种逻辑形式，而且普遍适用于各种逻辑形式，它们体现了正确思维的基本要求，是任何思维活动都必须遵守的，是思维的基本规律。普通逻辑学揭示的思维的基本规律包括同一律、矛盾律、排中律和充足理由律。遵守思维的基本规律，是保证思维的确定性、不矛盾性、明确性的必要条件。如果在思维中违反了这些规律的要求，思维就会混乱而出现逻辑错误。关于这些规律的基本内容、要求以及违反它们所犯的逻辑错误等内容，本书将以专门的章节加以论述。

（四）简单的逻辑方法

普通逻辑学除了研究思维的逻辑形式、基本规律以外，还要研究一些简单的逻辑方法。逻辑方法是指人们在思维过程中，遵循和按照逻辑规律、规则以形成概念、明确概念、作出判断、进行推理、论证的方法。如比较、分析、综合、限制、概括、定义、划分及寻求现象间因果联系的方法等。这些逻辑方法是以思维的确定性为前提的，不同于辩证分析的方法，所以，称为简单的逻辑方法。

二、普通逻辑学的性质

任何一门学科的性质都是由其研究对象所决定的。普通逻辑学这门科学也不例外，它的性质也是由其所研究对象决定的。由于它在研究思维的时候，舍弃了对具体内容的研究，而主要研究其逻辑形式，这就决定了普通逻辑学具有以下性质。

（一）普通逻辑学是一门基础性学科

人类的一切思维活动和知识领域都要应用逻辑，离不开逻辑。美籍奥地利数学家哥德尔曾说，"逻辑是一门优先于所有其他科学的科学，它包含所有其他科学的基本观念和原理"。中国著名学者严复也曾在《穆勒名学》中说逻辑学是"一切法之法，一切学之学"，也就是说，逻辑学是一切法则的法则，一切科学的科学。确实，逻辑学研究的主要内容关乎的概念、命题、推理，是人们认识世界、反映世界、解释世界都离不开的前提和基础。离开了这个前提和基础，任何知识、科学也就失去了存在的可能。这一点也在西方文明迅速发展的历程中得到了有效的例证。对此，爱因斯坦曾有过这样的描述：西方文明得以发展的基础正是西方传统逻辑的演绎与归纳。

逻辑学曾为西方文明的迅猛发展提供了重要基础支撑，这种作用的发挥有力地例证了这一点。高度重视逻辑思维能力的培养和训练成为西方教育的一个传统和基本特征。也基于此，1974 年联合国教科文组织（UNESCO）公布的学科分类目录把逻辑学确立为 7 大基础学科之一，并将其列在"知识总论"下的一级学科。在中国的学科分类目录中，逻辑学则被确立为一级学科哲学之下的二级学科。

（二）普通逻辑学是一门工具性的学科

从历史上看，逻辑学是作为一门工具性的科学而产生、发展的。古希腊哲学家亚里士多德关于逻辑学的阐述被后来他的传承者们汇编在一起，形成了一部专著即《工具论》。英国哲学家弗朗西斯·培根也把他创立的归纳逻辑看作是科学认识和发明的工具，并将相关论著命名为《新工具》。从形式逻辑研究的对象来看，形式逻辑所研究的概念、判断和推理，是抽掉了具体内容的，没有任何具体性的一般的概念、判断和推理。形式逻辑所规定的种种规则，是一般思维形式相互联系的规则，而不管这些思维形式的具体内容是什么。在这方面，它同语法有近似的性质。语法是研究词、句子的，"它得出词的变化的规则，而这不是指具体词，而是指没有任何具体性的一般的词。它得出造句的规则，而这不是指具体的句子，不管某个句子的具体形式如何。语法是从词和句的个别和具体的东西中抽象出来，研究作为词的和用词造句的基础的一般的东西，并且以此构成语法规则、语法规律。"正是在这种意义上，人们通常称形式逻辑为"思维的语法"。再者，由于形式逻辑是撇开思维内容研究思维形式结构的，这一点就决定了它所研究的仅仅是逻辑真，而不是具体科学中的那种事实真。比如，确定"人是由猿进化来的"这一判断的真假，不是形式逻辑的任务，而是生物学的任务，形式逻辑与具体科学不同，它研究的是不以具体对象为转移的思想间的最一般的联系。例如，"所有 M 都是 P，所有 S 都是 M，所以，所有 S 都是 P"这一逻辑形式，就表示了思想与思想之间的最一般的关系，无论以什么具体内容代替其中的 M、P 和 S，这一推理形式总是普遍有效的，它所体现的就是通常所说的逻辑真。

（三）普通逻辑学具有普遍性

这是由逻辑学研究对象的特点所决定的逻辑学的又一个重要特性，而且是同它所具有的工具性紧密相连的。逻辑学既然是为人们的思维、为人们获得真实、可靠的知识提供必要条件（也就是提供思维的工具），那就意味着它是为一切人所必须运用的，不管人们所属国家、民族、阶级等有何不同，一个人只要进行思维活动，只要表达和交流思想，就不能不遵守逻辑学的规律和规则，就不能不运用各种正确的形式。否则，他的思维就会混乱，就会无法正确地表达思想和交流思想。这就是说，既然由逻辑学所研究和提供的逻辑工具是不同国家、不同民族、不同阶级的人都必然要共同使用和遵循的认知体系与思维方法，无国家、民族、阶级的限制和区分，因此可以推论出逻辑学不具有民族属性和阶级属性，它对所有国家、民族和不同阶级的人都是一视同仁，具有普遍性，即全人类性。假设认定逻辑学是有其国家、民族、阶级区别，那就意味着不同的国家、民族和阶级会有不同的逻辑（指有不同的逻辑形式及其规律），如此，不同国家、民族、阶级的人们之间的交流思想就必然成为非可能，这显然背离客观事实，系荒谬的假设。

第三节　学习普通逻辑学的方法与意义

一、学习普通逻辑学的意义

逻辑思维是一种理论思维。恩格斯说过："一个民族想要站在科学的最高峰，就一刻也不能没有理论思维。"随着社会的发展，科学技术的突飞猛进，教育事业的兴旺发达，努力学习、研究和发展普通逻辑学，对建设社会主义现代化强国，迎接世界新的科学技术革命，推动我国社会主义物质文明和精神文明建设具有重要意义。具体说来,学习普通逻辑学的意义有以下几点。

(一)普通逻辑学知识为人们获得新知识提供了必要的逻辑学工具

实践是认识的源泉。但在认识世界过程中,人们可以根据已知为真的知识,正确地运用逻辑推理,获得新知识。恩格斯说:"甚至形式逻辑也首先是探寻新结果的方法,由已知进到未知的方法"。欧几里得几何学,就是从少数的概念和命题(定义、公设和公理)出发,将其他几何知识推出来,得出许多原来人们不知道的新公理,从而建立起一套严密的几何学体系。著名数学家华罗庚认为,近代自然科学突飞猛进发展的一个重要基础,就是"凭逻辑推理,解释尽可能多的问题。这可以用牛顿来做例子。牛顿就是用三大定律建成力学体系。用万有引力定律可以说明物体坠地,也可以说明行星的运行轨道。海王星就是用这个定律算出空间位置,然后才把它找到的。"

在学习和科研中,如果善于运用普通逻辑学知识,遵循逻辑学的规律和规则,能帮助从已知推出未知,扩大知识面,探求新知识。因此,普通逻辑学为人们获得新知识提供了必要的逻辑学工具。

(二)普通逻辑学知识是帮助人们提高学习效果的有力工具

黑格尔曾说:"一切科学都是应用逻辑"。列宁在摘引这段话时说"任何科学都是应用逻辑"。毛泽东同志也曾指出任何著作都要用形式逻辑。

任何一门学科,都要运用概念、判断、推理来表达思想。科学发展到今天,尽管门类繁多,它们的具体内容不同,其研究方法也各有所异,但它们都要借助于一定的思维逻辑形式来表达,都要遵守一定的逻辑规律和规则,都要由一系列概念、判断和推理按照一定的逻辑联系构成完整的科学体系。就这个意义讲,普通逻辑学是百科知识的基础。学习和掌握这门基础科学,犹如手中多了一把打开知识宝库的钥匙,对学习和研究各门科学知识是大有益处的。

常有这种情况,几个人读同一篇文章,听同一个学术报告或辅导课,但收效却不同。这里有基础知识、天资方面以及钻研程度等方面的差别,但同时也涉及逻辑思维能力因素。只有善于运用普通逻辑学的知识,对别人的文章、辅导报告或演说进行逻辑分析,才能完整、准确地把握其中心思想和精神实质。可见,普通逻辑学为我们提供了学习和研究各门科学所必须具备的知识,是提高学习效果的有力工具。

(三)普通逻辑学知识是开发智力、提高工作效率的重要手段

学习普通逻辑学知识,加强逻辑思维训练,是开发智力、提高各项工作效率的重要手段。善于动脑,精于思考,掌握正确的普通逻辑学的思维方法,才能发挥出高度的才华和丰盈的智慧。著名德国数学家高斯在小学读书时,有一次老师列出算式:$1+2+3+4+\cdots+97+98+99+100=?$ 要求学生计算。当老师刚刚把问题出完,高斯便立即得出了正确的答案:5 050,而其他孩子还在一步步地计算着,而且答案五花八门。原来高斯看了算式以后,他正确采用了归纳推理,即:

$1+100=101;$

$2+99=101;$

$3+98=101;$

$4+97=101;$

…

…

由此类推,连续计算 50 次的结果,均为 101,这样把 101×50(相加次数),自然就得出 5 050 这个正确的答案。高斯在创立了一种 12 次方程的计算方法后,运用演绎法花了一个小时就求得谷神星的运行轨道。在此之前,另一个著名数学家欧拉为了求得同样的结果,则花了整整三年时间,以至把眼睛都累瞎了。当时有人和高斯谈起这件事时,高斯说:"一切都不奇怪,要是我不变换计算方法,我的眼睛也会瞎的。"著名物理学家爱因斯坦说过:"成功等于坚强的毅力和正确的思维方法。"爱因斯坦 12 岁时曾自学过欧几里得那本"神圣的几何小书",几何学的逻辑严谨、明晰和可靠性,使他感到惊讶和狂喜。他独自证明了大名鼎鼎的毕达哥拉斯定理,使他了解到人的思维有能力揭示大自然的奥妙。一颗幼小心灵启蒙了。莱布尼茨说过:"智力曾经发现的一切东西都是通过逻辑规则这些老朋友被发现的。"因此,可以说,逻辑是开发智力的工具,是点燃灵感的引线。

(四)学习普通逻辑学知识,能帮助人们准确地表述和严密地论证自己的思想

我们每天都在互相交流思想,即不断向他人表述自己的思想和接受别人的思想。进行思想交流就要用到逻辑学知识,就要遵守逻辑的规律和规则。只有这样,我们的思想才能被别人接受,别人的思想也能被我们理解。我们写文章、说话总要有个清晰的逻辑思路,分明的逻辑层次,总得考虑如何把话说得恰如其分,周密严谨。这些都属于运用逻辑知识正确论证和表达思想的问题。如果缺乏逻辑知识就会出现表述思想时不合乎逻辑,甚至犯逻辑错误,造成思想混乱。如有的文章写道:"什么是天才?努力学习就造就天才。"这种答非所问,就无法让人理解。又如"你的发言我完全赞成,只有一点我不同意。"这是犯了自相矛盾的逻辑错误。我们学习普通逻辑学知识,就可以尽量避免和减少这种逻辑错误,准确地表达思想。

(五)普通逻辑学是揭露谬误和批判诡辩的有力武器

人们在对客观世界的认识过程中,会产生这样或那样的谬误。谬误有不同的类型和根源,并非任何谬误都是逻辑谬误。但是,确实有不少谬误是逻辑谬误。所谓逻辑谬误,就是有意或无意违反普通逻辑学知识的规律和规则而犯的各种逻辑错误。逻辑谬误能使人们的思维发生混乱。亚里士多德在《辩谬篇》中曾说过:"在真实和虚伪之间有一种相似,在论证中有这种情况,在其他领域也会发生这种情况,有些人健壮,有些人只有健壮的外表……。有些真的是金子银子,但另外也有一些让人感觉到像是金子银子的东西,而实际上并不是。例如,有一种东西是由密陀僧或锡做成的,看起来好像是银子,而且,有些加上黄颜色的东西,看起来好像是金子。同样,推理和反驳也有时是真实的,有时候不是,由于人们的经验不足,而视之为真。"没学过逻辑学的人,往往觉得某些谬误很难识别,对有些谬误虽明知其错,但又不知错在哪里?甚至有时自己在思维过程中也出现谬误。在由著名语言学家吕叔湘、朱德熙二人共同撰写的著作《语法修辞讲话》中也曾对此有所提及:"一般人所说的'这句话不通'多半不是词法上有毛病,而是逻辑上有问题。"这是符合实际情况的。学习普通逻辑学,可以使我们尽量避免在思维中出现逻辑错误,还能及时识别和揭露各种谬误。

诡辩也是一种谬误,不过它并不是一般的逻辑错误。其主要特点是:有意地利用逻辑错误,颠倒是非,混淆黑白,为错误理论、荒谬论断辩解。例如,古希腊诡辩家欧布利德有一次问他的同事:"你没有失掉的东西是你有的东西,你没有失掉角,所以你有角"。对这个诡辩的结论,没有学过逻辑学的人也不会接受。但它究竟错在什么地方,必须懂得一定的普通逻辑学知识才能分析出来。这里"没有失掉的"含义是不同的,第一个"没有失掉"是指原来具有的;第二个"没有失掉"是指本来就没有的。欧布利德故意把两个"没有失掉"概念的不同含义混为一谈,进行诡辩。可见,学习和掌握普通逻辑学的知识,并自觉地加以运用,是维护真理、战胜谬误、驳斥诡辩的有力武器。

（六）普通逻辑学知识有助于培养人们批判性思维,引导社会理性发展

批判性思维的要义在于"合理怀疑、合理置信"。两个"合理"可以诠释为基于对问题的合理分析与解决,是对逻辑学的应用。逻辑学就是要培养人们的批判思维和理性思维,助力人们思维能力和理解能力的提升,在此基础上,能够对现实世界中遇到的各种纷繁复杂进行深入的思考和分析,引导社会理性与和谐发展。

逻辑学是人类所有知识的基础,是知识体系的分析工具和建构工具。逻辑学已渗透到科学和技术、人文和艺术及整个社会关系的建构之中。逻辑学应用的广泛性、与时俱进性及不可替代性,这些表面上看似不同的应用领域间,存在着相似的理论工具和潜在的联系,逻辑学就是这支强大的统一力量,搭建起科学与人文之间的坚实桥梁。

二、学习普通逻辑学的方法

学习普通逻辑学的方法并没有固定的模式。每个人可以根据自己的情况不同,在学习过程中不断地总结、概括和有所创新。但由普通逻辑学这门科学的特点所决定,在学习过程中也有一些共同性的问题,这里讲三点供初学者参考。

（一）明确学习普通逻辑学的重要意义,充分调动学习的自觉性和积极性

只有明确了学习普通逻辑学的重要意义,才能提高学习的自觉性和积极性,在学习过程中遇到困难就会知难而进,持之以恒。对于初学者来说,首先应当排除某些思想障碍。

有人认为,"学不学逻辑都照样思维、讲话和写文章",这种看法是不妥的。诚然,正如我们也不是先学好语法再去说话、写文章一样,我们常常也并不是先学好逻辑才能思维。有时未曾学过逻辑的人在思维实践中凭经验去说话、写文章也是合乎逻辑的。但是,自发的逻辑思维具有很大局限性。一旦遇到复杂的逻辑问题,常常会不自觉地犯逻辑错误。对于一些谬误和诡辩也缺乏识别能力或不能分析其错误所在。学习和掌握普通逻辑学知识,能帮助我们把自发地运用逻辑变为自觉地运用逻辑,对于提高逻辑思维能力是十分有益的。

还有人认为"逻辑学枯燥、抽象、难学",这是对普通逻辑学的误解。诚然逻辑学有其特有的形式化体系及其一系列规律和规则,但它是从生动活泼、丰富多彩的思维实践中抽象出来的。只有联系实际去学习逻辑知识,才不会感到枯燥难学,相反随着学习的深入,就会体会到逻辑学是一门非常生动有趣的学问。

（二）学会并应用抽象思维进行逻辑分析,在理解的基础上把握各种逻辑形式的特征

前面已经讲过,普通逻辑学并不研究思维的具体内容,而是研究思维的逻辑形式。在这一点上,逻辑和语法、数学很相似。因此,在学习过程中,就要撇开思维的具体内容,抽象出思维的逻辑形式来加以考察。否则遇到逻辑问题时,总是纠缠于思维的具体内容,不能抽象出思维的结构式进行逻辑分析,常常会事倍功半,不能取得较好的学习效果。

在理解普通逻辑学基本原理的基础上,要把握各种逻辑形式的特征,记住必要的定义、公式和规则。普通逻辑学是一门具有严密系统的科学,前后连贯性很强。只有在掌握了前面各章节内容的基础上,才能学好后面各章节的内容。比如说,如果没有弄清、掌握各种判断的知识,要学习推理是很困难的。因为推理只不过是运用已知判断推出新的判断而已。所以,在学习过程中一定要循序渐进,由浅入深,逐步推进。

（三）要认真做好逻辑学练习题,注意理论联系实际

普通逻辑知识作为思维的工具,实践性很强,必须反复地自觉地运用才能熟练。因而,认真做好逻辑学练习题是巩固所学习逻辑知识的有效途径之一。

总之,要学好普通逻辑学最根本的方法是理论联系实际。在逻辑理论的指导下,解决思维实际中的逻辑问题。在解决思维实际的逻辑问题中来深入地理解和巩固所学的逻辑理论。只有把二者紧密地结合起来,才能学好普通逻辑学。

复习思考题

1. 普通逻辑学的研究对象是什么?
2. 怎样理解普通逻辑学的性质?
3. 学习普通逻辑学的意义是什么?
4. 简述什么是逻辑常项,什么是逻辑变项。

第二章 概 念

概念是思维的"细胞",是构成其他思维形式的基本要素。准确地理解和把握概念的基本知识,是正确进行判断和推理的必要条件。因此,形式逻辑在研究各种思维逻辑形式时,首先要研究概念。

第一节 概念的概述

一、概念定义

概念是反映对象本质属性的思维形式。

概念所反映的对象,既包括客观事物,也包括人们认识活动中的思想、意识。也就是说,凡是思维主体所涉及的一切,都是概念所反映的对象。形式逻辑把一切为人们思维所反映的事物和现象称之为思维对象。

任何思维对象,总是具有一定的属性。所谓属性,就是对象自身的性质或对象间的关系。对象的性质如"体积""美丑""大小""好坏"等;对象间的关系如"大于""朋友""剥削"等。对象和属性是不可分割的,任何对象都是具有属性的对象,任何属性都是一定对象的属性。

在一类对象的属性中,有本质属性和非本质属性之分。所谓本质属性,就是某类对象所具有而别类对象不具有的属性,亦即决定该事物之所以成为该事物并区别于其他事物的属性。所谓非本质属性,就是不只为某类对象所具有的属性,亦即对该事物不具有决定意义的属性。例如,在人的许多属性中,决定人之所以为人,并且能够把人与其他事物对象区别开来的属性,即能思维、能制造和使用工具、能劳动、有社会性等,便是人的本质属性,而人的其他属性,例如,五官、四肢、身高等,便是非本质属性。

作为反映对象本质属性的概念,是人们在理性认识阶段上的产物,是理性思维的一种基本形式。人们在社会实践中,起初只是接触事物的现象、事物的各个片面以及这些事物的外部联系,形成感性认识。在此基础上,经过思维加工制作,即运用比较、分析、综合、抽象、概括等方法,逐步揭示出对象的本质属性,产生认识过程的飞跃,上升到理性认识,从而形成概念。所以,概念具有抽象性和概括性的特点。概念的抽象性表现在它远离了事物的具体形象。概念的概括性表现在它把握了对象所共同具有的一般的事物。概念的这种抽象性和概括性虽然离开了个别事物的具体形象,但它却能更深刻地反映着客观现实。如"光速"的本质属性不是通过感性形象所能把握的,而只通过概念这种抽象的概括的认识去把握。

概念对人们的认识有着十分重要的作用。在认识过程中,概念是科学认识一定阶段的总结；在科学体系中，每门科学是概念组成的理论体系；在逻辑思维中，概念是构成判断和推理的基本要素，是思维的"细胞"。

二、概念的内涵与外延

概念既反映了对象的本质属性，也反映了具有这种本质属性的对象，这样便形成了概念的两个基本逻辑特征——内涵与外延。

（一）概念的内涵与外延定义

所谓概念的内涵是指反映在概念中的事物对象的本质属性，又可称为概念的含义；概念的外延是指具有概念所反映的本质属性的那些对象，也就是一个概念的适用范围。例如，"人"这个概念的内涵就是反映在"人"这个概念中的人的本质属性即能思维、能制造和使用工具、能劳动等；而它的外延就是具有能思维、能制造和使用工具、能劳动等本质属性的古今中外的一切人。又如，"商品"这个概念的内涵就是反映在"商品"这一概念中的商品的本质属性，即有价值和使用价值，用来交换的劳动产品等；而它的外延就是具有这些本质属性的吃的、穿的、用的等古今中外的一切商品。

（二）概念的内涵与外延相互制约的关系

概念的内涵与外延的关系是相互制约的，概念的内涵确定了，在一定条件下概念的外延也跟着确定了；同时，概念的外延确定了，在一定条件下概念的内涵也跟着确定了。在内涵与外延的互相制约的关系中，有一点特别值得注意的是概念内涵的多少与概念外延的多少这二者之间的反比关系。可以通过一个例子来说明："人""工人"与"先进工人"，是三个不同的概念。"人"这个概念的内涵是：能制造和使用生产工具的动物。"工人"这个概念的内涵，就比"人"这个概念的内涵多；在"工人"这个概念的内涵中，还有从事生产劳动和以工资收入为生活来源这些属性。"先进工人"这个概念的内涵，又比"工人"这个概念的内涵多；在先进工人这个概念的内涵中，还有生产劳动与政治思想作风都特别好这些属性。这是从概念的内涵方面看。再从外延方面看，"人"这个概念的外延却比"工人"这个概念的外延多，人除了包括工人以外，还包括其他的人。"工人"这个概念的外延，又比"先进工人"这个概念的外延多，工人除了包括先进工人以外，还包括其他的工人。

由上面这个例子，就可以概括出一条规律：

如果一个概念 A 的内涵比另一个概念 B 的内涵多，那么，A 的外延就比 B 的外延少；同时，如果 A 的内涵比 B 的内涵少；那么，A 的外延就比 B 的外延多。

这就是概念的内涵与外延的反比规律。

内涵与外延的反比规律，并不是一条严格的数学规律。内涵中特有属性的数量，并不是外延中事物的数量的一个函数；也就是说，并不是在内涵中增加（或减少）几个属性，在外延中就精确地跟着减少（或增多）几个事物。内涵与外延的反比规律，只是表示内涵与外延在数量方面相应变化的方向。

（三）概念的内涵与外延具有确定性和灵活性

任何一个概念都有其内涵和外延两个基本的方面。概念的内涵反映出一个概念反映的对象是什么，从而规定了这个概念质的方面；概念的外延反映出一个概念反映的是哪些对象，从而规定了这个概念量的方面。从这个意义上讲，任何一个概念都是质和量的统一。在一定条件下，一个概念的质和量是不能任意改变和混淆不清的，即它的内涵和外延具有其确定性。但是由于事物对象本身是发展变化的，人们对事物对象的认识也是不断深化的，所以概念的内涵和外延不是固定不变的,在不同的条件下会相应地发生变化,这就是概念内涵和外延的灵活性。

任何概念都是确定性和灵活性的统一。把一个概念僵化,否定其灵活性是形而上学;主观随意地改变概念的内涵和外延,用其灵活性来否认概念的确定性,是相对主义的诡辩。虽然普通逻辑学主要从概念的确定性来研究概念的,但它并不否认概念的灵活性。普通逻辑学所要求的使用概念要明确,就是指在一定条件下,一个概念要具有确定性,其内涵和外延要具有确定性,它反映了什么样的对象,反映了哪些对象,都必须清楚明确,绝不能含糊其词,似是而非。

三、概念同语词的关系

任何一种思维形式都是与固定的语言形式联系在一起的。概念与语词这种语言形式联系在一起,可以说,概念是语词的思想内容,而语词是概念的语言表达形式。

但是,概念和语词又是有区别的,它们不是一一对应的关系。

1. 任何概念都必须借助语词来表达,但不是所有的语词都表达概念　一般说来,实词(名词、动词、形容词、数量词、代词)都表达概念;虚词(介词、助词、叹词等)一般都不表达概念。但是,虚词中的连词,例如,“或者”“如果……那么……”“并且”,等等,它们表达概念,而且表达重要的逻辑概念。

2. 同一个概念可以用不同的语词来表达　例如,“世界观”与“宇宙观”,“苞谷”与“玉米”,“合同”与“契约”,“死刑”与“极刑”等,其中的每一对语词都不同,表达的却是同一个概念。这一点同语法中的同义词相似。

3. 同一个语词在不同的语言环境中,可以表达不同的概念　例如,“逻辑”这个语词,在不同的语言环境中,它可以表达诸如“客观规律、规则”“某种特殊理论、观点”“逻辑学”等概念。再如,“运动”这个语词,它既可以表达“物体的运动”,也可以表达“政治运动”,还可以表达“体育运动”,它在不同语言环境中表达不同的概念。这一点同语法中的多义词相似。

此外,概念同语词分属于不同学科研究的对象。概念是一种思维形式,属于逻辑学研究的对象;而语词是一种语言形式,属于语言学研究的对象。

通过以上的介绍,了解了概念同语词的关系,这对准确地运用概念有着十分重要的意义。人们在思维过程中,不仅要求概念要明确(概念的内涵和外延要明确),而且要求使用概念要准确,即要用恰当的语词来表达所使用的概念。经常所说的“词不达意”,就是指没有用恰当的语词来表达所使用的概念。例如,用“劳改释放犯”这个语词来表达“刑满释放的人”,就是“词不达意”。“犯”者,有罪之人也。既已“劳改释放”,也就是说,服刑期满,那就不再是罪犯了,不能以“犯”相称。使用概念要准确,词要达意,这是正确使用概念的一个基本要求。

四、概念的作用

(一)概念是思维的“细胞”

概念是构成判断和推理的基本要素。推理的过程就是一个概念的生成与界定→用概念断定事物的属性形成判断→由这个已知的判断推断出一个新判断的过程。可以说,概念是构成思维的基本“细胞”,没有概念,就无法进行思维活动,也就无法进行推理活动。

概念是思维的结晶,它凝结并巩固着人类在一定阶段上对于客观对象的认识成果。例如,"市场经济"这个概念就有丰富的内容,其中凝结着人们对生产要素、产品和劳务普遍商品化、市场机制在资源配置中的基础性作用等方面的深刻认识成果。

（二）概念是对事物进行分类和归纳的依据

概念是对事物本质属性的一种概括,人们通过概念的内涵和外延可以对事物进行分类和归纳,即从本质上把同类别的事物联结起来,把不同类别的事物区别开来,进而深化人们对事物的认知反映。

（三）概念准确是思维正确反映对象本质及其规律的必要前提保障

概念的生成与界定是进行思维活动不可或缺的前提条件。故只有概念准确,才能确保思维正确地反映对象的本质及其规律,使人们在实践中不断地获得成功。

例如,"社会主义市场经济"这一概念,作为我国建立社会主义新经济体制和运行机制的目标,更加鲜明,也更加科学,对建设具有中国特色的社会主义具有重大意义。

第二节　概念的种类

根据概念内涵和外延的一般特征,可以把概念分为不同的种类。研究了解概念的种类,有助于准确掌握和使用概念。

一、单独概念、普遍概念和零概念

根据概念外延的大小,把概念分为单独概念、普遍概念和零概念。

（一）单独概念

单独概念是反映一个单独存在的事物对象的概念。在外延上,它适用于唯一的对象。语法中的专有名词都表达单独概念。例如,"重庆市""长江""公元20世纪""1998年""鲁迅""雷锋"等,都是单独概念。除此以外,语词中的某些词组（一般指摹状词）也表达单独概念。例如,"世界上最高的山峰""《狂人日记》的作者""大于三小于五的整数"等,都是单独概念。

（二）普遍概念

普遍概念是反映至少由两个事物对象所组成的类的概念,又称为类概念。在外延上,它适用于两个或两个以上的事物对象。例如,"国家""人""我国的直辖市""大学""营养""善良""劳动""学习"等,都表达普遍概念。语法中的普通名词、形容词和动词等表达的概念,都是普遍概念。普遍概念又分为有限的普遍概念和无限的普遍概念两种。

1. 有限的普遍概念　有限的普遍概念是指反映的事物对象可以用数量加以计算的概念。例如,"国家""大学""我国的直辖市"等,都是有限的普遍概念。

2. 无限的普遍概念　无限的普遍概念是指反映的事物对象无法用数量加以计算的普遍概念。例如,"原子""分子""自然数"等,都是无限的普遍概念。

（三）零概念

零概念是主观上综合一些属性而构成的概念。在外延上,它所指称的对象在客观现实中是不存在的。普通逻辑学把这类概念的外延规定为零,所以叫作零概念。零概念又称为空概念和虚概念。把零概念的外延规定为零,它有两层含义:一是指尽管它所指称的对象在现实中是不存在的,但作为概念,它必须有外延,所以规定其外延为零;二是指尽管它是对虚构对象的反映,但虚构对象并不是完全凭空虚构的,它们是有其客观原型的。至于零概念的内涵则是指人们虚构出来的事物对象的本质属性。例如,"上帝"这一概念所反映的对象在客观现实中是不存在的,是个零概念,但是,它也有其外延和内涵,外延为零,即人们虚构出来的"上帝"这一对象,内涵为人们虚构出来的"上帝"这对象的本质属性,即"全知、全能的"。零概念又可分为两种:

1. 科学的零概念　科学的零概念是科学研究中所形成和运用的零概念。例如,数学中的"点""线""面";物理学中的"刚体""理想气体",文学中的"阿Q"等,都是科学的零概念。

2. 非科学的零概念　非科学的零概念是在宗教、神学、迷信等活动中形成和运用的零概念。例如,"上帝""鬼""神仙"等,都是非科学的零概念。

二、集合概念和非集合概念

根据概念是以事物集合体为反映对象,还是以非集合体为反映对象,把概念分为集合概念和非集合概念。

要掌握这两种概念,必须首先区别在客观现实中存在的两种不同的群体关系。

例如:

（1）书——某本书。

（2）书——某本书（丛书中的某本书）。

例（1）是类与分子的关系,例（2）则是集合体和个体的关系。事物的集合体是指由若干同类对象所组成的有机整体,构成集合体的每一个对象叫作这个集合体的个体。类和分子的关系同集合体和个体的关系是不同的,它们的不同主要表现在以下两个方面:一是分子具有类的属性,而个体一般不具有集合体的属性。例如,某本书作为组成"书"这个类的分子,它则具有书的属性;而某本书作为"丛书"这个集合体的个体,则不具有丛书的属性。二是分子与类之间可以用"是"来连接,例如,"某本书是书",这是符合逻辑的;而个体与集合体之间则不能用"是"来连接,如果用"是"来连接,则不符合逻辑,例如,"某本书是丛书"。准确地理解和掌握客观现实中的这两种群体关系,对于学习理解集合概念是十分必要的。

（一）集合概念

集合概念是以事物集合体为反映对象的概念。例如,"森林""中国共产党""群岛""花卉""丛书"等,都是集合概念。集合概念又可分为单独集合概念和普遍集合概念两种:

1. 单独集合概念　单独集合概念是以单独的集合体为反映对象的概念。例如,"中国共产党"就是一个单独集合概念,因为它既是一个单独概念,外延有一个,又是一个集合概念,它反映的是由"中共党员"为个体所组成的集合体。再如,"中国人民解放军"也是一个单独集合概念,外延只有一个,它反映的也是由"中国人民解放军战士"为个体所组成的集合体。

2. 普遍集合概念　普遍集合概念是以类集合体为反映对象的概念。例如,"丛书"就是一个普遍集合概念,因为它既是一个普遍概念,外延不止一个,有各种各样的丛书,语文丛书、数学丛书、英语丛书等;它又是一个集合概念,它反映的是由"书"为个体所组成的各种各样的"丛书"类集合体。再如,"森林"也是一个普遍集合概念,因为它既是一个普遍概念,外延不止一个,有各种各样的森林、防护林、经济林、炭薪林、用材林等,它又是一个集合概念,它反映的是由"树木"为个体所组成的各种各样的"森林"类集合体。

准确地区别并掌握单独集合概念和普遍集合概念这两种不同的集合概念,对于深入地学习集合概念和准确地运用集合概念,都是十分必要的。

（二）非集合概念

非集合概念是以非集合体为反映对象的概念,非集合体是指由分子所组成的类。例如,"书""树木""中共党员"等,都是非集合概念。

在思维实践中,同一个语词在不同的语言环境中,既可以表达集合概念,也可以表达非集合概念。

例如:

（1）我班的同学来自五湖四海。

（2）我班的同学都应勤奋努力地学习。

在例（1）中,"我班的同学"是一个集合概念,它反映的是以"我班的同学"为个体所组成的集合体,因为,"来自五湖四海"不是我班每个同学都具有的属性。在例（2）中,"我班的同学"是个非集合概念,它反映的是以"我班的同学"为分子所组成的类,因为,"应勤奋努力地学习"是我班每一个同学都应具有的属性。正因为如此,所以在区别集合概念和非集合概念时,要特别注意语言环境问题。

三、正概念和负概念

根据概念所反映的事物对象具有或不具有某种属性,把概念分为正概念和负概念。

（一）正概念

正概念是反映事物对象具有某种属性的概念,又叫作肯定概念。例如,"正义战争""三好学生""改革""民主"等,都是正概念。也可以说,正概念是不带否定词的概念。

（二）负概念

负概念是反映事物对象不具有某种属性的概念,又叫作否定概念。例如,"非正义战争""非三好学生""未改革""不民主"等,都是负概念。负概念都要带上"非""未""不""无"等否定词,但不是所有带有这些词的概念都是负概念,例如"非洲""不丹""非难"等,它们都是正概念,而不是负概念。负概念是有论域的。负概念的论域是指负概念指称的特定范围。例如"非正义战争"它不包括车辆、石头等,它是在"战争"这个特定的范围内来使用的。因此,负概念的论域也就是负概念的外延与其相对应的正概念的外延之和。例如,"非三好学生"的论域就是"非三好学生"的外延加上"三好学生"的外延之和,即"学生"。

四、实体概念和属性概念

根据概念反映的是事物对象本身,还是事物对象的属性,可以把概念分为实体概念和属性概念。

（一）实体概念

实体概念是反映事物对象本身的概念,又叫作具体概念。例如,"黑龙江大学""国家""经济开发区"等,都是实体概念。一般说来,名词和代词表达的概念都是实体概念。

（二）属性概念

属性概念是反映事物对象的属性的概念，又叫作抽象概念。例如，"勇敢""善良""跑""改革"等，都是属性概念。一般说来，形容词和动词表达的概念都是属性概念。

概念的种类是从不同的角度加以划分的，一个概念从不同的角度去看，分别属于不同的种类。例如，"国家"这个概念，是普遍概念、非集合概念、正概念和实体概念。又如，"中国人民解放军"这个概念，是单独概念、集合概念、正概念和实体概念。再如，"不放弃"这个概念，是普遍概念、非集合概念、负概念和属性概念。

从不同角度划分概念的种类，有助于了解概念的各方面的特征，从而使运用概念时做到概念明确和准确。

第三节　概念间的关系

概念间存在着各种各样的关系，普通逻辑学只从外延方面来研究概念间的关系，即概念外延有无重合的关系。了解和掌握概念外延间的关系，有助于明确概念和准确地使用概念。

根据两个概念外延间有无重合部分，把两个概念间的关系分为相容关系和不相容关系两大类。

一、相容关系

相容关系是指两个概念的外延至少有部分重合的关系。在相容关系中，又根据两个概念的外延重合部分大小的不同把相容关系又分为全同关系、真包含关系、真包含于关系、交叉关系四种。

（一）全同关系

全同关系是指两个概念的外延全部重合的关系，又叫作同一关系。例如，"等边三角形"与"等角三角形"，"北京"与"中华人民共和国首都"这两组概念分别为全同关系。

具有全同关系的概念反映的事物对象是完全相同的，即它们的外延是完全重合的，但它们的内涵却不尽相同，因为它们是从不同的角度和不同的方面反映相同的对象的。例如，"等边三角形"与"等角三角形"这两个概念具有全同关系，它们的外延完全重合，但它们的内涵却不同。前者是从三条边相等来反映正三角形的，后者是从三内角相等来反映正三角形的。正是利用这一逻辑特性，从不同方面来加深对相同对象的认识。应该指出，具有全同关系的两个概念与表达同一概念的两个语词是完全不同的。表达同一概念的两个语词不仅外延完全相同，而且内涵也完全相同，例如，"世界观"与"宇宙观"，它们只不过是同一概念的两种不同的文字表达而已。具有全同关系的概念在思维中是可以代替使用的，而并不违反逻辑。

普通逻辑学通常采用欧拉图直观地表示概念间的关系。欧拉图是 18 世纪的瑞士逻辑学家欧拉（Leonhard Euler, 1707—1783 年）用圆圈来表示概念间外延关系的一种图解，又称为圆圈图。具有全同关系的两个概念 a 与 b 可直观地用欧拉图 2-1 表示。

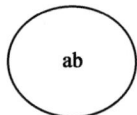

图 2-1　全同关系欧拉图

这个欧拉图表明：所有的 a 都是 b，并且所有的 b 都是 a。

（二）真包含关系

真包含关系是指一个概念的部分外延与另一概念的全部外延相重合的关系,又叫作属种关系。例如,"人"与"中国人","学生"与"大学生"这两组概念分别为真包含关系。具有真包含关系的两个概念 a 与 b,可用欧拉图 2-2 表示。

这个欧拉图表明:有的 a 是 b,有的 a 不是 b,并且所有的 b 都是 a。

（三）真包含于关系

真包含于关系是指一个概念的全部外延与另一概念的部分外延相重合的关系,又叫作种属关系。例如,"中国人"与"人","大学生"与"学生"这两组概念分别为真包含于关系。具有真包含于关系的两个概念 a 与 b,可用欧拉图 2-3 表示。

这个欧拉图表示:所有的 a 都是 b,并且有的 b 是 a,有的 b 不是 a。

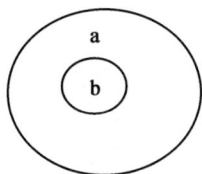

图 2-2 真包含关系欧拉图　　　　图 2-3 真包含于关系欧拉图

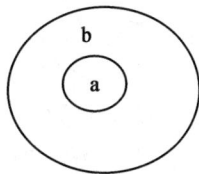

应该指出,真包含关系和真包含于关系都是反映类与分子的关系。例如,"人"与"中国人","学生"与"大学生"都是类与分子的关系。而它们不反映整体与部分的关系。一般说来,分子具有类的属性,分子与类之间可以用"是"连接。例如,"中国人"具有"人"的属性,"中国人"与"人"之间可以用"是"连接,"大学生是学生"。而部分不具有整体的属性,部分与整体间不能用"是"连接。例如,"重庆市"与"重庆市沙坪坝区"是整体与部分的关系,"重庆市沙坪坝区"不具有"重庆市"的属性,例如重庆市是一个直辖市,而沙坪坝区则不具有这一属性;"重庆市沙坪坝区"与"重庆市"之间也不能用"是"连接,例如"重庆沙坪坝区是重庆市"则不通顺。因此,在实际思维中,绝不能把整体与部分的关系同真包含关系、真包含于关系相混淆,也不能用表示真包含关系和真包含于关系的欧拉图去表示整体与部分的关系。

在真包含和真包含于关系中,外延大的概念称为属概念,而外延小的概念称为种概念。因此,真包含关系又叫作属种关系,而真包含于关系又叫作种属关系。属种关系和种属关系的逻辑知识是概念的概括和限制、概念的定义和划分的重要基础。

具有真包含关系和真包含于关系的概念,在思维中一般不能并列使用。例如,"参加会议的有党员和党员干部"。这一表述是不合逻辑的,因为"党员"真包含"党员干部",二者不能并列使用。如果需要并列使用,必须加上"尤其""特别"等表示强调的词语。例如,"参加义务劳动的学生,尤其是大学生受到了一次很好的教育。"虽然"学生"真包含"大学生",但是由于在"大学生"前加上了"尤其"这一表示强调的语词,因而这一使用就不违反逻辑了。

（四）交叉关系

交叉关系是指两个概念的外延有且只有部分重合的关系。例如,"大学生"与"中共党员","运动员"与"女性"这两组概念分别为交叉关系。具有交叉关系的两个概念 a 与 b,可以用欧拉图 2-4 表示。

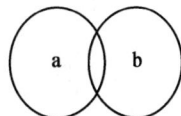

图 2-4 交叉关系欧拉图

这个欧拉图表明：有的 a 是 b，有的 a 不是 b；有的 b 是 a，有的 b 不是 a。

具有交叉关系的概念在思维中不能并列使用。例如，"参加今天体育比赛的有工人、农民、干部和知识分子。"这一表述是不符合逻辑的，因为有的概念，例如，"干部"与"知识分子"就是交叉关系，而并列使用了。

二、不相容关系

不相容关系是指两个概念的外延没有重合部分的关系，又叫作全异关系。例如，"机动车辆"与"非机动车辆"，"黑龙江大学"与"黑龙江科技大学"这两组概念分别为不相容关系。根据不相容关系的两个概念有无共同的属概念，把不相容关系分为没有共同属概念的不相容关系即特殊的不相容关系和有共同属概念的不相容关系即非特殊的不相容关系两种。

（一）特殊的不相容关系

特殊的不相容关系是指两个概念没有共同的属概念，并且这两个概念的外延没有重合部分的关系。例如，"诗歌"与"城市"，"书"与"精神"这两组概念分别为特殊的不相容关系。具有特殊的不相容关系的两个概念 a 与 b，可用欧拉图 2-5 表示。

这个欧拉图表明：所有的 a 都不是 b，所有的 b 都不是 a，并且 a 与 b 没有共同的属概念。

（二）非特殊的不相容关系

非特殊的不相容关系是指两个概念有共同的属概念，并且两个概念的外延没有重合部分的关系。根据具有非特殊的不相容关系的两个概念的外延之和是否等于其属概念的外延，把它分为矛盾关系和反对关系两种。

1. 矛盾关系　矛盾关系是指两个概念有共同的属概念，并且它们的外延没有重合部分，它们的外延之和等于其属概念的外延的关系。例如：在罪犯中的"男犯"与"女犯"；在车辆中的"机动车辆"与"非机动车辆"这两组概念分别为矛盾关系。具有矛盾关系的两个概念 a 与 b，如果它们的共同属概念为 I，则它们的关系可用欧拉图 2-6 表示。

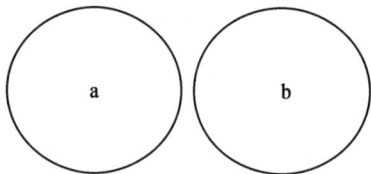

图 2-5　特殊不相容关系欧拉图　　　　图 2-6　矛盾关系欧拉图

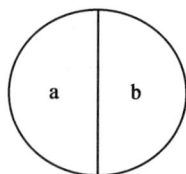

这个欧拉图表明：所有的 a 都不是 b，所有的 b 都不是 a，并且它们的外延之和等于其属概念 I 的外延。

一般说来，一个正概念和与之相对应的一个负概念都是矛盾关系。但是，两个正概念也可能是矛盾关系。例如，"男犯"与"女犯"，"轻工业"与"重工业"；它们虽然都是正概念，但是它们是矛盾关系。

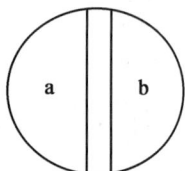

2. 反对关系　反对关系是指两个概念有共同的属概念，并且这两个概念的外延没有重合部分，它们外延之和小于其属概念的外延的关系。反对关系又叫作对立关系。具有反对关系的 a 与 b 两个概念，如果它们有共同的属概念 I，则它们的关系可用欧拉图 2-7 表示。

图 2-7　反对关系欧拉图

这个欧拉图表明：所有的 a 都不是 b，所有的 b 都不是 a，并且它们的外延之和小于其属概念 I 的外延。

两个概念外延间的关系可如下表示：

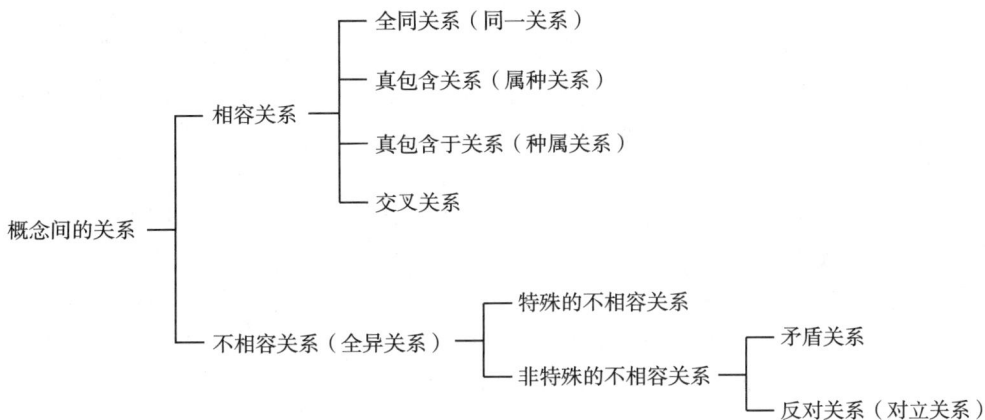

```
                           ┌── 全同关系（同一关系）
                    ┌─ 相容关系 ──┤── 真包含关系（属种关系）
                    │            ├── 真包含于关系（种属关系）
                    │            └── 交叉关系
概念间的关系 ───────┤
                    │                         ┌── 特殊的不相容关系
                    └─ 不相容关系（全异关系）──┤                        ┌── 矛盾关系
                                              └── 非特殊的不相容关系 ──┤
                                                                      └── 反对关系（对立关系）
```

第四节　明确概念的逻辑方法

明确概念就是要明确概念的内涵和外延两个方面。而明确概念的内涵和外延可以有多种方法，形式逻辑善于明确概念的逻辑方法主要有定义、划分、限制与概括。

一、定义

（一）定义概述

定义就是用精练的语句、简明的方式，从某个角度完整地提示出概念所反映事物对象的本质属性，从而提示其概念内涵的逻辑方法。

例如：

（1）商品就是为交换而生产的劳动产品。

（2）政治经济学是研究人类社会生产关系及其发展规律的科学。

上述便是两个定义。它们分别提示了"商品""政治经济学"的内涵，提示出了它们所反映的事物对象"商品"和"政治经济学"的本质属性。

一个定义是由被定义项、定义项和定义联项三个部分所组成。被定义项就是在定义中被提示其内涵的概念，如（1）中的商品，（2）中的政治经济学。定义项就是揭示被定义项内涵的概念，如（1）中的"为交换而生产的劳动产品"，（2）中的"研究人类社会生产关系及其发展规律的科学"。定义联项就是在定义中连接被定义项和定义项的概念。定义联项常用"就是""即""所谓……是指……"等语词来表示。如果以"D_s"表示被定义项，以"D_p"表示定义项，"就是"表示定义联项，定义的表达式可用公式表示为：

D_s 就是 D_p

商品	就是	为交换而生产的劳动产品
被定义项	定义联项	定义项
D_s	就是	D_p

定义在人们的思维过程中有着重要的作用,它是巩固人们思维成果的重要方式,有助于人们掌握和传播知识。

（二）定义的方法

常用的定义有属加种差定义和语词定义两大类。下面主要介绍属加种差定义。

属加种差定义的方法是:给一个概念下定义,首先应找出与该概念邻近的属概念,确定被定义项所反映的对象属于哪一个类。然后,在同一个属概念下,找出被定义项所反映的对象与其他同级的种概念所反映的对象之间的本质差别,即种差。邻近的属概念加上种差,便构成了一个定义的定义项。最后,用定义联项把被定义项和定义项连联结起来,便构成一个完整的定义。例如,给"三角形"下定义,首先找出它邻近的属概念"封闭图形",然后将"三角形"同属于"封闭图形"类中的其他同级的封闭图形相比较,找出"三角形"与其他封闭图形之间的本质差别,即种差——"在一个平面上由三条线段所构成的封闭图形",最后选择适当的定义联项,把被定义项"三角形"和定义项联结起来,这样就作出了"三角形"的定义,即"三角形在一个平面上由三条线段所构成的封闭图形"。

属加种差定义的公式是:

$$被定义项 = 种差 + 邻近的属概念$$

这里所说的"邻近的属概念"不是绝对的,在实际下定义时,到底选择被定义项的哪个属概念作为邻近的属概念,要看实际需要而定。例如,"人"这个概念的属概念有"灵长目动物""哺乳动物""脊椎动物""动物""生物"等,而"人是能思维、能制造和使用工具进行劳动的动物"这一定义则是以"动物"作为邻近的属概念,因为定义所实际需要的是把人同其他动物区别开来。

在定义中,种差是多种多样的。根据种差的不同情况,又可把属加种差定义分为性质定义、发生定义、关系定义、功用定义。

（1）性质定义:性质定义是指以事物对象的性质为种差的定义。例如,前面所举的"商品""政治经济学"的定义就是属性质定义。

（2）发生定义:发生定义是指以事物对象产生或形成情况为种差的定义。例如,前面所举的"三角形"的定义就属发生定义。再如,"水是由两个氢原子和一个氧原子化合而成的化合物",这个定义也属于发生定义。

（3）关系定义:关系定义是指以事物对象之间的关系为种差的定义。例如,"零是和 A 数相加仍等于 A 的数""偶数是能被动 2 整除的数"。这两个定义都属于关系定义。

（4）功用定义:功用定义是指以事物对象的功用为种差定义。例如,"笔是用来写字或绘画的工具","气压计是用以测量大气压力的物理仪器"这两个定义都属于功用定义。

以上几种定义都是属加种差定义,它们都是通过提示概念所反映的事物对象的本质属性来明确概念的,所以又称为实质定义或真实定义。

（三）定义的规则

要作出一个正确的实质定义,除了具备一些具体和掌握下定义的方法以外,还必须遵守以下各条逻辑规则:

1. 定义项与被定义项的外延必须全同　这条规则要求定义项 D_p 与被定义项 D_s 在外延上要具有下面欧拉图 2-8 所表示的关系。

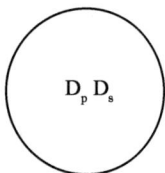

图 2-8　外延全同关系欧拉图

违反这条规则,就会犯两种逻辑错误:"定义过宽"或"定

义过窄"。所谓"定义过宽",是指定义项的外延大于被定义项的外延。这种逻辑错误可用欧拉图 2-9 表示为:

例如,"普通逻辑学就是研究思维的科学"在这个定义中,定义项"研究思维的科学"的外延大于被定义项"普通逻辑学"的外延,因而,这个定义就犯了"定义过宽"的逻辑错误。

所谓"定义过窄",是指定义项的外延小于被定义项的外延。这种逻辑错误可用欧拉图 2-10 表示为:

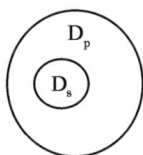

图 2-9　定义过宽欧拉图　　　　　图 2-10　定义过窄欧拉图

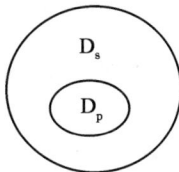

例如"三角形就是在一个平面上由三条线段所构成的并且有一个内角为直角的封闭图形",在这个定义中,定义项"在一个平面上由三条线段所构成的并且有一个内角为直角的封闭图形"的外延小于被定义项"三角形"的外延,因而,这个定义就犯了"定义过窄"的逻辑错误。

2. 定义项中不得直接或间接地包含被定义项　在定义中,定义项是用来说明被定义项的内涵的。如果定义项中直接或间接地包含有被定义项,就等于用被定义项自身去说明自身,因而就不能说明被定义项的内涵。

违反这条规则,就会犯"同语反复"或"循环定义"的逻辑错误。所谓"同语反复",是指定义项中直接地包含有被定义项的逻辑错误。例如,"罪犯就是犯了罪的人",就犯了"同语反复"的错误,因为这个定义用罪犯自身定义自身,未能揭示出"罪犯"的内涵。所谓"循环定义",是指定义项中间接地包含有被定义项的逻辑错误。例如,"发展中国家就是比发达国家落后的国家"和"发达国家就是比发展中国家先进的国家"这两个定义,不论对哪一个定义来说,都是循环定义。因为,"发展中国家"由"发达国家"来定义,而"发达国家"又由"发展中国家"来定义,实质上就等于说"大国就是大国""小国就是小国"。

3. 给正概念下定义不得使用负概念或否定语句　定义的目的在于揭示被定义项的内涵。因为,负概念或否定语句,只能揭示出被定义项反映的对象不具有什么属性,而不能揭示出它具有什么属性。例如,给"汽车"下定义,不能如此:"汽车不是书"。这只说明了"汽车"不具有"书"的属性,但并未能说出汽车具有的本质属性即交通工具。

违反这条规则,就会犯"用负概念定义"的错误。因为定义只指出了"故意犯罪"不是什么,却没有指出"故意犯罪"是什么,也就是说,它没有从正面揭示出"故意犯罪"的内涵。当然,给负概念下定义一般是可以使用负概念或否定语句的。例如,"无机物就是不含碳的化合物"这个定义是不违反规则的,是一个正确的定义。

4. 定义项必须清楚明确,不得以比喻代替定义　在定义中,定义项是用来揭示被定义项内涵的。如果定义项本身都含混不清,那么它又怎么来揭示被定义项的内涵呢! 而比喻形式虽然生动形象,但它也不能全面而准确地揭示出被定义项的内涵。

违反这条规则,就会犯"含混定义"或"比喻定义"的逻辑错误。所谓"含混定义",是指定义项含混不清,内涵不明确。例如,"新闻就是对那些带刺激性的、非同一般的事情的报道",这个定义就是一个"含混定义","带刺激性的、非同一般的事情"都是对新闻表现出来的特点的描述,而不是对其内涵即本质属性的描述,使听者感到"一头雾水,不知其所云为何"。所谓"比喻定义",是指用比喻的形式作定义的逻辑错误。例如,"医者是白衣天使",如果把它作为定义,就犯了"比喻定义"的错误,因为"白衣天使"没有全面而准确地揭示出"医者"的内涵。

二、划分

(一)划分概述

划分是按一定标准把一个属概念分为若干种概念,以此来明确其概念的外延的逻辑方法。例如,按年龄的不同,把"教师"分为"青年教师""中年教师"和"老年教师"。通过划分,可以从某一角度来揭示被划分的概念的外延,从而有助于明确概念和准确地使用概念。

任何一个划分都是由三个部分所组成。一是划分的母项,即被划分的概念;如上例中的"教师"和"人"。二是划分的子项,即划分后所形成的种概念;如上例中的"青年教师""中年教师""老年教师"都是划分"教师"这一属概念所形成的子项。三是划分的标准,即作为划分根据的事物对象的某属性;如上例中对"教师"的划分是以年龄为标准的,而对"人"的划分是以肤色为标准的。由于划分的标准的不同,对同一个属概念可以进行不同的划分。例如,对"教师"这一概念的划分,如果以年龄作标准,可把它划分为"青年教师""中年教师"和"老年教师";如果以性别为标准,可把它划分为"男教师"和"女教师"。一个划分究竟以事物对象的什么属性为标准,这要由思维实际的需要而决定。

(二)划分的方法

1. 根据划分所包含的母项和子项的层次数量的不同,可把划分分为一次划分和连续划分。

一次划分是指只包含母项和子项两个层次的划分方法,即按一定标准对母项一次划分完毕。例如,前面所举的对"教师"和"人"的划分都是一次划分。

连续划分是指对母项进行一次划分后,再对子项进行划分,这样连续划分下去,直到满足需要为止的划分方法。连续划分的母项和子项至少有三个层次。例如,把"小说"分为"长篇小说""中篇小说"和"短篇小说";再将"中篇小说"分为"中国的中篇小说"和"外国的中篇小说";再将"中国的中篇小说"分为"中国古代的中篇小说""中国近代的中篇小说"和"中国现代的中篇小说",这样连续划分下去,直到满足需要为止,这就是连续划分。

2. 根据划分后得到的子项数量的不同,可把划分分为二分法和多分法。

如果把一个母项划分为这样两个子项,一个子项具有某种属性,而另一个子项恰好缺乏这个属性,这样的划分就是二分法。

例如,把国家这个母项划分为:社会主义国家与非社会主义国家两个子项,社会主义国家这个子项具有社会主义这一属性,而非社会主义国家却缺乏这个属性。这就是二分法。把干部划分为党员干部与非党员干部,把建筑物划分为生产性建筑与非生产性建筑,也都是二分法。

由于二分法的一个子项具有某属性而另一个子项缺乏某属性,二分法的两个子项是有矛盾关系的。因此,二分法总是遵守划分的规则的,它们既合乎子项不相容这条规则,也合乎穷尽母项这条规则,而且也是根据同一划分标准的。这是二分法的优点。

但是二分法的一个子项是缺乏某属性。知道了一个子项缺乏某属性,并不能由此知道这个子项具有什么属性。例如,用二分法把国家划分为社会主义与非社会主义国家。由二分法只知道非社会主义国家这个子项不具有社会主义这个属性。但是,这个子项究竟具有哪些属性,是不明确的。这是二分法的缺点。这里必须指出,有的划分虽然子项是两个,但是两个互为矛盾关系的正概念作子项,这类划分不属于二分法。为了方便起见,把它归入到多分法。例如,按性别的不同,把"人"划分为"男人"和"女人"。这一划分不属于二分法,它属于一种特殊的多分法。

多分法是指将母项划分为至少是两个正概念作为子项的划分方法。一般说来,多分法的子项是三个或三个以上,有两个正概念作子项是多分法的特殊情况。例如,把"小说"分为"长篇小说""中篇小说"和"短篇小说",这一划分就是多分法;而把"人"分为"中国人"和"外国人",这一划分,由于它是两个正概念作为子项,不能把它归入到二分法,因此,此书把这类划分归入到多分法。但是这类划分只是一种特殊的多分法。

(三)划分的规则

划分的规则是进行划分时必须遵守的规则,也是检查一个划分是否正确的规则。划分的规则有三条:

1. 划分的各个子项应当互不相容 所谓各个子项互不相容,就是说,各个子项之间都有全异关系。如果有两个子项之间不是全异关系,那么,就会有一些事物,既属于这个子项又属于另一个子项。这就会引起混乱。违反了这条划分规则的错误,叫作子项相容的错误。

例如,把阶级划分为:工人、农民、剥削阶级与地主;这个划分就犯了子项相容的错误。因为,地主就是一个剥削阶级。把城市居民划分为:汉族、少数民族、工人与干部这四个子项;这个划分也是犯了子项相容的错误。因为,有些居民既是工人又属于汉族,也有些居民既是干部又属于少数民族。

2. 子项之和必须穷尽母项 所谓各子项之和穷尽母项,就是各子项之和等于母项,这也就是说,任何一个属于母项的事物都属于一个子项。如果子项之和不穷尽母项,那么,必有一些属于母项的事物被遗漏了。违反这条规则的错误,叫作子项不穷尽的错误。例如,就生产力与生产关系的不同,把人类的社会形态分为奴隶社会、封建社会与资本主义社会。这个分类的子项之和就没有穷尽母项。因为在上面三种社会以外,还有原始社会与社会主义社会和共产主义社会。把某时期报纸杂志的文章,分为完全正确的与完全错误的这两个子项,这个划分的子项,也是不穷尽的。因为在完全正确的文章与完全错误的文章之外,还有部分正确而又部分错误的文章,还有基本上正确的文章,基本上错误的文章,等等。

3. 每次划分必须按同一划分标准进行 划分的标准是一个属性或一些属性,是根据事物具有或不具有这一或这些属性,把事物划分成几个子项。例如,用边与边之间的关系作为划分标准,就可把三角形划分为:等边三角形、二等边三角形与不等边三角形。根据同一标准来进行划分,第一个好处是使各个子项不会相容;还有一个好处,就是可以明确各个子项之间的关系,可以明确各个子项之间的异同。例如,按同一标准(边与边之间的关系)把三角形划分为三个子项:一个子项是三边都相等,另一个子项是只有两边相等,还有一个子项是三边都不等。这样,各个子项之间的关系,是非常明确的。相反地,如果把三角形划分为:不等边三角形、二等边三角形与内角都为60°的三角形,这就不是按同一标准划分了。虽然各个子项是不相容的与穷尽的,但是,各个子项之间的关系却不明确了。

前面所举的那个关于城市居民的划分,也不是按同一标准进行的。汉族与少数民族这两个子项是按民族这个标准划分的,而工人这个子项却是按劳动性质这个标准划分的,干部这个子项却是按职务这个标准划分的。

有时把一个母项划分为几个子项,而又把各个子项划分为更小的子项,这就是连续划分。在连续划分中,每次划分都必须按同一标准。但是,各次划分所用的标准却可以是不统一的。例如,把直线图形划分为:三角形、四角形与多角形三个子项,这是第一次划分。这里的划分标准是角的数目。然后又把三角形划分为:等边三角形、二等边三角形与不等边三角形。这是第二次划分。这里划分的标准是边与边之间的关系。在这个连续划分中,第一次划分所用的标准与第二次划分所用的标准不是同一的。但这是许可的。

遵守以上三条规则的划分,就能够把属于母项的任何一个事物划分到而且也只划分到一个子项中,并且各个子项之间的关系是明确的。这样,对于明确那个表示母项的概念是有帮助的。

（四）划分与分解

划分是按一定标准把一个属概念分为若干种概念,以此明确其属概念外延的逻辑方法。划分的母项和各子项外延间的关系一定是属种关系。而分解是把整体分割为部分,整体与部分之间不是属种关系。因此,划分不是分解,分解也不是划分,它们之间有着本质上的区别。例如,把"树"分为"阔叶树"和"非阔叶树"是划分,因为母项"树"与子项"阔叶树"和"非阔叶树"外延间的关系是属种关系;而把"树"分为"树根""树干""树枝"和"树叶"则不是划分,而是分解,因为表示整体的"树"这一概念与表示其部分的"树根""树干""树枝"和"树叶"这些概念的外延间不是属种关系,而是全异关系。了解划分与分解的区别,有助于准确地理解和运用划分这种逻辑方法。

三、概念的限制与概括

（一）概念的限制与概括的依据

具有属种关系或种属关系的两个概念,它们的内涵和外延之间存在这样一种关系:一个概念的内涵越少,则它的外延就越大;反之,一个概念的内涵越多,则它的外延越小。这就是概念内涵和外延的反变关系,又叫作反比关系。例如:

教育 - 高等教育 - 中国的高等教育,这三个概念是具有属种关系的概念。在这三个概念中,"高等教育"的内涵比"教育"的内涵多,"高等教育"除了具有"教育"的属性外,又增加了"高等的"这一属性;而"高等教育"的外延则比"教育"的外延小,"教育"的外延除了包括"高等教育"的外延以外,它还包括"初等教育""中等教育"等外延。"中国的高等教育"的内涵又比"高等教育"的内涵多,"中国的高等教育"除了具有"高等教育"的属性以外,还增加了"中国的"这一属性;而"中国的高等教育"的外延又比"高等教育"的外延小,"高等教育"的外延除了包括"中国的高等教育"以外,还包括"非中国的高等教育"的外延。可见,从"教育"到"高等教育",从"高等教育"到"中国的高等教育",概念的内涵逐渐增多,而概念的外延逐渐缩小;反过来,从"中国的高等教育"到"高等教育",从"高等教育"到"教育",概念的内涵逐步减少,而外延则逐步扩大。这说明,概念的内涵和外延间具有反变关系。

具有属种关系或种属关系的概念内涵和外延之间的反变关系,为概念进行限制和概括提供了逻辑依据。

（二）概念的限制

概念的限制是指增加一个概念的内涵,从而缩小其外延,使之由属概念过渡到它的种概念一种逻辑方法,例如,对"教育"增加"高等"这一属性,就把"教育"限制为"高等教育",接着再对"高等教育"增加"中国的"这一属性,就把"高等教育"限制为"中国的高等教育"。这样,从"教育"到"高等教育"再到"中国的高等教育",概念的内涵逐步增加,而概念的外延逐步缩小,从而由属概念过渡到它的种概念,这就是对概念进行限制。

在对概念进行限制时,应当注意以下几点:

1. 概念限制的极限是单独概念　这是因为单独概念所反映的对象是一个特定对象,它的外延不能再缩小,因此,单独概念不能限制。虽然有时也在单独概念前加上一些限定词,但它不是对单独概念的限制,只是一种修辞罢了。例如,"奔腾不息的长江",它不是对"长江"的限制,而只是一种修辞罢了。因为从"长江"到"奔腾不息的长江",它没有增加"长江"这一概念的内涵,更没有缩小其外延,因而它不是限制。对一个概念可以进行一次限制,也可以连续限制,究竟限制几次,要取决于思维需要。

2. 对概念限制的通常方法就是在被限制的概念前加上限制词　例如,"文明"限制为"精神文明",再限制为"社会主义精神文明";但有些限制则存在例外,即并不是直接在被限制概念前加上限制词,例如:将"自然科学"限制为"物理学",将"社会科学"限制为"哲学"等。

3. 限制一定是由属概念过渡到它的种概念,而不能把整体限制为部分,也不能把集合体限制为组成该集合的个体　因为,反映整体的概念与反映该整体的组成部分的概念,反映集合体的概念与反映该集合体的个体的概念,它们之间是不相容的,而不是属种关系。例如,如果把"哈尔滨医科大学"限制为"哈尔滨医科大学人文学院",把"森林"限制为"树木",这就犯了"限制不当"的逻辑错误,因为,它们不是由属概念过渡到它们的种概念。

概念的限制在人们的思维中有着重要的作用,它不但可以帮助人们对事物的认识由一般过渡到特殊,使认识具体化,而且它还有助于人们准确地使用概念,恰当地表述思想。例如,"爱迪生发明了灯"这一表述就不准确,必须对"灯"这一概念加以限制,"爱迪生发明了电灯"这一表述就准确了。

（三）概念的概括

概念的概括是指减少一个概念的内涵,从而扩大其外延,使之由种概念过渡到它的属概念的一种逻辑方法。例如,对"社会主义精神文明"减去"精神"这一属性,就把"精神文明"概括为"文明"。这样,从"社会主义精神文明"到"精神文明"再到"文明",概念的内涵逐渐减少,而概念的外延逐步扩大,从而由种概念过渡到它的属概念,这就是对概念进行概括。

对概念进行概括时,应当注意以下几点:

1. 概念的概括的极限是最大的类概念(如物质),因为最大的类概念是一定领域的最大的属概念,不能再扩大其外延了。概念的概括可以进行一次,也可以连续概括,究竟要概括几次,要取决于思维的需要。

2. 对概念的概括一般表现为在被概括的概念前减去其限制词,例如"中国的高等教育"概括为"高等教育"再概括为"教育";但有些概括则不表现为在被概括的概念前减去限制词,例如将"逻辑学"概括为"思维科学"。

3. 概括一定是由种概念过渡到它的属概念,而不能把部分概括为整体,也不能把个体概括为集合体。例如如果把"重庆市沙坪坝区"概括为"重庆市",把"工人"概括为"工人阶级",这就犯了"概括不当"的逻辑错误,因为被概括的概念与概括的概念间不是种属关系,而是不相容关系。

概括的主要作用是帮助人们的认识从特殊过渡到一般,从而把握事物的普遍本质。

复习思考题

1. 什么是概念?
2. 什么是概念的内涵和外延?
3. 简述概念和语词的联系和区别。
4. 概念有哪些种类?
5. 如何区分集合概念与非集合概念?
6. 概念的外延之间有哪几种关系?
7. 矛盾关系与反对关系有何区别?
8. 什么是定义? 定义有哪几条规则?
9. 什么是划分? 划分有哪几条规则?
10. 概述属种概念之间内涵和外延的反变关系。
11. 什么是概念的限制? 什么是概念的概括?

第三章　判断（上）

判断是一种重要的思维形式，它既是概念的扩展，又是推理的基础。把握各种判断的逻辑性质及关系，有助于加深对概念的理解，也为进一步学习各种推理知识打下基础。本章主要介绍简单判断。

第一节　判断的概述

一、判断定义

判断是对事物情况有所断定的思维形式。

例如：

（1）所有的犯罪行为都是违法行为。

（2）并非"有的金属不是导电的"。

（3）只有进一步地改革开放，才能把我国建设得更好。

在这三个判断中，例（1）断定了"犯罪行为"具有"违法行为"的属性；例（2）断定了"有的金属不是导电的"这一事物情况是假的；例（3）断定了"进一步地改革开放"这一事物情况与"把我国建设得更好"这一事物情况之间具有一定的条件关系。

在这里，所说的"事物情况"，指的是思维主体的人所思考的一切客体，它既包括客观存在的一切事物和现象，也包括思维领域里的所有现象，还包括表达各种思想的物质外壳（如语词、语句等语言形式）等。总之，在这里所说的"事物情况"，指的是凡能成为人的思考客体的一切现象。

二、判断的特征

判断有两个显著的特征：

（一）对事物情况有所断定

这是判断的显著特征之一。任何判断，无论是简单还是复杂，它都要对事物情况有所肯定或否定。凡是对事物情况既没有表示肯定，又没有表示否定的思想，则都不是判断。例如，"你的毕业设计完成了吗？"这就不是一个判断，因为它对事物情况既没有表示肯定，又没有表示否定。

（二）判断有真、有假

这是判断的另一个显著特征。由于判断是对事物情况的断定，因而它属于人们的认识范围，人们所断定的事物情况与被断定的事物情况本身之间并不是完全一致的，有一个是否相符合的问题，即真假问题。对于任何一个判断而言，如果它所断定的事物情况与被断定的事物情况本身相一致、相符合,则该判断为真判断;如果它所断定的事物情况与被断定的事物情况本身不一致、不符合,则该判断为假判断。例如,"老虎是猛兽"这一判断,它所断定的事物情况,即"老虎"具有"猛兽"的属性,与被断定的事物情况本身是一致的、相符合的,因而它是一个真判断;再比如:"太阳是绕地球运动的",这一判断所断定的事物情况,即"太阳"具有"绕地球运动的"属性,与被断定的事物情况本身是不一致的、不相符合的,因而它是一个假判断。

任何判断都有内容和形式两方面。就其内容来讲,它是真是假,只能由实践来检验,由具体科学来研究。判断不仅有它的具体内容,还有一定的判断形式,不同的判断形式表示了不同的断定,因此,不同的判断形式之间也具有一定的真假关系。普通逻辑学在研究判断时,它不研究判断内容的真假问题,它只从判断形式方面研究判断的特征、种类以及各种判断形式之间的真假关系,等等,其目的在于帮助人们恰当地作出判断,从而为人们进行正确的推理论证奠定基础。

三、判断与语句

判断与语句既相互联系又存有区别。

(一)判断与语句的联系

判断是一种基本的思维形式,它必然和一定的语言形式相联系,判断与语句这种语言形式紧密地联系在一起。可以说,判断是语句的思想内容,而语句是判断的物质外壳或语言表达形式。

(二)判断与语句的区别

判断和语句的区别主要表现在二者之间不是一一对应的关系。

1. 所有的判断都必须借助语句来表达,但不是所有的语句都表达判断。陈述句和疑问句中的反问句都直接地表达判断,而一般疑问句、祈使句和感叹句都不直接地表达判断。

例如:

(1)所有的真理都不是一成不变的。

(2)人非圣贤,孰能无过!

(3)你的作业完成了吗?

(4)请靠右行!

(5)祖国的山河多么壮丽啊!

在这五个语句中,例(1)是陈述句,例(2)是疑问句中的反问句,它们都直接地表达判断。因为它们都有直接地断定。例(3)是一般疑问句,例(4)是祈使句,例(5)是感叹句,它们都不直接地表达判断,因为它们都没有直接地断定。但是,它们都进行了间接地断定。例(3)间接地断定了"你有作业";例(4)间接地断定了"靠右行";例(5)间接地断定了"祖国的山河是壮丽的",因而,从这种意义上来说,它们都间接地表达了判断。

还有一种隐含着判断的疑问句,叫作复杂问句。它暗含着提问者的一个假定。

例如:

你戒烟了吗?

不管被问人回答"戒了"还是"没有戒",都会落入提问人的"圈套",也就是说其承认了自己曾经抽过烟或者现在还在继续抽烟。

如前所述,在区分语句是否表达判断时,既要考虑具体状况,又要考虑语句的类型,具体问题具体分析。语句是否直接地表达判断主要是看它是否进行了直接断定。直接表达判断的语句称为命题。

2. 同一个判断可以用不同的语句来表达。对同一个判断也可以用不同国家或民族的语言来表达。可以说,世界上有多少语种,对同一个判断就有多少个语言表达形式。

例如"这是一个面包",不同的语言有不同的表达形式:

汉语表达为:这是一个面包。

英语表达为:This is a loaf of bread.

然而在同一个民族语言中,也可以用多个语句来表达同一个判断。

例如"文学艺术是一种社会意识形态",现代汉语就可以有以下几种不同的语句表达形式:

"文学艺术是一种社会意识形态。"

"难道文学艺术不是一种社会意识形态吗!"

"不属于社会意识形态的文学艺术是不存在的。"

3. 同一个语句可以表达不同的判断。在任何一个民族语言中,都有同义词和多义词,由同义词或多义词组成的语句,在不同的语境里,表达不同的思想内容,而判断就是语句的思想内容,所以,同一个语句可以表达不同的判断。例如"他上课去了"这个语句,由于语言环境的不同,它可以表达"他讲课去了",也可以表达"他听课去了"这样两个判断。

了解和掌握判断和语句的关系,有利于人们选择适当的语句来表达某一判断,从而使人们恰当地运用判断。

四、判断的分类

关于判断的分类,是一个比较复杂的问题,根据不同的标准,可以对判断进行不同的分类。按判断本身是否包含其他判断,把判断分为简单判断和复合判断。简单判断是指由概念所组成而不包含其他判断的判断,本书要介绍的简单判断有性质判断、关系判断和模态判断。复合判断是指在一个判断中包含其他判断的判断,它分为联言判断、选言判断、假言判断、负判断等。

第二节 性 质 判 断

一、性质判断定义

性质判断是断定事物对象具有或不具有某种性质的判断,又叫作直言判断。它是一种简单判断。

例如:

(1)所有的真理都是不怕批评的。

(2)有的金属不是固体。

(3)重庆是一座美丽的山城。

这三个判断都是性质判断。例(1)断定了全部"真理"都具有"不怕批评"的性质;

例（2）断定了至少有一种"金属"不具有"固体"的性质；例（3）断定了"重庆"具有"美丽的山城"的性质。

任何一个性质判断都是由主项、谓项、联项和量项四个部分所构成的。

所谓主项，指的是表示被断定的事物对象的概念。如例（1）中的"真理"，例（2）中的"金属"，例（3）中的"重庆"都是主项。

所谓谓项，指的是表示被断定的事物对象具有或不具有的性质的概念，如例（1）中的"不怕批评的"、例（2）中的"固体"、例（3）中的"一座美丽的山城"都是谓项。

所谓联项，指的是联结主项和谓项的概念。它分为两种，即肯定联项和否定联项。通常情况下，"是"表示肯定联项；"不是"则表示否定联项。由于联项的不同，把判断区分为肯定判断和否定判断两种不同性质的判断。如例（1）、例（3）都是肯定判断，而例（2）则是否定判断。

所谓量项，是指表示被断定的事物对象数量范围的概念，即表示主项外延大小的概念。它分为三种：一是全称量项，它表示在性质判断中对主项的外延的全部作了断定。通常用"所有""一切""凡是"等表示。在性质判断的语言表达中，全称量项的标志可以省略。例如，"金属都是导电的"是说"所有的金属都是导电的"意思。二是特称量项，它表示在性质判断中，对主项的外延至少作了部分断定。通常用"有些""有的"来表示。在性质判断的语言表达中，特称量项的标志不能省略。三是单称量项，它表示在性质判断中对主项的外延中的某一个具体对象作了断定，可用"这个"或"那个"来表示。如果主项是单独概念，则可以省略单称量项；如果主项是普遍概念，则不能省略单称量项。

在逻辑学中，用大写"S"表示性质判断的主项，用大写"P"表示性质判断的谓项。"S"和"P"在性质判断的逻辑形式中是变项，而其联项和量项则是常项。

从判断的结构形式上看，性质判断实际上是对主项和谓项这两个概念之间外延关系的断定。如例（1）就断定了"真理"这个概念的外延真包含于"不怕批评的"这个概念的外延之中；例（2）断定了"金属"这个概念的外延中至少有一个与"固体"的外延相排斥。正因为性质判断是对两个概念（即主项和谓项）外延关系的断定，因此，它的真或假，便取决于它断定的两个概念外延之间的关系是否同这两个概念所反映的事物对象之间的关系相一致。如果相一致，则真；如果不一致，则假。如例（1）断定"理"的全部外延真包含于"不怕批评的"外延之中，这与"理"和"不怕批评的"则是一个真判断。再如，"有的金属是不导电的"这一判断，它断定了"金属"这个概念的外延中至少有一个真包含于"不导电的"这个概念的外延之中；这与"金属"和"不导电的"这两个概念所反映的事物对象之间的关系不一致，因而它是一个假判断。

二、性质判断的种类

根据不同的标准，可以把性质判断分为不同的种类。

（一）依据性质判断的质进行划分

依据性质判断质的不同可以把它分为肯定判断和否定判断两种。

1. 肯定判断　肯定判断是断定事物对象具有某种性质的判断。例如，"事物都是运动的"这一肯定判断，它断定了"事物"具有"运动"的性质。

2. 否定判断　否定判断是断定事物对象不具有某种性质的判断。例如，"贪污罪都不是过失罪"这一否定判断，它断定了"贪污罪"不具有"过失罪"的性质。

（二）依据性质判断的量进行划分

依据性质判断的量不同可以把它分为全称判断、特称判断和单称判断三种。

1. 全称判断　全称判断是断定某类事物对象的每一个分子具有（或不具有）某种性质的判断。其主项是普遍概念。例如："所有的唯物主义者都是可知论者"和"所有的鲸都不是鱼"，这两个判断都是全称判断。其公式为：

所有的 S 都是（或都不是）P

2. 特称判断　特称判断是断定某类事物对象中，至少有一个分子具有（或不具有）某种性质的判断。其主项是普遍概念。例如："有的人是中共党员"和"有的鸟不是能飞的"，这两个判断都是特称判断。其分公式为：

有的 S 是（或不是）P

作为特称判断量项的"有的"（或"有些""有"）与日常用语中的"有的"（或"有些""有"）是有区别的。在日常用语中，"有的"（或"有些""有"）是"仅仅有"的意思，"有的是什么"往往意味着"有的不是什么"，而"有的不是什么"往往意味着"有的是什么"。这是一种习惯性的理解，却是一种不合逻辑的理解。在逻辑中，"有的"（或"有些""有"）是"至少有一个"或"存在有"的意思。从逻辑上说，断定"有的 S 是 P"，意即"至少有一个 S 是 P"或"存在 S 是 P"，究竟有多少 S 是 P，存在多少 S 是 P，它并未作出断定。从客观上讲，可以是一个 S，也可以是几个 S，甚至可以是全部 S。当全部 S 都是 P，当然可以断定"有的 S 是 P"。因此，断定"有的 S 是 P"并不意味着同时断定了"有的 S 不是 P"。同理，断定了"有的 S 不是 P"也并不同时意味着断定了"有的 S 是 P"。从这个意义上讲，特称判断又称为存在判断。

3. 单称判断　单称判断是断定某个特定事物对象具有（或不具有）某种性质的判断。例如："小王是个三好学生"和"这本书不是本好书"，这两个判断都是单称判断。其公式为：

这（那）个 S 是（或不是）P

根据性质判断质和量的结合情况的不同，可以把它分为 6 种。

（1）全称肯定判断　　　　　　　其逻辑形式为：所有的 S 都是 P
　　　　　　　　　　　　　　　　简写为：SAP；简称为："A"

（2）全称否定判断　　　　　　　其逻辑形式为：所有的 S 都不是 P
　　　　　　　　　　　　　　　　简写为：SEP；简称为："E"

（3）特称肯定判断　　　　　　　其逻辑形式为：有的 S 是 P
　　　　　　　　　　　　　　　　简写为：SIP；简称为："I"

（4）特称否定判断　　　　　　　其逻辑形式为：有的 S 不是 P
　　　　　　　　　　　　　　　　简写为：SOP；简称为："O"

（5）单称肯定判断　　　　　　　其逻辑形式为：这（那）个 S 是 P
　　　　　　　　　　　　　　　　简写为：SaP

（6）单称否定判断　　　　　　　其逻辑形式为：这（那）个 S 不是 P
　　　　　　　　　　　　　　　　简写为：SeP

以上就是性质判断的 6 种最基本的形式。由于单称判断对主项的全部外延都作了断定。因而从逻辑上说，单称判断同全称判断在这一点上是相同的。正由于此，在通常情况下，单称判断可以归入到全称判断。这样性质判断的基本类型又可归结为表 3-1。

表 3-1　性质判断的基本类型

判断名称	逻辑形式	符号	简写
全称肯定判断	所有的 S 都是 P	SAP	A
全称否定判断	所有的 S 都不是 P	SEP	E
特称肯定判断	有的 S 是 P	SIP	I
特称否定判断	有的 S 不是 P	SOP	O

三、性质判断主项、谓项的周延性

所谓性质判断主项、谓项的周延性,是指在性质判断中对主项、谓项的外延数量的断定情况。如果在一个性质判断中,对它的主项(或谓项)的全部外延作了判定,那么这个主项(或谓项)就是周延的;如果只是对它的主项(或谓项)的部分外延作了判定,那么这个主项(或谓项)就是不周延的。下面将具体地分析一下 A、E、I、O 四种性质判断主项、谓项的周延情况。

（一）全称肯定判断主项、谓项的周延情况

"所有的 S 都是 P"断定的是:S 是全部外延都包含在 P 的外延之中。很明显,在"所有的 S 都是 P"中,它断定了 S 的全部外延,所以,主项 S 是周延的。而"所有的 S 都是 P",它没有断定 P 的全部外延,它只断定了是 S 的那部分 P 的外延,而不是 S 的那部分 P 的外延并没有断定,所以谓项 P 是不周延的。

例如:所有的犯罪行为都是违法行为。

在这一判断中,断定了"犯罪行为"的全部外延都包含在"违法行为"的外延之中,因而主项"犯罪行为"是周延的。而对谓项"违法行为"它并没有断定其全部外延,只断定了是犯罪行为的那部分违法行为,而不是犯罪行为的那部分违法行为,它并没有断定,因而谓项"违法行为"是不周延的。

（二）全称否定判断主项、谓项的周延情况

"所有的 S 都不是 P"断定的是:S 的全部外延与 P 的全部外延是相排斥的。因而,在"所有的 S 都不是 P"中,主项 S 和谓项 P 都是周延的。

例如:所有的金属都不是导电的。

在这一判断中,断定了"金属"的全部外延与"不导电的"的全部外延是相排斥的。因而,在其主项"金属"和谓项"不导电的"都是周延的。

（三）特称肯定判断主项、谓项的周延情况

"有的 S 是 P"断定的是:S 的外延至少有一个是 P 的外延,究竟有多少 S 的外延是 P 的外延,它并未作断定,很显然,它没有断定 S 的全部外延都是 P 的外延,因而,主项 S 是不周延的。这种判断同样也没有断定 S 的外延至少有一个是 P 的全部外延,因而谓项 P 也是不周延的。

例如:有的金属是固体。

在这一判断中,断定了"金属"的外延至少有一个是"固体"的外延,它并没有断定"金属"的全部外延,因而,主项"金属"是不周延的。同样,在这一判断中,它也没有断定,因而,谓项"固体"也是不周延的。

（四）特称否定判断主项、谓项的周延情况

"有的 S 不是 P"断定的是:S 的外延至少有一个与 P 的全部外延相排斥。因而,在这种判断中,这虽然没有断定 S 的全部外延,但断定了 P 的全部外延,因而,主项 S 不周延,而谓项 P 是周延的。

例如:气体不都是有毒的。

在逻辑中,"不都是"只能理解为"有的不是",而不能理解为"有的是"。因而"气体不都是有毒的"就是一个特称否定判断,即"有的气体不是有毒的"。

在这一判断中,断定了"气体"的外延至少有一个与"有毒的"的全部外延是相排斥的。因而,主项"气体"是不周延的,而谓项"有毒的"是周延的。

综上所述,A、E、I、O 四种性质判断的主项和谓项的周延情况可如表 3-2 所示。

表 3-2　性质判断的主项和谓项的周延情况

性质判断的种类	主项（S）	谓项（P）
所有的 S 都是 P	周延	不周延
所有的 S 都不是 P	周延	周延
有的 S 是 P	不周延	不周延
有的 S 不是 P	不周延	周延

性质判断的种类主项（S）、谓项（P）周延情况:所有的 S 都是 P,周延、不周延;所有的 S 都不是 P,周延、周延;有的 S 是 P,不周延、不周延;有的 S 不是 P,不周延、周延。

由表 3-2 可以看出:

全称判断的主项周延,而特称判断的主项不周延;肯定判断的谓项不周延,而否定判断的谓项周延。

此外,由于单称判断也断定了主项的全部外延（其外延只有一个对象）,所以,单称判断的主项和谓项的周延情况与全称判断的主项和谓项的周延情况相同,即单称肯定判断的主项周延而谓项不周延;单称否定判断的主项和谓项都周延。

四、性质判断间的对当关系

性质判断间的对当关系,是指同素材（主项、谓项相同）的 A、E、I、O 四种性质判断间的真假关系。已经知道,性质判断实际上是断定主项"S"与谓项"P"之间的外延关系,是否与它们在客观上的关系相一致。如果一致,则真;否则,则假。主项"S"与谓项"P"之间的外延关系不外乎如下五种欧拉图形所示的关系（图 3-1）。

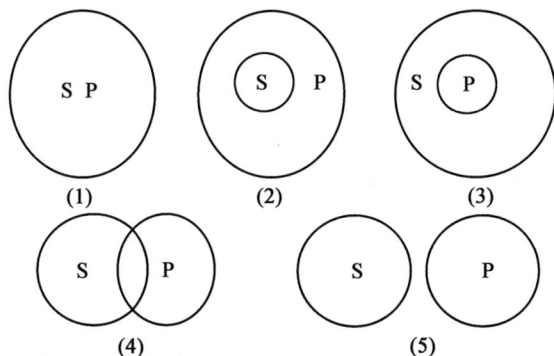

图 3-1　主、谓项外延关系欧拉图

根据这五个图形所表示的主项"S"和谓项"P"外延间的各种关系，就能确定 A、E、I、O 四种性质判断的真假关系。

当 S 和 P 具有图（1）和图（2）所表示的关系之一时，A 判断为真；否则，便是假的。

当 S 和 P 具有图（5）所表示的关系时，E 判断为真；否则，便是假的。

当 S 和 P 具有图（1）、图（2）、图（3）、图（4）所表示的关系之一时，I 判断为真；否则，便是假的。

当 S 和 P 具有图（3）、图（4）、图（5）所表示的关系之一时，O 判断为真；否则，便是假的。

综上所述，可以把同素材的性质判断 A、E、I、O 的真假情况用表 3-3 表示如下。

表 3-3 同素材的性质判断 A、E、I、O 的真假情况

	（1）	（2）	（3）	（4）	（5）
A	真	真	假	假	假
E	假	假	假	假	真
I	真	真	真	真	假
O	假	假	真	真	真

由表 3-3 可以清楚地看出，同素材的 A、E、I、O 四种性质判断之间的真假关系。即对当关系。

（一）A 和 E 之间是反对关系

反对关系的逻辑含义是：可以同假，但不能同真。具体地说，若一个判断为真，则另一个判断为假；若一个判断为假，则另一个判断可真可假。

（二）A 和 I、E 和 O 之间是差等关系（从属关系）

差等关系的逻辑含义是：既可同真，又可同假。具体地说，若 A 真，则 I 真；若 A 假，则 I 可真可假；若 E 真，则 O 真；若 E 假，则 O 可真可假；若 I 真，则 A 可真可假；若 I 假，则 A 假；若 O 真，则 E 可真可假，若 O 假，则 E 假。

（三）A 和 O、E 和 I 之间是矛盾关系

矛盾关系的逻辑含义是：既不同真，又不同假。具体地说，若一个判断为真，则另一个判断为假；若一个判断为假，则另一个判断为真。

（四）I 与 O 之间是下反对关系

下反对关系的逻辑含义是：不能同假，但可以同真。具体地说，若一个判断为假，则另一个判断为真；若一个判断为真，则另一个判断可真可假。

在传统逻辑中，一般用一个正方形来表示主谓项相同的 A、E、I、O 四种性质判断之间的真假关系。这个正方形，在逻辑上叫作"逻辑方阵"（图 3-2）。

根据上面介绍的具有相同素材的 A、E、I、O 四种性质判断之间的真假关系，就可以由其中某一判断的真或假，推知其他三个判断情况。例如图 3-2，已知 SAP 真，便可推知 SEP 假、

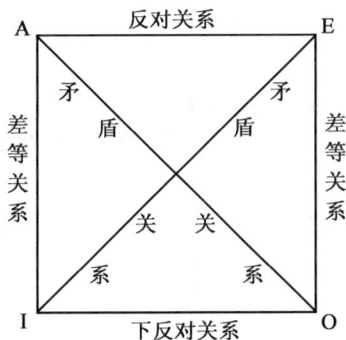

图 3-2 性质判断"逻辑方阵"示意图

SIP 真、SOP 假；再如，已知 SIP 真，便可推知 SAP 可真可假、SEP 假、SOP 可真可假。在这里需要指出，第一，只有当 A、E、I、O 的主谓项相同时，它们之间才具有以上的真假关系。如果它们的主谓项不相同，那么它们之间便没有以上所介绍的真假关系。第二，单称肯定判断和单称否定判断，如果它们的主谓项相同，它们之间只能是矛盾关系，而不能把它们之间的关系归入到主谓项相同的 A 和 E 之间的反对关系。第三，相同主谓项的 A、E、I、O 之间的关系也可以引申到其他判断。只要两个判断之间具有既不能同真，也不能同假的关系，都叫作矛盾关系；只要两个判断之间具有可以同假，但不能同真的关系，都叫作反对关系。以此类推。

例如：

（1）这朵花是红色的。

（2）这朵花是白色的。

判断例（1）与例（2）就具有可以同假，但不能同真的关系，因此二者之间是反对关系。

第三节 关 系 判 断

一、关系判断定义

关系判断是断定事物对象与事物对象之间具有某种关系的判断。

例如：

（1）小张与小李是朋友。

（2）重庆在北京以南。

这两个判断都是关系判断。其中，例（1）断定了"小张"与"小李"之间具有"朋友"的关系；例（2）则断定了"重庆"与"北京"之间具有"在……以南"的方位关系。关系判断与性质判断一样，它属于简单判断。

任何一个关系判断都是由关系者项、关系项和量项三个部分所组成。

关系者项是指表示一定关系的承担者的概念。如例（1）中的"小张"和"小李"；例（2）中的"重庆"和"北京"都是关系者项。一个关系判断中，关系者项至少为两个，也可以是三个或三个以上。如果是两个，位于前者称为关系者前项，位于后者则称为关系者后项；如果有三个或三个以上，则按前后顺序依次称为第一关系者项、第二关系者项、第三关系者项……

关系项是指表示关系者之间所存在的关系的概念。如例（1）中的"朋友"，例（2）中的"在……以南"都是关系项。

量项是指表示关系者项数量的概念。例如，"所有同学都选举他当班长"，在这一关系判断中，"所有"这一概念则是量项。一般情况下，量项可以省略。基于这一情况，本书不对量项作专门研究。

在普通逻辑中，通常用"a"表示关系者前项，用"b"表示关系者后项，用"R"表示关系项。这样，这种关系判断的逻辑形式可表示为：aRb（读作 a 和 b 有 R 关系）；aRb 也可表示为 R（a，b）。

二、关系的性质

事物情况之间的关系多种多样，普通逻辑学不具体研究各种具体的关系，而是研究各种具体关系中所存在的共同的逻辑特征。在这里，只介绍关系的对称性和关系的传递性。

（一）关系的对称性

关系的对称性是指：在对象 a 与对象 b 之间具有 R 关系，那么，是否对象 b 与对象 a 之间也具有 R 关系。也就是说，当 aRb 真时，bRa 是否也真。由此，便可分为以下三种关系：

1. 对称关系 如果 aRb 真，则 bRa 一定真。那么，称关系 R 是对称关系。

例如：

（1）△ABC 全与△DCF 全等。

（2）A 概念与 B 概念交叉。

在这两个关系判断中的"全等"关系和"交叉"关系都是对称关系。

此外，"朋友""全同""相异""等值""同乡""等于"等关系，都各自在一定范围内为对称关系。

2. 反对称关系 如果 aRb 真，则 bRa 一定假，那么，称关系 R 是反对称关系。

例如：

（1）A 小于 B。

（2）重庆在北京以南。

在这两个关系判断中的"小于"和"在……以南"的关系都是反对称关系，都各自在一定的范围内为反对称关系。

3. 非对称关系 如果 aRb 真时，则 bRa 真假不定，那么，称关系 R 是非对称关系。例如：

（1）张三认识李四。

（2）王所长尊重李所长。

在这两个关系判断中的"认识"关系和"尊重"关系都是非对称关系。

此外，如果"喜欢""拥护""帮助""信任""佩服""支持"等关系，都各自在一定范围内，为非对称关系。

（二）关系的传递性

关系的传递性是指：在对象 a、b、c 之间，当 a 与 b 具有 R 关系，b 与 c 具有 R 关系时，是否对象 a 与对象 c 之间也具有 R 关系。也就说，当 aRb 真，并且 bRc 真时，aRc 是否也真。由此，便可分为以下三种关系：

1. 传递关系 如果 aRb 真，并且 bRc 真时，aRc 一定真，那么，称关系 R 为传递关系。

例如：

（1）A 概念真包含于 B 概念，B 概念真包含于 C 概念，则 A 概念真包含于 C 概念。

（2）老李比小李年长，小李比小张年长，则老李比小张年长。

在这两个关系判断中的"真包含于"关系和"年长"关系都是传递关系。此外，如"真包含""全同""在……之前""重于""早于""大于"等关系，它们都各自在一定范围内为传递关系。

2. 反传递关系　如果 aRb 真，并且 bRc 真时，aRc 一定假，那么，称关系 R 是反传递关系。

例如：

（1）老李比小李年长两岁，小李比小张年长两岁，则老李比小张一定不是年长两岁（而是年长四岁）。

（2）A 物体比 B 物体重 5 斤，B 物体比 C 物体重 5 斤，则 A 物体比 C 物体一定不是重 5 斤（而是重 10 斤）。

在这两个关系判断中的"长两岁"和"重 5 斤"的关系，都是反传递关系。

此外，如"是父亲""长 3 厘米"等关系，它们各自在一定范围内，都是反传递关系。

3. 非传递关系　如果 aRb 真，并且 bRc 真时，aRc 真假不定，那么，称关系 R 是非传递关系。

例如：

（1）你认识我，我认识他，则你不一定认识他。

（2）a 概念与 b 概念全异，b 概念与 c 概念全异，则 a 概念与 c 概念不一定全异。

在这两个关系判断中的"认识"关系和"全异"关系都是非传递关系。

此外，如"交叉""帮助""支持""拥护""了解""同情"等关系，它们在各自的范围内都是非传递关系。

以上从关系的对称性和关系的传递性两个方面说明了关系的逻辑特征，这对于在实际思维中恰当地作出关系判断、准确地使用关系判断都有极其重要的意义。

第四节　模 态 判 断

一、模态判断定义

模态判断有广义和狭义之分。从广义的角度讲，凡是包含有模态词（如"可能""必然""允许""禁止""应当"等）的判断，都叫模态判断；从狭义的角度讲，模态判断是指包含有"必然"和"可能"这两类模态词的判断。本书只介绍狭义的模态判断。因此，可以给模态判断下一个简单的定义：模态判断是断定事物情况的必然性和可能性的判断，它又可叫作真值的模态判断。

例如：

（1）这部作品可能是畅销的。

（2）正义的事业必然胜利。

这两个判断都是模态判断。例（1）包含有"可能"这一模态词，并且断定了这部书畅销的可能性。例(2)包含有"必然"这一模态词,并且断定了正义事业胜利的必然性。

二、模态判断的种类

根据模态判断是包含有"可能"还是"必然"的模态词的不同,把模态判断分为两类:即可能判断(或然判断)和必然判断。

(一)可能判断

可能判断是包含有"可能"这类模态词的判断,或者说,可能判断是断定事物情况的可能性的判断。可能判断又可叫作或然判断。根据可能判断是对事物情况的可能性作肯定还是作否定的断定,又可将其分为可能肯定判断(或然肯定判断)和可能否定判断(或然否定判断)两种。

1. 可能肯定判断 可能肯定判断是断定事物情况可能存在的判断。

例如:

(1)火星上可能有生物。

(2)长期大量吸烟可能致癌。

这些判断都是可能肯定判断。这类判断的逻辑形式是:

"S可能是P"或者"S是P是可能的",也可简化为:"可能P"。

在现代逻辑中,一般用符号"◇"表示"可能"。因此,"可能P"又可表示为:"◇P"。

2. 可能否定判断 可能否定判断是断定事物情况可能不存在的判断。

例如:

(1)战争有可能不爆发。

(2)生态平衡有可能不遭破坏。

这些判断都是可能否定判断。这类判断的逻辑形式是:

"S可能不是P"或者"S不是P是可能的",也可简化为:"可能非P"。

在现代逻辑中,一般将其表示为:"◇$\overline{P}$"。

(二)必然判断

必然判断是包含有"必然"这类模态词的判断,或者说,必然判断是断定事物情况的必然性的判断。根据必然判断是对事物情况的必然性作肯定还是作否定的断定,又可将其分为必然肯定判断和必然否定判断两种。

1. 必然肯定判断 必然肯定判断是断定事物情况必然存在的判断。

例如:

(1)客观事物之间必然是相互联系的。

(2)等量加等量其和必相等。

这些判断都是必然肯定判断。这类判断的逻辑形式是:

"S必然是P"或者"S是P是必然的",也可能简化为:"必然P"。

在现代逻辑中,一般用符号"□"表示"必然"。因此,"必然P"又可表示为"□P"。

2. 必然否定判断 必然否定判断是断定事物情况必然不存在的判断。

例如:

(1)人必然不长生不老。

(2)事物必然不是静止的。

这些判断就是必然否定判断。这类判断的逻辑形式是:"□$\overline{P}$"。

"S 必然不是 P"或者"S 不是 P 是必然的"，也可简化为："必然非 P"。

在现代逻辑中，一般将其表示为："$\Box\overline{P}$"。

根据以上的介绍，可以把模态判断的分类情况归纳表述如下：

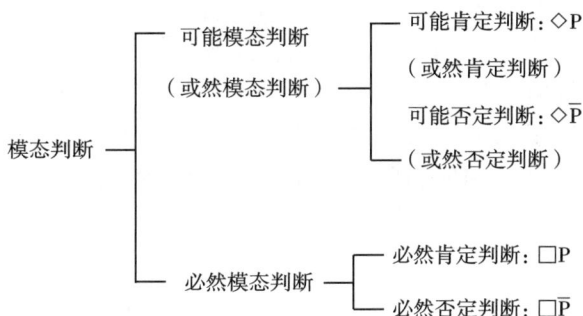

三、模态判断之间的真假关系

（一）同素材的几种模态判断之间存在的对当关系

与同素材的 A、E、I、O 四种性质判断之间的真假关系类似，当 $\Box P$、$\Box\overline{P}$、$\Diamond P$、$\Diamond\overline{P}$ 的主、谓项相同时，它们之间也具有一种对当关系，可以用逻辑方阵表示，如图 3-3 所示。

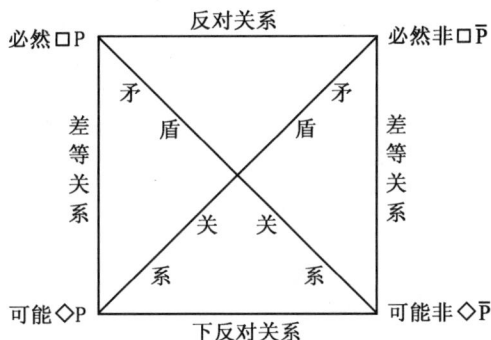

图 3-3 模态判断"逻辑方阵"示意图

由此可见，模态判断对当关系的内容是：

1. $\Box P$ 与 $\Box\overline{P}$ 之间的关系是反对关系。其逻辑含义是：不能同真，但能同假。当一个真时，另一个必假；当一个假时，另一个真假不定。

2. $\Box P$ 与 $\Diamond P$、$\Box\overline{P}$ 与 $\Diamond\overline{P}$ 之间的关系是差等关系（从属关系）。其逻辑含义是：既可同真，又可同假。就 $\Box P$ 与 $\Diamond P$ 来说，$\Box P$ 真，$\Diamond P$ 必真；$\Box P$ 假，$\Diamond P$ 真假不定；$\Diamond P$ 真，$\Box P$ 真假不定，$\Diamond P$ 假，$\Box P$ 必假。$\Box P$ 与 $\Diamond P$ 之间的真假关系同上。

3. $\Box P$ 与 $\Diamond\overline{P}$、$\Box\overline{P}$ 与 $\Diamond P$ 之间的关系是矛盾关系。其逻辑含义是：既不能同真，又不能同假。当一个真时，另一个必假；当一个假时，另一个必真。

4. $\Diamond P$ 与 $\Diamond\overline{P}$ 之间的关系是下反对关系。其逻辑含义是：可以同真，但不能同假。当一个真时，另一个真假不定；当一个假时，另一个必真。

（二）几对等值的模态判断

根据以上的模态判断之间的真假关系，一方面，可以从一个模态判断的真或假，推知其他三个模态判断的真或假。例如，已知"明天必然下雨"为假，可推知"明天必然不下雨"真假不定,"明天可能下雨"为真假不定,"明天可能不下雨"为真。另一方面,可以从一个模态判断的负判断确定与其等值的模态判断。例如,并非"明天可能下雨"等值于"明天必然不下雨";而并非"明天可能不下雨"等值于"明天必然下雨"。

1. "必然 P"等值于"可能 P",其逻辑公式为：$\Box P \leftrightarrow \Diamond P$。

2. "不必然 P"等值于"可能非 P",其逻辑公式为：$\overline{\Box P} \leftrightarrow \Diamond \overline{P}$。

3. "不必然非 P"等值于"可能 P",其逻辑公式为：$\overline{\Box \overline{P}} \leftrightarrow \Diamond P$。

4. "不可能 P"等值于"必然非 P",其逻辑公式为：$\overline{\Diamond P} \leftrightarrow \Box \overline{P}$。

5. "不可能非 P"等值于"必然 P",其逻辑公式为：$\overline{\Diamond \overline{P}} \leftrightarrow \Diamond P$。

复习思考题

1. 什么是判断？判断与语句的关系如何？

2. 什么是性质判断？它分为哪几种？

3. A、E、I、O 四种判断之间的真假关系如何？

4. 什么是概念的周延性？性质判断主、谓项的周延情况如何？

5. 什么是关系判断？它分为几种？

6. 什么是模态判断？它分为几种？它们之间的真假关系如何？

第四章　判断（下）

本章主要讲复合判断。复合判断就是包含有其他判断的判断。构成复合判断的判断叫作"肢判断"，用来联结肢判断以构成一个复合判断的逻辑词项叫"联项"。根据联项的不同，复合判断可分为：联言判断、选言判断、假言判断、负判断等。

第一节　复合判断的概述

一、复合判断定义

复合判断是在自身包含有其他判断的判断，也可以说，复合判断是由其他判断所构成的判断。

例如：

（1）他既是三好学生，又是优秀团员。

（2）只有社会主义，才能救中国。

（3）要么知难而进，要么知难而退。

（4）并非"所有的国家都是发达国家"。

以上这四个判断都是复合判断。它们分别都包含有其他判断。其中，例（1）、（2）、（3）都包含有两个判断；例（4）是一种特殊的复合判断，即负判断，它是对一个判断加以否定而得到的判断，故它也包含有被否定的判断，即"所有的国家都是发达国家"。

任何一个复合判断都是由两个部分所构成的。一是肢判断；二是联结词。所谓肢判断是指构成复合判断的判断。如例（1）就是由两个肢判断所构成的复合判断，它的肢判断即："他是三好学生"和"他是优秀团员"。所谓联结词是指把肢判断联结起来的逻辑概念。如例（1）中的"既……又……"，例（2）中的"只有……，才能……"，例（3）中的"要么……，要么……"，例（4）中的"并非"等都是联结词。由于联结词的不同，把复合判断区分为不同的种类。本章将着重介绍几种主要的复合判断，即：联言判断、选言判断、假言判断和负判断等。

二、复合判断的逻辑值和真值表

"真"和"假"叫作判断的逻辑值，简称真值。任何一个判断都是有真假的，亦即每一判断总得在"真"（"+""I""T"）、"假"（"−""O""F"）二值中确切地取一值，不能既取真值，又取假值（本书将用符号"T"表示真值，用符号"F"表示假值）。

性质判断的真假取决于它所断定的主项与谓项的外延关系，与这两个概念在客观上的外延关系是否一致。如果一致，则为真；如果不一致，则为假。而复合判断因其断定的是各肢判断之间的关系,因而复合判断的逻辑值取决于各肢判断逻辑值的组合。当然,归根到底,还是取决于判断内容是否与实际相符合。

判定复合判断的逻辑值的表格,叫作真值表。在真值表中的真假取值个数为 2^n(n 表示肢判断的个数)。例如,如果一个复合判断由两个肢判断构成,其逻辑真假值个数则为 $2^2=4$ 个;如果一个复合判断由三个肢判断构成,其逻辑真假值个数则为 $2^3=8$ 个。在以后的各节中,将具体地介绍各类复合判断的真值表。

第二节 联 言 判 断

一、联言判断定义

联言判断就是断定几种事物情况同时存在的判断。

例如:

(1)他虽然基础差,但是他很努力。

(2)柑橘不但营养丰富,还具有一定的医疗价值。

(3)毛泽东既是伟大的革命家,又是伟大的思想家,亦是伟大的文学家。

(4)经济要发展,国家要富强,人民要富裕。

上述四例都是联言判断,它们分别断定了两种事物情况同时存在。

任何一个联言判断都是由两个部分所构成。一是联言肢;二是联结词。所谓联言肢就是构成联言判断的肢判断。联言肢可以是两个,也可以是两个以上。如例(1)、(2),都是由两个联言肢所构成的联言判断;例(3)、(4)则是由三个联言肢所构成的联言判断。通常来讲,由两个联言肢构成的联言判断叫二肢的联言判断,由三个联言肢构成的联言判断叫三肢的联言判断,以此类推,由 n 个联言肢构成的联言判断叫作 n 肢的联言判断。

所谓联结词就是联结并说明联言肢之间的关系的逻辑概念。通常用"并且"来表示。除此之外,"既……,又……""不但……,而且……""虽然……,但是……""一方面……,另一方面……"等,也是表达联言判断的联结词。如果用小写字母"p"和"q"来表示联言肢,那么,一个二肢的联言判断的逻辑形式就可表示为:p 并且 q。

在现代逻辑中,联言判断的联结词可以用一个总的符号"∧"(读作"合取")来表示。因此,一个二肢的联言判断又可表示为 p∧q。

在汉语中,并列复句、转折复句、递进复句等,都可以表达联言判断。

二、联言判断的种类

从联言肢的语句表现形式来看,可以把联言判断分为以下三种形式。

(一)联主联言判断

联主联言判断是各联言肢主项不同而谓项相同的联言判断。若用 S_1, S_2⋯S_n 来分别表示各联言肢的不同主项;用 P 来表示各联言肢相同的谓项,那么联言判断的逻辑形式为:

$$S_1, S_2 \cdots S_n \text{ 是 } P$$

例如,"他和她都是中国科学家"。这一判断就是一个联主联言判断。

（二）合谓联言判断

合谓联言判断是各联言肢主项相同而谓项不同的联言判断。若用 S 表示各联言肢相同的主项；用 P_1，$P_2 \cdots P_n$ 表示各联言肢不同的谓项，那么合谓联言判断的逻辑形式为：

$$S \text{ 是 } P_1，P_2 \cdots P_n$$

例如，"鲁迅既是伟大的文学家，又是伟大的思想家"。这一判断就是一个合谓联言判断。

（三）联主合谓联言判断

联主合谓联言判断是各联言肢主项和谓项均不相同的联言判断。若用 S_1，$S_2 \cdots S_n$ 来表示各联言肢不同的主项，用 P_1，$P_2 \cdots P_n$ 来表示各联言肢不同的谓项；那么联主合谓联言判断的逻辑形式为：

$$S_1，S_2 \cdots S_n \text{ 是 } P_1，P_2 \cdots P_n$$

例如，"对外进一步开放，对内进一步改革，都需科学的决策和稳定的社会环境"。这一判断就是一个联主合谓联言判断。

三、联言判断的逻辑值

联言判断是断定几种事物情况同时存在的判断，因而，它的逻辑值，即真假，便取决于它的各个联言肢是否同时都是真的。如果每个联言肢都是真的，那么这个联言判断就是真的；如果联言肢中有一个是假的，那么，这个联言判断就是假的。

例如，"不仅痢疾是细菌引起的，而且肺结核也是由细菌引起的"。这个二肢联言判断中，由于"痢疾是细菌引起的"和"肺结核也是由细菌引起的"这两个肢判断都为真，故整个判断为真。再如，"精神分裂症是精神病，面神经瘫痪也是精神病"这个二肢联言判断中，由于其中一个肢判断"面神经瘫痪也是精神病"为假，故整个联言判断为假。

据此，联言肢 p、q 与联言判断 p∧q 之间的真假关系，其逻辑值如表 4-1 所示。

表 4-1　联言判断的逻辑值表

p	q	p∧q
T	T	T
T	F	F
F	T	F
F	F	F

注："T"表示真；"F"表示假。

由以上真值表可以看出，一个联言判断要真，所有的联言肢都必须同时为真；一个联言判断要假，至少有一个联言肢为假。

在实际思维中，人们所作出的联言判断，其联言肢是有先后顺序的，并且各联言肢间有内容上的一定联系。但是，由于逻辑学所研究的只是联言判断的逻辑形式方面的性质，而不管其具体内容。因此，从逻辑学的角度讲，一个联言判断的逻辑值与其联言肢的先后顺序是无关的，"p∧q"与"q∧p"的逻辑值是完全一致的，并且一个联言判断尽管其联言肢在内容上没有任何联系，但只要它的联言肢都真，便是真判断。例如，"2+3=5，并且雪是白的"这一判断便是一个为真的联言判断。虽然它的联言肢"2+3=5"和"雪是白的"在内容上没有任何联系，但它们都为真。

其实,不仅仅是联言判断的逻辑值取决于各肢判断的真假组合情况,其他的各复合判断的逻辑值也都取决于各肢判断的真假组合情况。这是复合判断的一个极其重要的特点。

第三节 选 言 判 断

一、选言判断定义

选言判断是断定在几种可能的事物情况中,至少有一种事物情况存在的判断。

例如:

（1）这项工作没有做好,或者是由于主观方面的原因,或者是由于客观方面的原因。

（2）这场足球比赛,要么是甲队获得冠军,要么是乙队获得冠军。

这两个判断都是选言判断。例（1）断定了这项工作没有做好的两种原因中,至少有一种存在,即至少有一种是真的。例（2）断定了这场足球比赛的结果,存在有一种真的状况,即有一种事物情况是真的。

任何一个选言判断都是由两个部分所构成。一是选言肢;二是联结词。所谓选言肢就是构成选言判断的肢判断。选言肢可以是两个,也可以是两个以上。如例（1）（2）都是由两个选言肢构成的选言判断。由两个选言肢构成的选言判断叫二肢的选言判断,由三个选言肢构成的选言判断叫三肢的选言判断,以此类推,由 n 个选言肢构成的选言判断叫 n 肢的选言判断。

所谓联结词就是联结并说明选言肢之间的关系的逻辑概念。通常用"或者……,或者……""也许……,也许……""可能……,可能……""要么……,要么……""不是……,就是……"等,来表达选言判断的联结词。

二、选言判断的种类及其逻辑值

有的选言判断的选言肢是可以同时为真的,如例（1）（这项工作没有做好,或者是由于主观方面的原因,或者是由于客观方面的原因）的两个选言肢就可以同时为真;有的选言判断的选言肢是不能同时为真的,如例（2）（这场足球比赛,要么是甲队获得冠军,要么是乙队获得冠军）的两个选言肢就不能同时为真。根据选言判断的选言肢是否可以同时为真,把选言判断分为两种:即相容的选言判断和不相容的选言判断。

（一）相容的选言判断

相容的选言判断就是选言肢可以同时为真的选言判断。

例如:

（1）今天,他没有来上课,或者是由于他有急事,或者是由于他生病了,或者是由于他根本就不想来。

（2）他的学习成绩不好,或者是由于他基础差,或者是由于他不努力。

（3）新生儿肺炎,或者是吸入性的,或者是感染性的。

以上两个判断都是相容的选言判断,因为在这两个选言判断中,各个选言肢所断定的事物情况是可并存的,可以同时为真的。

如果用小写字母"p"和"q"表示相容的选言肢,那么,一个二肢的相容选言判断的逻辑形式就可表示为：p 或者 q。

在现代逻辑中，相容的选言判断的联结可以用一个总的符号"∨"（读作"析取"）来表示。因此，一个二肢的相容的选言判断又可表示为 p∨q。

在日常用语中，相容的选言判断的联结词有："或者……，或者……""可能……，可能……""也许……，也许……"。

相容的选言判断是选言肢可以同时为真的判断，也就是说，在相容的选言判断中，可以不止一个选言肢为真，但至少有一个选言肢必为真。如此，这个选言判断才是真的；否则，便是假的。

例如，"这项工作没有做好，或者是由于主观方面的原因，或者是由于客观方面的原因"。在这个选言判断中，两个选言肢既可以独立存在，又可以同时发生；既可以一真一假，也可以同时为真。故该判断为真。再如，"赤壁之战，诸葛亮能够'借来东风'；或者因为诸葛亮会施展法术，或者因为上天想要曹操失败"。在这个选言判断中，两个肢判断显然同时为假，故整个判断则为假。

因此，一个相容的选言判断，只要两个选言肢中有一个为真，或者两个都为真时，该判断则为真；只有当这两个选言肢都为假时，该判断才为假。据此，选言肢 p、q 与相容的选言判断 p∨q 之间的真假关系，其逻辑值如表 4-2 所示。

表 4-2　相容选言判断的逻辑值表

p	q	p∨q
T	T	T
T	F	T
F	T	T
F	F	F

由以上真值表可以看出，一个相容的选言判断要真，至少有一个选言肢为真；一个相容的选言判断要假，所有的选言肢都应为假。

（二）不相容的选言判断

不相容的选言判断就是选言肢不能同时为真，有且只有一个选言肢为真的选言判断。

例如：

（1）甲犯的罪不是故意罪，就是过失罪。

（2）一个三角形，要么是锐角三角形，要么是直角三角形，要么是钝角三角形。

以上两个判断都是不相容的选言判断，因为在这两个选言判断中，各个选言肢所断定的事物情况不能同时并存，即不能同时为真；有且只有一种事物情况存在，即有且只有一个选言肢为真。

如果用小写字母"p"和"q"表示不相容的选言肢，那么，一个二肢的不相容选言判断的逻辑形式式就可表示为：要么 p，要么 q。

在现代逻辑中，不相容的选言判断的联结词可以用一个总的符号"∀"（读作"不相容析取"）来表示。因此，一个二肢的不相容的选言判断又可表示为：p∀q。

在日常用语中，不相容的选言判断的联结词有："要么……，要么……""不是……，就是……"，有时也可以用"或者……，或者……"来表示其联结词。

不相容的选言判断是选言肢不能同时为真的判断。也就是说,一个不相容的选言判断的真假,就取决于它是否有,并且只有一个选言肢为真。如果只有一个选言肢为真,那么该选言判断就真;如果不止一个选言肢为真,或者各个选言肢都假,那么该选言判断就假。例如,"导致患者贫血发生的原因有三个,要么是失血性,要么是溶血性,要么是营养性"这个选言判断,失血性贫血、溶血性贫血和营养性贫血选言肢只有一个为真时,则该判断为真;如果有一个,或者两个选言肢同时为假,或者三个选言肢同时为假,则该判断为假。

据此,选言肢 p、q 与不相容的选言判断 p∀q 之间的真假关系,其逻辑值如表 4-3 所示。

表 4-3　不相容选言判断的逻辑值表

p	q	p∀q
T	T	F
T	F	T
F	T	T
F	F	F

由以上真值表可以看出,一个不相容的选言判断要真,有且只有一个选言肢为真;在其余任何情况下,它都是假的。

三、运用选言判断时应注意的问题

(一)选言肢穷尽

选言肢穷尽就是指选言判断断定了事物的全部可能情况。所谓选言肢不穷尽,就指选言判断没有断定事物的全部可能情况。选言肢穷尽的选言判断,才能确保至少有一个选言肢是真的,从而保证该选言判断是真的,即选言肢穷尽的选言判断一定是真判断;反之,如果选言肢不穷尽,那就不能确保至少有一个选言肢为真的,因而该选言判断就不必然为真判断,即该选言判断可能真,也可能假。例如,医生对某一名贫血患者进行病情分析时,应穷尽选项:是失血性、溶血性,抑或是营养性? 经过进一步检查分析后,加以确诊是某种贫血。这样就可以对症下药,确保患者得以有效救治。如果遗漏了选言肢,就会犯选言肢不穷尽的错误,导致整个判断可能为假的结果。

(二)从内容上区分两种选言判断

一个选言判断的选言肢是否可以同时为真,常常需要借助相关内容方面的知识来确定,仅从其判断形式上是难以确定的。例如,用"或者……,或者……"这类语词来连接的语句,有时表达相容的选言判断,有时又表达不相容的选言判断。一般说来,在表达相容的选言判断时,可在语句后附加"二者可以兼得""二者兼而有之"之类的短语。在表达不相容的选言判断时,可在语句后附加"二者不可兼得""二者必居其一"之类的短语。例如,"他走上犯罪道路,或者是由于主观方面的原因,或者是由于客观方面的原因,二者兼而有之"这一语句,就表达了相容的选言判断;再如,"或者武松打死老虎,或者老虎吃掉武松,二者必居其一",这一语句就表达了不相容的选言判断。

第四节 假言判断

一、假言判断定义

假言判断就是断定两种事物情况之间存在某种条件制约关系的判断。它又叫条件判断。例如：

（1）如果甲的行为是犯罪行为，那么他的行为就是违法行为。

（2）只有进一步地改革开放，才能使我国彻底摆脱贫穷落后的状况。

这两个判断都是假言判断。例（1）断定了"甲的行为是犯罪行为"与"甲的行为是违法行为"这两个事物情况之间存在某种条件制约关系。例（2）断定了"进一步地改革开放"与"使我国彻底摆脱贫穷落后的状况"这两个事物情况之间存在某种条件制约关系。

由以上的分析可知，假言判断实际上就是断定一种事物情况的存在（或不存在）是另一事物情况的存在（或不存在）的条件的判断。

任何一个假言判断都是由两个肢判断（称之为"假言肢"）和联结词所组成的。其中，表示条件的假言肢，叫作假言判断的前件。表示由条件所引起的后果的假言肢，叫作假言判断的后件。如例（1）中的"他的行为是违法行为"，例（2）中的"使我国彻底摆脱贫穷落后的状况"都是其假言判断的后件。假言判断的联结词就是联结说明假言判断的前件和后件的关系的逻辑概念。如（1）中的"如果……，那么……"，例（2）中的"只有……，才……"就是其联结词。

假言判断断定了前件反映的事物情况是后件反映的事物情况的某种条件。它的前件和后件在逻辑上表现为假设和推断的关系。因此，假言判断的真假就取决于其前件和后件的断定关系是否真实地反映了事物情况之间的条件关系。如果一个假言判断的前件和后件的断定关系真实地反映了事物情况之间的条件关系，则该假言判断为真，否则，该假言判断为假。

二、假言判断的种类及其逻辑值

根据假言判断前后件条件关系的性质的不同，把假言判断分为三种不同的形式。

（一）充分条件假言判断

充分条件假言判断就是断定前件是后件的充分条件的假言判断。

什么是充分条件？就是说，如果有 p 则必然有 q，无 p 则不必然无 q；那么 p 就是 q 的充分条件。按照我国古人所说："有之，则必然，无之，则未必不然。""之"则是"然"的充分条件。简单地讲，有某种条件就必然有某种结果，那么这个条件就是结果的充分条件。例如：

（1）如果李某是杀人犯，那么他去过杀人案发生的现场。

（2）如果要把我国经济搞上去，那么就要大力发展科教事业。

这两个判断都是充分条件假言判断。例（1）断定前件"李某是杀人犯"是后件"他去过杀人案发生的现场"的充分条件。例（2）也断定了前件"要把我国经济搞上去"是后件"要大力发展科教事业"的充分条件。

如果用小写字母"p"表示其前件，用小写字母"q"表示其后件，用"如果……，那么……"表示其联结词，那么充分条件假言判断的逻辑形式就可表示为：如果 p，那么 q。

在现代逻辑中，充分条件假言判断的联结词可以用一个总的符号"→"（读作"蕴含"）来表示。因此，充分条件假言判断又可表示为 p→q。

在日常用语中，充分条件假言判断的联结词有："如果……，那么……""倘若……，则……""只要……，就……""假如……，那么……"等。

充分条件假言判断断定了前件是后件的充分条件，也就是说，断定了前件与后件之间具有"前件真时，后件就真"的关系。如果一个充分条件假言判断具有"前件真，后件就真"的关系，则该判断为真；而如果不具有这种关系，即具有"前件真，而后件假"时，则该判断为假。因此，充分条件假言判断的真假，取决于前件与后件之间是否不具有"前件真，而后件假"的关系。也就是说，充分条件假言判断只有在"前件真而后件假"时，它才是假判断；而在其他情况下，它都是真判断。

例如，拿充分条件假言判断"如果天下雨，那么地湿"来说，只有在前件"天下雨"真而后件"地湿"假时，这一判断才是假判断；而在其他情况下，即在前件"天下雨"真而后件"地湿"也真，前件"天下雨"假而后件"地湿"真，前件"天下雨"假而后件"地湿"也假时，这一判断都是真判断。

据此，前件 p、后件 q 与充分条件假言判断之间的真假关系，其逻辑值如表 4-4 所示。

表 4-4　充分条件假言判断的逻辑值表

p	q	p→q
T	T	T
T	F	F
F	T	T
F	F	T

由以上的真值表可以看出，一个充分条件假言判断只有在前件真而后件假时，它才是一个假判断；在其他任何情况下，它都是一个真判断，即在前件真而后件真、前件假而后件真、前件假而后件假时，它都是一个真判断。

（二）必要条件假言判断

必要条件假言判断是断定前件是后件的必要条件的假言判断。

什么是必要条件？就是说，如果无 p 则必然无 q，有 p 则不必然有 q；那么 p 就是 q 的必要条件。按照我国古人的话来说："无之，则必不然；有之，则未必然"，"之"则是"然"的必要条件。简单地说，没有某种条件就必然没有某种结果，那么这个条件就是结果的必要条件。

例如：

（1）只有刻苦努力学习，才能学好逻辑学。

（2）只有认识错误，才能改正错误。

这两个判断都是必要条件假言判断。例（1）断定了前件"刻苦努力地学习"是后件"能学好逻辑学"的必要条件。例（2）断定了前件"认识错误"是后件"改正错误"的必要条件。

如果用小写字母"p"表示其前件,用小写字母"q"表示其后件,用"只有……,才……"表示其联结词,那么必要条件假言判断的逻辑形式就可表示为:只有 p,才 q。

在现代逻辑中,必要条件假言判断的联结词可用一个总的符号"←"(读作"逆蕴含")来表示。因此,必要条件假言判断又可表示为:p←q。

在日常用语中,必要条件假言判断的联结词有:"只有……,才……""除非……,不……""必须……,才……""没有……,就不……"等。

必要条件假言判断断定了前件是后件的必要条件,也即是说,断定了前件与后件之间具有"前件假时,后件就假"的关系。如果一个必要条件假言判断具有"前件假,后件就假"的关系,则该判断为真;而如果不具有这种关系,即具有"前件假,而后件真"的关系时,则该判断为假。因此,必要条件假言判断的真假,取决于前件与后件之间是否不具有"前件假,而后件真"的关系。也就是说,必要条件假言判断只有在"前件假而后件真"时,它才是假判断;而在其他情况下,它都是真判断。

例如,拿必要条件假言判断"只有违了法,才犯了罪"来说,只有在前件"违了法"假而后件"犯了罪"真时,这一判断才是假判断。而在其他情况下,即在前件"违了法"真,而后件"犯了罪"也真;前件"违了法"真,而后件"犯了罪"假;前件"违了法"假,而后件"犯了罪"也假时,这一判断都是真判断。

据此,前件 p、后件 q 与必要条件假言判断之间的真假关系,其逻辑值可以用表 4-5 表示。

表 4-5　必要条件假言判断的逻辑值表

p	q	p←q
T	T	T
T	F	T
F	T	F
F	F	T

由以上的真值表可以看出,一个必要条件假言判断只有在前件假而后件真时,它才是一个假判断;在其他任何情况下,它都是一个真判断,即在前件真而后件真、前件真而后件假、前件假而后件假时,它都是一个真判断。

（三）充分必要条件假言判断

充分必要条件假言判断是断定前件是后件的充分必要条件的假言判断。

什么是充分必要条件? 就是说,如果有 p 则必然有 q,无 p 则必然无 q;那么 p 就是 q 的充分必要条件。按照我国古人的话说:"有之,则必然;无之,则必不然","之"则是"然"的充分必要条件。简单地说,有某种条件就必然有某种结果,没有某种条件就必然没有某种结果,那么这个条件就是结果的充分必要条件。

例如:

（1）当且仅当一个三角形是等边三角形,它的三个内角才相等。

（2）当且仅当一个数是偶数,它才能被 2 整除。

这两个判断都是充分必要条件假言判断。例（1）断定前件"一个三角形是等边三角形"是后件"它的三个内角相等"的充分必要条件。例（2）断定前件"一个数是偶数"是后件"它能被 2 整除"的充分必要条件。

如果用小写字母"p"表示其前件,用小写字母"q"表示其后件,用"当且仅当……,才……"表示其联结词,那么充分必要条件假言判断的逻辑形式就可表示为:当且仅当p,才q。

在现代逻辑中,充分必要条件假言判断的联结词可以用一个总的符号"↔"(读作"等值")来表示。因此,充分必要条件假言判断又可表示为:p↔q。

充分必要条件假言判断断定了前件是后件的充分必要条件,即断定了前件既是后件的充分条件,又是后件的必要条件。也就是说,断定了前件与后件之间具有"前件真,后件就真",而"前件假,后件就假"的关系。如果一个充分必要条件假言判断的前件与后件之间具有上述的真假关系,则该判断为真;如果其前件与后件之间不具有上述真假关系,即当"前件真,而后件假""前件假,而后件真"时,则该判断为假。

据此,前件p、后件q与充分必要条件假言判断的真假关系,其逻辑值可以用表4-6表示。

表4-6　充分必要条件假言判断的逻辑值表

p	q	p↔q
T	T	T
T	F	F
F	T	F
F	F	T

由以上的真值表可以看出,一个充分必要条件假言判断在其前件真而后件也真,前件假而后件也假时,它是一个真判断;在其前件真而后件假、前件假而后件真时,它是一个假判断。

三、运用假言判断时应注意的问题

（一）要正确区分三种不同的假言判断,防止"混淆条件关系"的逻辑错误

三种不同的假言判断的逻辑意义是不同的,在运用假言判断时,不能把它们混淆。否则,就会犯"混淆条件关系"的逻辑错误。

例如:

（1）如果肥料充足并适量,那么玉米就会丰收。

（2）只有不违法,才不犯罪。

这两个假言判断都混淆了条件关系。例（1）是把必要条件误认充分条件;例（2）是把充分条件误认为必要条件。

（二）要防止对不具有条件关系的各种事物情况,强加以条件关系

例如:

如果强调了智育,那么就会忽视体育。

这个判断就属于强加条件关系的假言判断。因为,前件"强调了智育"与后件"会忽视体育"之间并没有充分的关系。"强调了智育"并不意味着必然要"忽视体育"。

（三）与假言判断有关的几个转换公式

1. "如果 p,那么 q"等值于"只有 p,才 q"

用符号公式表示则为:(p→q)↔(q←p)。

这一转换公式表明：一个假言判断，若断定前件是后件的充分条件，也就等于断定其后件是前件的必要条件；若断定其前件是后件的必要条件，也就等于断定其后件是前件的充分条件。因而，一个充分条件假言判断就可以转换成一个必要条件假言判断，而一个必要条件假言判断则可以转换成一个充分条件假言判断，其逻辑值不变。

例如：

（1）"如果甲犯了罪，那么甲就违了法。"可以转换为："只有甲违了法，甲才犯了罪。"

（2）"只有认识了错误，才能改正错误。"可以转换为："如果改正了错误，那么就认识了错误。"

2. "只有 p，才 q"等值于"如果非 p，那么非 q"

非 p 的符号表示为：$\bar{p}$（读作非 p）；非 q 的符号表示为：$\bar{q}$（读作非 q）。因而，这一转换公式用符号则表示为：$(p \leftarrow q) \leftrightarrow (\bar{p} \rightarrow \bar{q})$。

这一转换公式表明：一个假言判断，若断定其前件是后件的必要条件，也就等于断定其前件的否定判断是后件的否定判断的充分条件；若断定前件是后件的充分条件，也就等于断定其前件的否定判断是后件的否定判断的必要条件。

例如："如果不进行经济体制改革，就不能实现经济发展。"可以转换为："只有进行经济体制改革，才能实现经济发展。"

3. "如果 p，那么 q"等值于"非 p 或者 q"

用符号公式则表示为$(p \rightarrow q) \leftrightarrow (\bar{p} \vee q)$。

这一转换公式表明：一个充分条件假言判断可以转换成一个等值的选言判断；而一个选言判断可以转换成一个等值的充分条件假言判断。在现代逻辑中，这一转换公式叫作蕴含析取等值律。

例如：

（1）"如果犯了罪，那么就违了法。"可以转换为："或者没有犯罪，或者违了法。"

（2）"老师今天没有来上课，或者是生病了，或者是有急事。"可以转换为："老师今天没有来上课，如果不是生病了，那么就是有急事。"

第五节　负　判　断

一、负判断定义

负判断是否定一个判断的判断。它是较为特殊的一种复合判断。

例如：

（1）并非"有的金属不是导电体"。

（2）"如果是年满十八周岁的人，那么他就有选举权"是假的。

（3）并不是"只要懂得法律，就能当好律师"。

这三个判断都是负判断。例（1）是对"有的金属不是导电体"这个判断的否定；例（2）是对"如果是年满十八周岁的人，那么他就有选举权"这个判断的否定；例（3）是对"只要懂得法律，就能当好律师"这个判断的否定。

任何一个负判断都是由肢判断和联结词两个部分所组成。在负判断中，被否定的那个判断叫作肢判断；"并非"是负判断典型的逻辑联结词。

若以小写字母"p"表示肢判断（p可以是简单判断，也可以是复合判断），"并非"表示其逻辑联结词，则负判断的逻辑形式为：并非p。

在现代逻辑中，负判断的联结词可以用一个总的符号"–"（读作"并非"）来表示。因此，负判断又可表示为：$\bar{p}$（读作：并非p）。

在日常用语中，负判断的联结词有："并非""……是假的""并不是"，等等。

既然负判断是对肢判断的否定，因而负判断与其肢判断之间就构成了矛盾关系，即：肢判断真，则负判断假；肢判断假，则负判断真。

据此，肢判断p与负判断$\bar{p}$之间的真假关系，其逻辑值可以用表4-7表示。

表 4-7　负判断的逻辑值表

p	$\bar{p}$
T	F
F	T

负判断和性质判断中的否定判断是有区别的。负判断是复合判断，它是对肢判断所断定的情况的否定，是对整个肢判断的否定；而性质判断中的否定判断是简单判断，它是否定事物对象具有某种性质的判断。例如："李某不是中共党员"是性质判断中的否定判断；而"并非李某不是中共党员"是一个负判断。

二、性质判断的负判断及其等值判断

负判断与其肢判断之间是矛盾关系，因此，每一个负判断都等值于其肢判断的矛盾判断。

（一）全称肯定判断的负判断

全称肯定判断的负判断为："并非所有的S都是P"，即：$\overline{SAP}$，简写为：$\bar{A}$。它等值于特称否定判断，即：$\overline{SAP}\leftrightarrow SOP$。

例如：

"并非所有的金属都是固体"等值于"有的金属不是固体"。

（二）全称否定判断的负判断

全称否定判断的负判断为："并非所有的S都不是P"，即：$\overline{SEP}$，简写为：$\bar{E}$。它等值于特称肯定判断，即：$\overline{SEP}\leftrightarrow SIP$。

例如：

"并非所有的金属都不是固体"等值于"有的金属是固体"。

（三）特称肯定判断的负判断

特称肯定判断的负判断为："并非有的S是P"，即：$\overline{SIP}$，简写为：$\bar{I}$。它等值于全称否定判断，即：$\overline{SIP}\leftrightarrow SEP$。

例如：

"并非有的人是长生不老的"等值于"所有的人都不是长生不老的"。

（四）特称否定判断的负判断

特称否定判断的负判断为："并非有的S不是P"，即：$\overline{SOP}$，简写为：$\bar{O}$。它等值于全称肯定判断，即：$\overline{\text{SIP}}$↔SAP。

例如：

"并非有的金属不是导电的"等值于"所有的金属都是导电的"。

（五）单称肯定判断的负判断

单称肯定判断的负判断为："并非这（那）个 S 是 P"，即：$\overline{\text{SaP}}$，它等值于单称否定判断"这（那）个 S 不是 P"，即 $\overline{\text{SaP}}$↔SeP

例如：

"并非这本书是本好书"等值于"这本书不是本好书"。

（六）单称否定判断的负判断

单称否定判断的负判断为："并非这（那）个 S 不是 P"，即 $\overline{\text{SeP}}$，它等值于单称肯定判断"这（那）个 S 是 P"，即 $\overline{\text{SeP}}$↔SaP。

例如：

"并非小张不是中共党员"等值于"小张是中共党员"。

三、复合判断的负判断及其等值判断

复合判断的负判断就是否定某个复合判断而形成的判断。也就是说，某个复合判断是假的。

（一）联言判断的负判断及其等值判断

联言判断的负判断为："并非（p 并且 q）"，即：$\overline{p \wedge q}$。它断定（p∧q）是假的。而联言判断当且仅当其联言肢至少有一个为假时，它才假。因此，$\overline{p \wedge q}$ 也就等于断定了"p 假或者 q 假"。用公式表示为：

$$\overline{p \wedge q} \leftrightarrow (\overline{p} \vee \overline{q})$$

亦即，"并非（p∧q）"等值于"非 p 或者非 q"。

例如："并非小李既是三好生又是优秀团员"等值于"或者小李不是三好生，或者小李不是优秀团员"。

（二）选言判断的负判断及其等值判断

1. 相容选言判断的负判断及其等值判断　相容选言判断的负判断为："并非（p 或者 q）"，即：$\overline{p \vee q}$。它断定（p∨q）是假的。而相容选言判断，当且仅当所有的选言肢都假时，它才假。因此，$\overline{p \vee q}$ 也就等于断定了"p 假并且 q 假"。用公式表示为：

$$\overline{p \vee q} \leftrightarrow (\overline{p} \wedge \overline{q})$$

亦即，"并非（p∨q）"等值于"非 p 并且非 q"。

例如："并非或者你去或者我去"等值于"既不是你去，也不是我去"。

2. 不相容选言判断的负判断及其等值判断　不相容选言判断的负判断为："并非（要么 p，要么 q）"，即：$\overline{p \veebar q}$。它断定（p∀q）是假的。而不相容选言判断，当且仅当两个选言肢同真或同假时，它才假。因此，$p \veebar q$ 也就等于断定了"p 真并且 q 真，或者，p 假并且 q 假"。用公式表示为：

$$\overline{p \veebar q} \leftrightarrow [(p \wedge q) \vee (\overline{p} \wedge \overline{q})]$$

亦即，"并非（要么 p，要么 q）"等值于"（p 并且 q），或者，（非 p 并且非 q）"。

例如："并非要么你有错，要么他有错"等值于"或者你和他都有错，或者你和他都没有错"。

（三）假言判断的负判断及其等值判断

1. 充分条件假言判断的负判断及其等值判断 充分条件假言判断的负判断为："并非（如果 p，那么 q）"，即：$\overline{p \to q}$。它断定（$p \to q$）是假的。而充分条件假言判断，当且仅当前件真而后件假时，它才假。因此，$\overline{p \to q}$ 也就等于"p 真并且 q 假"。用公式表示为：

$$\overline{p \to q} \leftrightarrow (p \wedge \overline{q})$$

亦即，"并非（如果 p，那么 q）"等值于"p 真并且 q 假"。

例如："并非如果违了法，那么就犯了罪"等值于"虽然违了法，但是没有犯罪"。

2. 必要条件假言判断的负判断及其等值判断 必要条件假言判断的负判断为："并非（只有 p，才 q）"，即 $\overline{p \leftarrow q}$。它断定（$p \leftarrow q$）是假的。而必要条件假言判断，当且仅当前件假而后件真时，它才假。因此，$\overline{p \leftarrow q}$ 也就等于断定了"p 假并且 q 真"。用公式表示为：

$$\overline{p \leftarrow q} \leftrightarrow (\overline{p} \wedge q)$$

亦即，"并非（只有 p，才 q）"等值于"p 假并且 q 真"。

例如："并非只有上大学，才能成为人才"等值于"虽然不上大学，但是也能成为人才"。

3. 充分必要条件假言判断的负判断及其等值判断 充分必要条件假言判断的负判断为："并非（当且仅当 p，才 q）"，即：$\overline{p \leftrightarrow q}$。它断定（$p \leftrightarrow q$）是假的。而充分必要条件假言判断，当且仅当前件真而后件假，或者前件假而后件真时，它才假。因此，$p \leftrightarrow q$ 也就等于断定了"p 真并且 q 假，或者，p 假且 q 真"。用公式表示为：

$$\overline{p \leftrightarrow q} \leftrightarrow [(p \wedge \overline{q}) \vee (\overline{p} \wedge q)]$$

亦即，"并非（当且仅当 p，才 q）"等值于"（p 并且非 q）或者（非 p 并且 q）"。

例如："并非当且仅当小王是大学生，小李才是大学生"等值于"或者小王是大学生并且小李不是大学生，或者小王不是大学生并且小李是大学生"。

（四）负判断的负判断及其等值判断

负判断的负判断为："并非（并非 p）"，即：$\overline{\overline{p}}$。它断定 $\overline{p}$ 是假的。而负判断，当且仅当其肢判断为真时，它才假。因此，$\overline{\overline{p}}$ 也就等于断定了"并非 p 假"，即断定了 p 真。用公式表示为：

$$\overline{\overline{p}} \leftrightarrow p$$

例如："并非（并非所有的金属都是导电的）"等值于"所有的金属都是导电的"。

负判断的负判断，即双重否定，其结果得到原负判断的肢判断。

第六节 真值表的判定作用

在本章第二至五节中，利用真值表作为逻辑工具，介绍了联言判断、选言判断、假言判断和负判断的逻辑值。其实，真值表在逻辑思维中的作用不止于此，它还可以发挥更为巨大的作用。利用它可以使许多复杂的逻辑问题简单化，即以简单的列表计算代替复杂的逻辑思考。真值表在逻辑思维中的各种作用，可以统称为真值表的判定作用。

一、用真值表判定一个复合判断（或命题）的真值形式

（一）用真值表判定"[（p←q）∧q]→p"的真值形式

列出真值表如表 4-8 所示。

表 4-8　复合判断[（p←q）∧q]→p 的真值表

p	q	p←q	（p←q）∧q	[（p←q）∧q]→p
T	T	T	T	T
T	F	T	F	T
F	T	F	F	T
F	F	T	F	T

从以上的真值表可以看出，该复合判断无论其变项取真还是取假值时，它的逻辑值都为真。逻辑上把具有这类真值形式的判断叫作永真式，又称为重言式。

（二）用真值表判定"p∧q∧p̄"的真值形式

列出真值表如表 4-9 所示。

表 4-9　复合判断"p∧q∧p̄"的真值表

p	q	p̄	q∧p̄	p∧q∧p̄
T	T	F	F	F
T	F	F	F	F
F	T	T	T	F
F	F	T	F	F

从表 4-9 的真值表可以看出，该复合判断无论其变项取真还是取假值时，它的逻辑值都是假的。逻辑上把具有这类真值形式的判断叫作永假式，又称为矛盾式。

（三）用真值表判定"如果或者天下雨，或者地湿，并且天下雨，那么地不湿"这一复合判断的真值形式

解决这一问题，一般要经过如下步骤：

第一步，把所给定的用自然语言表述的判断逻辑形式化。

设："天下雨"为"p"，则"天不下雨"为"p̄"；"地湿"为"q"，则"地不湿"为"q̄"。

原判断的逻辑形式则为：[（p̄∨q）∧p̄]→q̄。

第二步，列出真值表，并取值（表 4-10）。

表 4-10　复合判断"[（p̄∨q）∧p̄]→q̄"的真值表

p	q	p̄	q̄	p̄∨q	（p̄∨q）∧p̄	[（p∨q）∧p̄]→q̄
T	T	F	F	T	F	T
T	F	F	T	F	F	T
F	T	T	F	T	T	T
F	F	T	T	T	F	F

第三步,根据真值表的取值情况,回答原判断的真值形式。

从以上的真值表可以看出,该复合判断的逻辑值随着其肢判断的取值(真或假)不同而发生变化,即有时真,有时假。逻辑上把具有这类真值形式的判断叫作可满足式,又称为协调式。

二、用真值表判定若干判断之间的关系

（一）用真值表判定若干判断之间是否具有等值、矛盾、反对、差等、下反对、蕴含等逻辑关系

例如:

A:如果甲出席会议,那么乙不出席会议。

B:甲和乙都出席会议。

C:只有甲出席会议,乙才出席会议。

解:第一步,把 A、B、C 三判断逻辑形式化。

设:"甲出席会议"为"p";"乙出席会议"为"q",则"乙不出席会议"为"$\bar{q}$"。

则:A 的逻辑形式为:$p \rightarrow \bar{q}$。

B 的逻辑形式为:$p \wedge q$。

C 的逻辑形式为:$p \leftarrow q$。

第二步,列出真值表,并取值(表 4-11)。

表 4-11　复合判断"$(p\rightarrow\bar{q}) \wedge (p \wedge q) \wedge (p \leftarrow q)$"的真值表

p	q	$\bar{q}$	$p \leftarrow \bar{q}$	$p \wedge q$	$p \leftarrow q$
T	T	F	F	T	T
T	F	T	T	F	T
F	T	F	T	F	T
F	F	T	T	F	F

第三步,根据真值表的取值情况,回答 A、B、C 两两之间的逻辑关系。

从表 4-11 的真值表可以看出,A 与 B 既不同真又不同假,因而它们是矛盾关系;A 与 C 不可同假但可同真,因而它们是下反对关系;当 B 真时,C 一定真;当 B 假时,C 有真有假;因而 B 与 C 具有 B 蕴含 C 的关系。

（二）用真值表判定"$p \vee q$"与"$\bar{p} \rightarrow q$"二者是否等值

列表如表 4-12 所示。

表 4-12　复合判断("$p \vee q$")$\wedge$("$\bar{p}\rightarrow q$")的真值表

p	q	$\bar{p}$	$p \vee q$	$\bar{p}\rightarrow q$
T	T	F	T	T
T	F	F	T	T
F	T	T	T	T
F	F	T	F	F

从表 4-12 的真值表可以看出，"p∨q"与"p̄→q"既同真又同假，因而它们等值。如果两个判断的逻辑值不一致，则它们就不等值。

三、用真值表判定符合题设条件的情况

（一）用真值表判定当"p→q"和"q"恰有一真时，p∨q 和 p∀q 的真假值

列表如表 4-13 所示。

表 4-13 复合判断（p→q∀q）∧（p∨q）∧ p̄∀q 的真值表

p	q	p→q	p∨q	$\overline{p∀q}$
T	T	T	T	T
T	F	F	T	F
F	T	T	T	F
F	F	T	F	T

从表 4-13 的真值表可以看出，当 p 为假、q 为假时，"p→q"和"q"恰有一真（见第四行），而此时 p̄∀q 为真，p∨q 假。

（二）根据下列条件，列出真值表，并判定：甲、乙、丙三人的名次

甲、乙、丙三人争夺围棋比赛前三名，小李预测：如果甲是第一，那么丙是第二；小田预测：甲是第一，当且仅当丙是第二。

现事实证明：小李和小田两人中有并且只有一人预测正确。

解：第一步，把小李和小田的预测分别逻辑形式化。

设："甲是第一"为"p"；"丙是第二"为"q"。

则：小李的预测逻辑形式化为：p→q。

小田的预测逻辑形式化为：p↔q。

第二步，列出真值表，并取值（表 4-14）。

表 4-14 复合判断 p→q∀p↔q 的逻辑值

p	q	p→q	p↔q
T	T	T	T
T	F	F	F
F	T	T	F
F	F	T	T

第三步，根据题设和真值表的取值情况，回答甲、乙、丙三人的比赛名次。

从以上的真值表可以看出：当小李和小田的预测恰有一真时，甲不是第一，丙是第二；所以，甲是第三，乙是第一，丙是第二。

以上对真值表的判定作用作了一定的介绍，其实，真值表在逻辑思维中的作用远远不止这些。熟练并灵活地运用真值表，对于提高逻辑思维能力、解决实际的逻辑问题都具有十分重要的作用。

复习思考题

1. 什么是联言判断？它的结构形式如何？
2. 什么是选言判断？选言判断有几种？
3. 什么是假言判断？假言判断有几种？它们的关系怎样？
4. 什么是负判断？常见的负判断有几种？它们的等值判断是什么？
5. 什么是多重复合判断？常见的多重复合判断有哪些？
6. 什么是真值表？它有何判定作用？

第五章　逻辑的基本规律

　　思维活动和任何事物一样，都是有规律的。形式逻辑思维规律是人们在运用概念、判断、推理等思维形式进行思维活动时所必须遵守的最起码的思维准则。形式逻辑思维规律可分为一般规则和基本规律两个层次，本章主要介绍形式逻辑的基本规律。

第一节　逻辑基本规律的概述

一、逻辑基本规律的含义

　　逻辑学是以思维的形式即逻辑形式为其研究对象。而思维的逻辑形式可以是正确的、有效的，也可能是不正确的、无效的。用什么标准去辨别它们的正确与否、有效与否呢？最根本的就是看它们是否符合逻辑学的有关规律并体现这些规律要求的逻辑规则。凡是符合有关规律和规则的逻辑要求的逻辑形式就是正确的、有效的；反之，则是不正确的、无效的。但是，正如任何一门科学都有其自身固有的、多种多样的规律一样，逻辑学也有其自身固有的多种多样的规律。比如：存在于具有属种关系的词项间的内涵、外延反变关系的规律，命题中各种命题的等值变换所体现的规律，推理中的三段论的公理等。它们都是在逻辑思维中，并主要通过各种逻辑形式而存在和起作用的规律，所以，把它们称为逻辑思维的规律，或简称逻辑规律。

　　在这些逻辑规律中，有一些规律被形式逻辑视为基本规律，逻辑学上也简称为逻辑基本规律。这就是同一律、矛盾律、排中律、充足理由律。为什么说这几条规律是基本规律呢？主要理由是：

　　首先，这几条规律在逻辑思维中（主要是在形式逻辑思维中）的作用特别明显、突出，它们最能表现逻辑思维的一般特点，即逻辑思维的确定性、不矛盾性、明确性及论证性……换句话说，逻辑思维的一系列特点，主要是由这几条基本的逻辑规律所决定的，是这几条规律起作用的结果和体现。譬如，思维的确定性表现为词项（概念）、命题（判断）的自身同一，这主要是同一律所决定的；思维的无矛盾性表现为思想的前后一贯，不自相矛盾，这主要是矛盾律所决定的；思维的明确性表现为在两个互相矛盾的思想之间排除中间可能性，不能模棱两可，这主要是排中律所决定的；而充足理由律保证了思维的论证性和说服力。因此，遵守这几条基本规律是保证思维具有确定性、无矛盾性、明确性及论证性的基本条件，是正确思维最起码的要求。

　　其次，这几条基本规律较之形式逻辑的其他规律（非基本的）在思维形式中具有较广泛的适用范围，即它不仅仅是在某一种或少数几种思维形式中起作用（逻辑的非基本规律一般只在某一种或少数几种思维形式中起作用），而是在较多的，甚至是在所有思维形式中起着作用。同时这几条逻辑规律对于各种特殊的逻辑规则而言,有着一定的制约作用。也就是说,各种思维形式的具体规则和规律大多直接或间接地渊源于这几条规律。

二、逻辑基本规律的客观性

逻辑基本规律作为逻辑思维的规律,自然不是客观世界的规律,而仅仅是在思维活动和思维过程中存在并起作用的思维的规律。但它们并不因此而就是主观自生的、先验的,也不是约定俗成的,它们也具有某种客观的性质。思维的逻辑规律是人类在长期的思维实践中概括和总结出来的,即"是客观事物在人的主观意识中的反映。"逻辑基本规律当然也不例外,它们也是客观事物中某种最普遍的性质和关系在人的主观意识中的一种能动的反映,这是逻辑基本规律的客观性的一个重要表现。另外一个表现是:逻辑基本规律虽然仅仅是思维的规律,但它也如同其他一切规律一样,其作用具有不以人的意志为转移的性质,人们的思维只能遵守它,而不可能违反它。人们可能违反的只是逻辑规律的要求,而不是规律本身。而违反逻辑规律的要求,思维就必然会引起混乱,就不可能正确地组织思想、表达思想和交流思想。这就表明逻辑基本规律在思维中起作用也具有一种强制的、必然的性质,因而遵守逻辑基本规律的要求,也就成为正确思维的一个必要条件。

第二节　同　一　律

一、同一律的内容和公式

同一律的内容是形式逻辑的基本规律之一,是指在思维过程中,同一个概念或同一个思维对象必须保持自身同一的确定性。同一律要求的同一是指对象、时间、关系的同一。如果对象不同、时间不同、关系不同;或者对象虽同,而时间、关系不同;或者对象、时间相同,而关系不同,同一律就不能保持它的效用。

同一律的公式是:A 是 A;或者:如果 A,那么 A。

公式里的"A"表示任一思想,或者说表示任何一个概念或任何一个命题。因此,这个公式是说:A 这个思想就是 A 这个思想,或者:如果 A 这个思想,那么,它就是 A 这个思想。任一思想都有其自身的同一性,都有其确定的内容,是什么内容就是什么内容。例如,在同一个思维过程中,"人民"这个概念就是"人民"这个概念,其内容是确定的,绝不会时而是这个内容,时而又是与此完全不同的其他内容。同样,在同一个思维过程中,如"科学技术现代化是建设社会主义现代化强国的关键"这个判断的内容也是有确定性的,它绝不会时而是这样的内容,时而又是另外的内容。

二、使用同一律要明确的问题

同一律的逻辑的要求是在同一思维过程中所使用概念的内涵和外延必须保持同一,不能任意变更。在论辩过程中,一个概念可能多次重复使用,它在开始规定的什么含义和适用范围,在整个论辩过程的始末,都必须保持原来规定的含义和适用范围。比如"教育"这个词项,既然它表达的是反映教育这一类对象的概念,那么它就是有确定的内涵和外延,它不能同时表达又不表达"教育"这个概念。否则"教育"这个词项所表达的概念就是不确定了。因而它也就是没有确定的含义,这样人们对于它就会变得无法理解。如果同一概念在上文指一种含义和适用范围,在下文又指另一种含义和适用范围,那就要出现混乱。在各门科学研究中,对一些重要的基本概念、范畴或术语,都要预先明确其含义和适用范围,有时需要下定义和划分,这样才能保持概念的同一性,避免发生混乱。

从命题方面来说,同一律要求所作的命题要保持同一,一个命题断定了什么事物情况,它就断定了什么事物情况,断定是真就是真,断定是假就是假,不能随意变更。例如,断定"语言是社会现象"就是断定语言具有社会现象的性质,断定"语言不是上层建筑"就是断定语言不具有上层建筑的性质。同时,在思维过程中,这些命题前后的断定也应当保持同一,如果命题不能保持同一,上文中对思想对象作出一种断定,在下文中又作出了与众不同的另外一种断定;或者在上文中认为这种断定是真的,在下文中又认为它是假的,那就会出现混乱。

例如,"现代科学证明,新发现的物质客体及其复杂结构和特性,并没有改变物质是客观实在的确凿事实,倒是进一步丰富和充实了'物质是标志客观实在的哲学范畴'的科学论断。现代科学所发现的多种多样的基本粒子,都毫无例外地是存在于人的意识之外的物质客体,具有不以人们意志为转移的客观实在性。"在这段议论中,曾4次使用"物质"这个概念,它的含义和适用范围都是确定的,即辩证唯物主义的物质概念;议论的主题思想"物质是标志客观实在的哲学范畴"这一断定及其真实性也是确定的。总之,在这段议论中,"物质"及对它的断定与其自身是同一的,因而符合同一律要求。

推理和论证是由词项和命题构成的。同一律在推理和论证中的普遍有效性,同它在词项和命题中的情况一样。也就是说,任何一个正确的推理或论证都必须遵守同一律的要求。例如下面两个推理:

（1）凡金属都是导电体,

　　　铜是金属,

　　　所以,铜是导电体。

（2）凡真理是不怕批评的,

　　　数学定理是真理,

　　　所以,数学定理是不怕批评的。

这两个推理都是正确的。因为它们之中的每一个词项都有其确定的含义,表达着确定的概念,而且前后始终保持着自身的一致。因此,它们符合同一律的要求。

从以上例子可知,由于词项的含义是通过其表达的概念来确定的,而命题的意义是通过其表达的判断来确定的,而推理和论证则是通过一组有联系的命题来构成的,因此同一律要求:如果一个词项表达了某个概念,它就表达这个概念;如果一个命题表达了某个判断,它就表达了这个判断。总之,同一律要求词项或命题在特定的语言环境下,保持确定的含义,即应表达确定的概念或判断。否则,就会违反同一律要求的逻辑错误。

三、违反同一律要求的常见逻辑错误

违反同一律的要求,就会出现混淆概念或偷换概念、转移论题或偷换论题等逻辑错误。

（一）混淆概念或偷换概念

混淆概念是指在说话写文章时,多是由不恰当地使用多义词或近义词引起的,有的是由于对概念的内涵和外延认识不清而造成的误用和歧义。例如,有的同学在写文章使用"医

德"这个概念时,有时指的是医生的个人道德修养,有时指的是医生的技术水平和对医术的钻研提高,有时将医院挂号、记账服务也称作"医德",前后很不统一,这就是混淆概念。

再如,有这样一段议论:

近年来,有些报刊很热衷于宣传"明星"。对此,人们议论纷纷,我也有些意见。我认为,祖国处处有"明星",有句老话是"三百六十行,行行出状元",哪一行的"状元",就是哪一行的"明星"。但是,有些报刊似乎只看见从事精神生产的"明星",没有看见从事物质生产的"明星"。对"知名演员",不厌其烦地刊登各式各样的照片,撰写各种体裁的赞文,这就有些过分。宇宙间不断地发现新的"明星",人世间也不断地涌现新的"明星",老是神化那么几个"明星"未必有好处。

这段议论多次使用了"明星"这一概念,粗看似乎通顺,但稍加分析,便发现议论中所使用了"明星"概念的含义并不同一。开始讲的"明星"是指知名演员,接着就把各行各业的"状元"说成是"明星",这里的"状元"指的是各行各业中的能手或先进工作者,这和开头特指知名演员的"明星"是不相同的。中间又把知名演员的"明星"扩大为"精神生产的明星",这又犯了以种代属的逻辑错误。结尾所讲的宇宙间的"明星"是指天体,而人世间的"明星"泛指先进工作者。最后使用的"明星"又是指知名演员了。从逻辑上分析,这就是犯了混淆概念的逻辑错误。

偷换概念是有意地把不同概念当作同一概念加以使用的逻辑错误。

例1:

司马光夫人说:"我要去看花灯。"

司马光说:"家中这么多灯,何必出去看!"

司马光夫人说:"我还要看游人。"

司马光说:"家中这么多人,何必出去看!"

欢度节日,司马光夫人想出去既看"花灯",又看"游人"。司马光大概不想让夫人出去,运用了"偷换概念"的手法,用"灯"和"人"两个概念代替夫人所说的"花灯"和"游人"两个概念。"灯"和"人"两个概念是"花灯"和"游人"两个概念的属概念,是以属代种的逻辑错误。

例2:

某报刊载小品文一则,讽刺一些恋人的"向钱看":

小伙子:"你老是要这要那,不怕人家说你是'高价姑娘'吗!"

姑娘:"怕什么!裴多菲都说了,'生命诚可贵,爱情价更高'嘛!"

显然这位姑娘是在故意偷换概念。例2中的所谓"高价姑娘"的"价",是"价格"的"价",是贬义的表达,是用"高价姑娘"来贬斥那些把爱情当商品的人。而裴多菲诗中的"爱情价更高"是"价值"的"价",是褒义的表达,它赞美真正的爱情比生命还要宝贵。因此,同一个语词("价")表达的是不同的概念,但上述答话的姑娘却故意将它们混同起来,用前者偷换后者,这是一种明显的违反同一律要求的逻辑错误。

因此说,偷换概念是一种诡辩手法,指诡辩的人常常施展一些花招、手段,造出一些似是而非的说法,混淆视听,使人上当受骗。

(二)转移论题或偷换论题

转移论题也叫离题、走题或跑题,是指在说话和写文章时抓不住中心,常常是答非所问有意地用一个似是而非的论题取代原论题。出现这种逻辑错误,讲起话来可以是口若悬河,却漫无中心;写文章可以是下笔千言,却离题万里;开起会来可以是热闹非凡,但却喧宾夺主,转移会议中心议题,最后什么问题也解决不了。

例1:在论证"护士工作有无科学性"这一论题时,写到一半,却去论证护士的道德修养和服务态度去了。或者当病人问医生说:"我这个病每年冬季都要犯,怎样才能预防呢?"医生回答说:"病嘛,要以预防为主,如果平时不注意,犯起来就麻烦了!"这种答非所问就是转移论题。

例2:一篇题为《××酒的来历》说明文的内容是这样的:名甲天下、誉满全球的××酒,是以其产地××村命名的。××村现为××镇,位于××省××县城西北近30华里的××河畔。三四百年前,这里还是一个小小的渔村,因为到处长满莽莽苍苍的茅草,人们就叫它茅草村,简称茅村。公元1745年(乾隆十年)清政府组织开修河道,舟楫畅通茅村,茅村成为川盐入黔水陆交通的要冲,日趋繁盛,一度成为拥有六条大街的集镇,于是人们又改称茅村为××村,从清朝末年起,因××酒名声日震,人口大增,遂改××村为××镇,一直沿用至今。

"××酒的来历"是这篇说明文的论题,文章应当紧扣论题说明××酒的生产和发展的历史。但是,除了第一句说明××酒的酒名的来源以外,其余部分都是用来说明××村的地点及其历史的演变,并没有说明"××酒的来历",这种逻辑错误就叫作转移论题。

偷换论题是有意违反同一律的要求,暗中用另外一个论题代替原论题所犯的逻辑错误。偷换论题是一种诡辩手法。

例3:在讨论中学生需不需要学习地理时有下述这样一段话,"我认为中学生没有必要学习地理。某个国家的地形和位置完全可以和这个国家的历史同时学习。我主张可以把历史课和地理课合并,这样对学生是方便的。因为,这样所占的时间较少,而获得的效果却很好。否则就会这样:这个国家的地理归地理,而它的历史归历史,各管各,不能互相联系起来。"

从这段话里不难看出谈话者最初提出的话题是"中学生没有必要学习地理",而随后所论述的却是另一个论题:"可以把历史和地理课合并。"显然,谈话者是把后一个论题与前一个论题混淆起来,因而也就自觉或不自觉地用后一个论题偷换了前一个论题。

四、同一律的作用

同一律在思维或论证过程中的作用主要在于保证思维的确定性,而只有具有确定性的思维才可能是正确的思维,才能正确地反映客观世界,人们才能进行正常的思想交流。在一个思维过程,如果违反同一律的逻辑要求,混淆概念或偷换概念、混淆论题或偷换论题,那必然会使思维不合逻辑,思想混乱,无法正确表达思想;在一个科学理论体系中,如果违反同一律的要求,这一理论体系就会缺乏严密性和科学性。马克思在《剩余价值理论》中谈到亚当·斯密、李嘉图等人的古典政治经济学的剩余价值理论时,指出他们把剩余价值同利润混淆起来,"亚当·斯密虽然实质上是考察剩余价值,但是他没有清楚地用一个不同于剩余价值特殊形式的特定范畴阐明剩余价值,因此,后来他不通过任何中介,直接就把剩余价值等同于利润,把二者混淆起来。这个错误,在李嘉图和以后的所有经济学家的著作中,仍然存在。由此就产生了一系列不一致的说法、无法解决的矛盾和荒谬的东西"。由于"亚当·斯密的混乱、矛盾、离题,证明他既然把工资、利润、地租当作产品的交换价值或全部价值的组成部分,在这里就必然寸步难行、陷入困境"。马克思在这里着重批判了亚当·斯密等人混淆概念和离题的逻辑混乱。这就说明,遵守同一律对于建立一个科学体系具有重大意义。后来,马克思在建立他的剩余价值学说的过程中,完全纠正了英国古典政治经济学中的逻辑错误,从而使马克思主义政治经济学成为具有严密逻辑性和高度科学性的科学体系。

但是,首先必须看到,同一律要求人们使用概念、判断保持自身同一,是指在同一个思维过程,即在同一时间、同一关系(或同一方面)下对于同一对象而言。同一时间,是指思想对象处于相对稳定的阶段,这时,思想的自身是同一的。超出了同一时间,思想对象发生了质的变化,反映该对象的思想自然也要发生变化,因此也就不能要求该思想保持自身的同一了。同一关系,主要是指对象的同一方面。事物都是多种规定性的统一,因此事物也都有许多方面。例如,"人"既具有社会属性的方面,又具有自然属性的方面,因而,社会科学从社会属性方面研究人,人种学等从自然属性方面研究人,两者所形成的"人"的概念就有所不同。因此,在不同关系下,人们所使用的概念或判断可以是不同一的。

其次,同一律只是逻辑思维的规律,它只是在思维领域中起作用,它不是客观事物的规律,也不是世界观。它固然要求人们在思维过程中保持思想的确定和同一,但绝不意味着同一律要求把思维的对象、客观事物看作是某种永远确定、永远不变的东西;这也绝不意味着形式逻辑把思想、思维形式看作是某种永远确定不变的东西。把客观事物或反映客观事物的思想、思维形式看作是某种绝对不变的东西,乃是形而上学的观点。而形而上学与形式逻辑的同一律有着原则区别,绝不能将两者混为一谈。

最后,同一律仅仅是形式逻辑的规律,不是辩证逻辑的规律。遵守同一律的要求只能保证思维的确定性,却不能达到概念的灵活性。因此要反映事物的对立统一关系,要反映事物变化发展的辩证法,仅仅遵守同一律的要求是不够的。

第三节 矛盾律

一、矛盾律的内容和公式

矛盾律的内容是:在同一思维过程中,两个互相反对或互相矛盾的思想不能同时都真,其中必有一假。这里的思想指的是命题,即互相反对的命题或互相矛盾的命题。

例1:

(1)"屈原是汉族人"与"屈原是壮族人"。

(2)"屈原是汉族人"与"屈原不是汉族人"。

(3)"所有金属都是固体"与"所有金属都不是固体"。

(4)"所有得癌的人一定会死"与"有些得癌的人可能不会死"。

(5)"你去但我不去"与"你不去我也不去"

(6)"如果天下雨,那么地就湿"与"天虽下雨,但地不湿"

在以上这6对命题中,(1)、(3)、(5)对命题是反对命题,它们是矛盾命题,它们都具有不能同真、不能同假的逻辑特点。这两种判断的共同特点是:不能同真,必有一假。

两个互相反对或互相矛盾的命题不能同时都真,其中必有一假,只有在"同一思维过程中"才是有效的,即在"同一对象、同一时间和同一关系"下才是有效的。如果对象不同,或者时间不同、关系不同,那么这种规定就是无效的。

矛盾律的公式是:并非(A而且非A)。

公式中的"A"表示任一命题,"非A"表示与"A"具有矛盾关系或反对关系的命题。因此,"并非(A而且非A)"是说A和非A这两个命题不能同真,抑或是其中必有一个命题是假的。

例2:"甲班所有学生都学英语"这一个命题,就二值逻辑而言,它要么是真的,要么是假的。不可能既是真的,又是假的。如果它是真的,那么与之矛盾的命题"甲班有的学生不学英语"就是假的;反之,如果"甲班有的学生不学英语"是真的,那么,与之矛盾的命题"甲班所有学生都学英语"就是假的。即在相互矛盾的命题中最多只能有一真,二者不可能同真。因此,同时肯定两个互相矛盾的判断必然是不能成立的。

例3:关于小燕是什么学校的学生,有两种说法:

(1)小燕是A中学的学生。

(2)小燕不是A中学的学生。

这两个判断的关系是互相矛盾的,一般称作矛盾关系的判断。小燕要么是A中学的学生,要么不是A中学的学生,不能同时都对(也不能都不对),所以不能既肯定前一个判断,又肯定后一个判断。

二、使用矛盾律需要明确的问题

思维过程中不应有的逻辑矛盾与现实世界中所存在的矛盾是两回事,绝不能混为一谈。逻辑学所说的矛盾律,只是在思维领域内起作用,它并不否认客观存在的矛盾。事物的矛盾是普遍存在的,无一例外,如果没有矛盾存在,就没有世界存在。

同一思维过程是使用矛盾律的条件。在不同的时间或不同的方面对同一对象作出两个相反的论断,不能认为是违反了矛盾律的要求。

例如:对同一本书,我刚买来时说,"这本书是新的。"用了半年后又说,"这本书是旧的。"对同一对象作出了两个相反的判断,由于不在同一时间内,因此这并没有违反矛盾律。

又如:"我们要重视困难"与"我们要藐视困难",同时作出这两个相反的判断也没有违反矛盾律。因为这两个相反的判断不是对同一方面而言的,前者是对要充分估计困难、不要麻痹大意而言的,后者是对要敢于战胜困难,不要畏缩不前而言的。

在人们的认识过程中,由于对认识的对象尚未作出明确断定时而存在两种不同可能性认识,这是被允许的,并没有违反矛盾律。

三、违反矛盾律的逻辑错误

违反矛盾律要求的逻辑错误叫作自相矛盾,自相矛盾也叫逻辑矛盾,即在同一思维过程中,对两个互相否定的命题都断定为真,任何思维过程,如果出现自相矛盾,那么就是一种混乱。矛盾律是不允许在思维过程中出现自相矛盾的。矛盾律也叫不矛盾律。

关于思想的逻辑矛盾,我国战国时代的思想家韩非子曾经讲过这样一个故事:有一个卖矛(长矛)和盾(盾牌)的人,先吹嘘他的盾如何坚固,说:"吾盾之坚,物莫能陷。"过了一会儿,他又吹嘘他的矛是如何锐利,说:"吾矛之利,物无不陷。"这时旁人讥讽他问:"以子之矛,陷子之盾,何如?"卖矛与盾的人无言以答。因为,当他说"我的盾任何东西都不能刺穿"时,实际上是断定了"所有的东西都是不能够刺穿我的盾"这个全称否定命题;而当他说"我的矛可以刺穿任何东西"时,实际上又判定了"有的东西是能够刺穿我的盾的"这一特称肯定命题。这样,由于他同时肯定了两个具有矛盾关系的命题,因而就陷入了"自相矛盾"的境地。

从命题方面看,如果对于两个互相矛盾的命题同时给予肯定,或者说,如果对同一对象同时作出两个互相矛盾的断定,那么就必然会产生逻辑矛盾。如:既断定"文艺是有阶级性的",又断定"文艺是没有阶级性的",那么就必然陷入自相矛盾之中,因为这两个互相矛盾的命题不能同时为真。

在日常语言表述中,所谓"出尔反尔""自打嘴巴",都是指自相矛盾。

例如,有一个人说:"我跑遍了北京所有书店都没有买到这本书,最后在某旧书店才买到。"如果在北京所有书店(其中应包括某旧书店)都没有买到这本书,那就不能又在某旧书店买到这本书,但这里说在某旧书店买到了这本书,所以后半句话与前半句话是互相矛盾的。

自相矛盾通常存在于两个命题之间,但是,有时也存在于一个命题之中,甚至存在于一个概念之中。

例如,"中国园林建筑始于汉唐宫室"。"汉""唐"是两个朝代,前后相距390多年,始于汉就不能始于唐,始于唐,就已与汉没有关系了。既始于汉又始于唐,前后矛盾。

例如,"方的圆""木制的铁器"是两个概念,其限制词"方的"和"木制的"同主概念,"圆"和"铁器"之间是不相容的,硬把它们组合在一起,就是自相矛盾。

有的自相矛盾是明显的,两个相互反对或相互矛盾的命题可以说是前后相继,这就比较容易识别;有的自相矛盾就不明显,常常蕴含于一个复杂的论证过程之中。

例如,黑格尔的辩证法认为,一切都是发展变化的,但他又认为,他的哲学体系是哲学发展的顶峰,不能再发展了,这就前后矛盾。黑格尔的这种自相矛盾是存在于他的庞大的哲学体系之中的,只有对他的庞大理论体系深入分析研究之后才能够发现。

另外,从语言方面看,在遣词造句时,如果把反义词同时赋予同一主语,那就会发生文字上的矛盾。这种文字上的矛盾也必然会导致思想上的逻辑矛盾。

如下面两个例句:

"他是多少死难者中幸免的一个。"

"船桨忽上忽下拍打着水面,发出紊乱的节奏声。"

前一句中的所谓"死难者"指的是已经死去的人,而"幸免的一个"则指没有死去的人。这样,"他"既是"死难者",又是"幸免的一个"(即"非死难者"),这是自相矛盾的。后一句中因为"紊乱"就肯定不是有节奏的,而"节奏声"就肯定不会是紊乱的。所以,这两个句子都因包含逻辑矛盾而不合逻辑。

因此,应当遵守矛盾的要求,使自己的思想、言论、文章避免自相矛盾;也要善于运用矛盾律,揭露其他思想、言论、著作中的逻辑矛盾,以达到探求真理、交流思想的目的。

四、关于悖论

悖论是一个广义的范畴,原意是指似是而非的话语、自相矛盾的说法或一些奇谈怪论。它不仅包括现今意义上的悖论,而且包括一些历史上被人所发现的逻辑矛盾,甚至科学史上出现的辩证矛盾也被称为"悖论"。

悖论是从古至今都存在的问题,它长期困扰着逻辑学和数学。历史上最早发现的悖论是古希腊麦加拉学派的说谎者悖论,用现代形式表述是:"我说的这句话是谎话。"这句话如果是真的,那么这句话就是假的;如果这句话是假的,那么这句话就是真的。到了中世纪,许多逻辑学家大力研究"说谎者"悖论,提出了一些类似"说谎者"悖论的语文悖论,多方探索了形成悖论的原因和解决悖论的方法。但之后,对悖论的研究搁浅了。到了 20 世纪初,西方形式逻辑又重新燃起研究悖论的热情。1901 年,罗素提出了一切不是自身分子的集合所构成的集合的"罗素悖论",自此开创了现代悖论的研究,并取得了长足的进展,其中有罗素的类型论、塔尔斯基的语言层次论、克里普克的真理论、赫兹贝格的朴素语文学、雷歇尔和布兰登的不协调逻辑、克里斯特和罗特列的超协调逻辑等。近年来,我国学术界也日益开展了对悖论的研究,并取得了一些成果。

随着对悖论研究的深入开展,对悖论的实质、定义、类型和形成的原因的讨论呈现出百家争鸣的局面。

关于悖论的实质问题,大多数逻辑学家和数学家都认为悖论是逻辑矛盾,这也是西方流行的观点。随着研究的深入,提出了与此不同的观点,有的认为,悖论不是逻辑矛盾,而是辩证矛盾;也有的认为,悖论既不是逻辑矛盾,也不是辩证矛盾,而是介于逻辑矛盾与辩证矛盾之间的第三类思维矛盾。

由于对悖论实质的认识不同,因而给悖论的定义也就不同,从定义的实质看,定义分为三种:逻辑矛盾的悖论定义、辩证矛盾的悖论定义、第三类思维矛盾的悖论定义。从表现形式看,有的认为悖论表现为一个语句,例如:"悖论是一种逻辑矛盾,其中含有一个命题,由它的肯定等值于它的否定。"有的认为悖论总是与一个理论体系相联系的,例如:"如果某一理论的公理和推理规则看上去是合理的,但在这个理论体系中推出了两个相互矛盾的命题,或证明了这样一个复合命题,它表现为两个相互矛盾命题的等价式,那么,就可以说这个理论中包含了一个悖论。"

关于悖论的类型问题,虽然近来有些人提出了一些新的分类方法,但都没有成为普遍接受的观点。一般说来,人们还是沿用兰姆塞提出的,把悖论分为逻辑悖论和语义悖论的分法。

关于悖论成因的分析也是意见纷呈。对悖论实质的看法不同,对悖论成因的分析也就不同。有的认为,悖论是由于概念或命题的自我涉及所形成;有的认为,悖论是由于忽视了不同的语言层次所形成;有的认为,悖论是人们在实践基础上所产生的主观和客观之间、理论与实践之间的矛盾的如实反映等。

关于悖论的意义,在 18 世纪以前,很多人把悖论看成诡辩或单纯的谬误,认为它只是"诡辩家"利用"文字游戏"向人类思维开了一个"严肃"的玩笑,把它当作茶余饭后的闲谈而不屑一顾。现在,随着数学基础、数学哲学和逻辑学的发展,人们已开始认识到悖论在科学发展中的地位和作用,并通过对悖论的研究领略到悖论的研究对数学基础理论、逻辑学、语言学、物理学和哲学研究的重大意义。

五、矛盾律的作用

矛盾律的主要作用在于保证思维的无矛盾性,即首尾一贯性。而保持思维的前后一贯性,乃是正确思维的一个必要条件。思维如果违反了矛盾律的要求,有了逻辑矛盾,那人们就不能正确地认识现实,也不可能对问题作出科学的分析,得不出正确的结论。因此,列宁曾说:"逻辑矛盾——当然在正确的逻辑思维的条件下——无论在经济分析中或在政治分析中都是不应当有。"

任何一种科学理论都应该具有不矛盾性,一种科学理论如果包含有逻辑矛盾,这一理论就不能成立,或者至少使人怀疑这一理论的可靠性。掌握逻辑工具,发现逻辑矛盾并加以排除,可以成为推动科学发展的动力。科学常常就是在发现逻辑矛盾并且逐步解决逻辑矛盾的过程中发展的。例如,17世纪后半叶,牛顿和莱布尼兹刚刚发明微积分时,其理论基础还是很不完善的。那时,牛顿在一些典型的推导过程中发现:第一步他要用无穷小量作分线进行除法,第二步他又把无穷小量看作零,以去掉那些包含着它的项而得到所有的公式。但是,推导过程本身却显示出无穷小量的概念在逻辑上是矛盾的。无穷小量究竟是零还是非零? 如果它是零,怎么能用它作分母进行除法呢? 如果它不是零,又怎么能把包含着它的那些项丢掉呢? 英国主教贝克莱正是抓住这一逻辑矛盾来否定微积分,攻击微积分的推导是"分明的诡辩"。直到19世纪上半叶,由于极限论的建立,这个问题才得到解决。从极限论的观点看来,无穷小量不过是极限为零的变量,在变化过程中,它的值可以是"非零",但它变的趋向是"零",可以无限地接近于"零"。这样就消除了"无穷小"这一概念中存在的逻辑矛盾,把微积分的推导过程建立在合乎逻辑的基础上,从而促进了微积分这门科学的进步发展。

如矛盾律所说的"一个思想及其否定不能同时是真的",是指在同一时间、同一关系下对于同一对象作出的判断而言。也就是说,如果在不同时间或从不同方面对同一对象作出两个相反的论断,这不能说其违反了矛盾律的要求。

还有一种情况,即同一对象在同一时期内,本身具有矛盾着的两方面的性质,人的思维要用一个判断去同时揭示这一对象的矛盾两重性,这也不违反矛盾律的要求。例如,毛泽东同志指出:"帝国主义和一切反动派也有两重性,它们是真老虎又是纸老虎。"这里所说的"是真老虎又是纸老虎",是从不同方面来揭示帝国主义和一切反动派的属性的。一方面,它会吃人,所以说是真老虎;另一方面,从本质上看,从战略上看,它们是必然要灭亡的,所以说又是纸老虎。给对象作出具有矛盾的两重性质的判断,是对事物进行辩证分析的结果。这和论断中的自相矛盾根本不同,不能说这种判断包含有逻辑矛盾。

但应当指出,矛盾律和同一律一样,只是思维过程中的一条规律,它只能在思维领域中起作用。而思维中出现的逻辑矛盾与现实矛盾在思想中的反映有着本质的区别。绝不能把两者混为一谈。现实矛盾是客观事物自身所固有的矛盾,即事物自身所包含的对立面的统一和斗争。这是客观存在着的,不管人们承认不承认,愿意不愿意,它们总是实际存在着的。这种矛盾是不能避免的,更不能人为地加以"排除"。而逻辑矛盾则是思维过程中由于主观思想的错误而产生的矛盾,它是主观思维对客观现实矛盾的一种歪曲的反映,是人们主观臆造的矛盾。如果不排除思维中的逻辑矛盾,那么人们也就不能如实地反映客观存在的现实。因此矛盾律并不否认客观矛盾,它只是要求排除那种歪曲反映客观矛盾的逻辑矛盾。由此可见,形式逻辑矛盾律同唯物辩证法并不互相排斥,而是互相一致的。矛盾律并不否认客观矛盾,而辩证思维也不容许存在逻辑矛盾。但是,如果像某些人那样,把形式逻辑矛盾律所要求的排除逻辑矛盾的观点解释成矛盾律否认了客观事物本身所固有的矛盾,就会使它变成一条形而上学的原则。这当然是完全错误的。

第四节　排　中　律

一、排中律的内容和公式

排中律的内容是：在同一思维过程中，两个相互矛盾的思想不能都假，必有一真。这里的思想指命题，两个相互矛盾的思想即两个相互矛盾的命题。

排中律的公式：A 或者非 A。

公式中"A"和"非 A"表示两个互相矛盾的命题。因此，这一公式是说，任一命题 A 及其矛盾命题非 A 不可能同时都是假的。或者 A 真，或者非 A 真，两者必居其一。

排中律也具有客观性和必然性，就是说，在同一个思维过程中，只要是两个互相否定的判断，其中必有一个是真的，绝无例外。

例如：

（1）"这个人是大学生"与"这个人不是大学生"。

（2）"所有金属都是液体"与"有的金属不是液体"。

（3）"如果某数能被 10 整除，则它也能被 5 整除"与"某数能被 10 整除，但不能被 5 整除"。

（4）"有人是长生不老的"与"有人不是长生不老的"。

以上 4 对判断都是互相否定的思想，每一对判断的类型和具体内容尽管不同，但两者之间都是不能同假，必定有一真。也就是说，如果前者是假的，后者必然是真的；如果后者是假的，前者必然是真的。在分析判断间的关系时所涉及的具有矛盾关系和下反对关系的两个判断不能同假，就是由排中律决定的。

排中律的客观基础，归根到底也是事物的质的规定性。一切客观事物在一定发展阶段都具有一定的质的规定性。因此，一个事物如果不是 A，就一定是非 A；如果不是非 A，就一定是 A；人们在判断某一事物时绝不能说：它不是 A，也不是非 A。这就决定了人们对两个相互否定的思想必须承认其中有一个是真的。

二、使用排中律需要明确的问题

排中律只是要对两个相互矛盾的思想采取摇摆不定、模棱两不可的态度。它不涉及事物在一定条件下互为中介、相互转化的问题，也不涉及两类事物的中间形态问题。

例如，"两栖动物既不是完全水生，也不是完全陆生"并不违反排中律，因为两栖动物既可生活在水中，也可生活在陆地上。

人们的认识过程是一个非常复杂的过程，人们对一个问题的认识往往不是一下子就能认识得很清楚。当人们对某一问题的"是"与"非"不甚清楚，需要进一步调查研究，本能作出决定时，不作出"是"或"非"的回答，并不违反排中律。

不要把"复杂问语"看成是相互矛盾的判断，不能简单地作出"是"或"非"的回答。"复杂问语"就是隐含着对方没有承认或根本不能接受的假设。它是一种不正当的问语，无论答话人作出肯定或否定的回答，其结果都承认了这个错误的假设。

例如，党的十一届三中全会以后，一个县里的干部对现行的农村政策不理解，他到农村调查时,向一个生产队长问道:"你们队是不是已经停止分田单干了?"如果队长回答"是",就等于承认原来在搞分田单干,如果回答"不",就等于承认现在还在搞分田单干。队长要回答说,"我们是搞责任制,根本没有搞分田单干。"才不会被曲解。

三、违反排中律要求的逻辑错误

排中律的逻辑要求是:既然一个命题不可能既不是真的又不是假的,那就意味着在任何思维和论辩过程中,对两个相互矛盾的命题或判断,必须明确地肯定其中之一是真的,不能对两者同时都加以否定。换言之,否定其真(比如,否定命题 P 为真),就必须肯定其假(命题 P 的假即 $\overline{P}$,"肯定其假"即肯定 $\overline{P}$)。不能既不承认前者(P)是真的,又不承认后者($\overline{P}$)是真的,或者说,不能既认为前者是假的,又认为后者也是假的。否则,就会犯习惯上所说的"模棱两可"(实际上应叫作"模棱两不可")的逻辑错误。

"模棱两不可"是一种常见违反排中律要求的逻辑错误,它是在一个命题的是、非,真、假之间回避作出明确的选择,既不肯定其为真、为是,也不肯定其为假、为非。从而也就表现为在两个互相矛盾的命题之间,不作明确肯定的回答,即既不肯定,也不否定。企图在是与非、真与假、肯定与否定之间选择第三种可能,即第三种值,而这在二值逻辑中是不存在的,因而是错误的。比如,在一次讨论古典文学名著《红楼梦》的会议上,出现了两种互相矛盾的意见:一种意见认为《红楼梦》是一部杰出的古典文学名著;一种意见认为《红楼梦》并不是一部杰出的古典文学名著。主持会议的人在作讨论小结时表态说:"我不同意第一种意见,但是,也不同意第二种意见。"即对上述两种相互矛盾的意见都明确地加以否定。这无疑是违反排中律要求的逻辑错误。

这种"模棱两不可"逻辑错误的实质,可以称之为"择无而从"。《墨子·经上》说:"彼,不可两不可""或谓之牛,或谓之非牛,是争彼也,是不俱当。"即两个相互矛盾的命题不能都否定。

"模棱两不可"的逻辑错误在哲学、政治和日常生活中都有不同的表现。

例如:

(1)马赫主义者企图用"要素"这个"新"术语来代替被他们认为过了时的"物质"和"精神"两个"旧"术语,说这个"要素"既不是物质,也不是精神,而是超越物质和精神的新的东西,他们的哲学是超越于唯物主义和唯心主义之上的、没有任何"片面性"的"最新哲学"。

(2)在新民主主义革命胜利以后,摆在中国人民面前只有两条路:或者是社会主义道路,或者是资本主义道路。但是,当时却有人提出"既不走社会主义道路,也不走资本主义道路",而是走"第三条路"。

(3)有人在评论一篇文章时说:"这篇文章的观点不能说是全面的,也不能说是片面的。"

上述 3 个例证都包含"两不可"的逻辑错误。例(1)中,马赫主义的"最新哲学"对哲学两大基本派别——唯物主义与唯心主义都采取否定态度,在理论上是错误的,在逻辑上犯了"两不可"的错误。例(2)中,在当时的中国人民面前,只能二者选其一,即走社会主义道路。"第三条道路"倡导者的论调,政治上是一种不切实际的幻想,"第三条道路"根本不存在,逻辑上违反了排中律的要求。例(3)中,"全面"和"片面"是矛盾概念,却同时加以否定,违反了排中律的要求。

四、排中律的"中"与唯物辩证法的"中介"

排中律的"中"与唯物辩证法的"中介"是不同的,不要把二者混同,但也不要将二者对立起来。

1. 二者的含义不同。排中律的"中"是指思维过程中"是"与"否"和"矛"与"盾"的中间情况,这种中间情况不是真实的存在,而是一种虚构的存在。唯物辩证法的"中介"是对客观世界普遍存在的中间环节的正确反映。这种中间环节是真实的、普遍的。例如,在上和下、左和右、先进与落后之间,客观存在着不上不下、不左不右、不先进不落后的中间状态或某种过渡形式。在生物发展过程中,是会出现某种介于两个物种之间的过渡形态。例如,文昌鱼是无脊椎的鱼类,但它是无脊椎动物和脊椎动物之间的过渡形态;鸭嘴兽是哺乳动物,但它是爬行动物和哺乳动物之间的过渡形态。

2. 二者的意义不同。"中"不是形式逻辑的范畴,是表现那种影响思维明确性的虚构存在的状况,是排中律所要排除的对象,在"是"与"否"和"矛"与"盾"之间作出"非此即彼"的选择。"中介"是唯物辩证法的重要范畴,它揭示了客观事物的"亦此亦彼"的辩证性质,具有方法论的意义。正确理解"中介"范畴,对于完整、准确地把握和运用对立统一规律有重要作用。

排中律并不排斥"中介",排中律的"非此即彼"和唯物辩证法的"亦此亦彼"也不是互相对立、互相排斥的。恩格斯指出:"辩证法不知道什么是绝对分明的和固定不变的界限,不知道什么无条件的普遍有效的'非此即彼!'它使固定的形而上学的差异互相过渡。除了'非此即彼!'又在适当的地方承认'亦此亦彼!'并且使对立互为中介"。因此,认为排中律否认、排除客观事物的中介,是对排中律的误解和歪曲。

五、排中律的作用

排中律的作用在于保持思想的明确性。遵守排中律是人们认识现实、发现真理的一个必要条件,因为任何正确的认识都同思想上的摇摆不定、含糊其词是相互排斥的。当问题被归结为两个互相否定的思想时,排中律就要求人们在二者之中承认必有一真。如果吞吞吐吐,既不承认这个,又不承认那个,那就会造成思想上含糊不清,从而也就不能得到确定的认识。

但必须指出,排中律也只是逻辑思维的规律,它只需在两个互相矛盾的思想中作出非此即彼的明确选择。因为在一定的领域里,真理总是属于两个互相矛盾的思想中的一个,而不可能属于第三者。但是,它丝毫不涉及客观事物之间的过渡和转化的问题。如果把排中律关于在两个互相矛盾的思想中排除中间可能的要求,解释为仿佛它否认客观事物在发展过程中存在着过渡性中间体,或否认客观事物之间的过渡和转化,那是形而上学的观点,也是对排中律的曲解。比如,生物中的眼虫,既具有动物特征又具有植物特征,是介于动植物之间的一种中间过渡性的生物。排中律并不否认,也不能否认其客观存在。但是,根据排中律要求,在"动植物之间存在着中间过渡阶段"与"动植物之间不存在中间过渡阶段"这两个互相矛盾的命题当中,必须承认其中必有一真,不能认定其同假。在"眼虫有某些动物(或植物)特征"与"眼虫没有某些动物(或植物)的特征"这两个互相矛盾的命题之中,同样是必有一真,不能同假。如果对两个互相矛盾的命题都加以否认,那就违反了排中律的逻辑要求。

在运用排中律的时候,还要注意认识的复杂性。在人们的思维过程中,由于对某一个问题尚未深入了解,对某件事的是与非还看不清楚,需要进一步调查研究才能作出决定,在这种情况下当然不便明确表态。这与在两种相互矛盾的思想中不承认其中必有一真是不同的,不能说它违反了排中律的要求。

在运用排中律时,还需要注意"复杂问语"问题。所谓"复杂问语",是一种不正当的问语,它隐含着对方没有承认或根本不能接受的假设,例如,不分青红皂白地质问某人:"你以后是否还执迷不悟!"就属于这种复杂问语。这个问语包含着一个假设:"你已经执迷不悟",对这种问语简单地采取肯定或者否定的答复,其结果都将是承认其中错误的假设,因而都将是不确切的。再如,有人问:"你的科学论文完成了吗?"这一个问话就隐含着这样一个假定:你在写论文。而事实上,你可能根本没有写过论文,或者你虽然写过论文,但最近并没有写过。对于这样的问题,无论回答"完成了"或者"没有完成"都是承认了那个隐含假定的存在,这显然是错误的。特别需要指出,反动阶级常常利用复杂问语故意设圈套,在这样的问语中故意隐含某种假定。如果不注意识破他们的阴谋,对这种问话无论采取肯定或否定的答复都会上当受骗。因此,当遇到"复杂问语"时,要认真加以分析,而不应当不加以分析地简单地作出肯定或否定的回答。对复杂问语不作简单的"是"或"不是"的回答,并不违反排中律的作用原则。

第五节　充足理由律

一、充足理由律的内容与公式

充足理由律的内容是:在同一思维过程中,一个思想被断定为真,必须有其充足的理由。所谓充足的理由,是指在对结论的论证中,第一,前提充实;第二,推理正确。

充足理由律的公式:A 真,因为 B 真,并且 B 能推出 A。若用符号式来表达,则是:$B(B \to A) \to A$。这里的"A"表示在论证中要确定为真的判断,称之为"理由"。"B"可以是一个判断,也可以是一组判断。这就是说,B 是 A 真的根据,在论证中,A 之所以被确定为真,是因为有 B 为充足理由。

例如:

(1)因为我们是为人民服务的,所以,我们有缺点就要尽快纠正。

(2)现在温度必然下降了,因为现在寒潮来了,而如果寒潮来了,则温度必然要下降。

例(1)中前半句是"理由"(B),后半句是"推理"(A)。例(1)是省略了大前提"凡是为人民服务的有缺点就要尽快纠正"的三段论。这个三段论的结论是从两个前提中必然得出的,所以,前提(理由)是结论(推断)的充足理由。

例(2)中"因为"以前的是推理(A),"因为"以后的是理由(B)。例(2)是一个充分条件假言推理,符合充分条件假言推理"肯定前件,就要肯定后件"的规则,所以,(B)是(A)的充足理由。

每一客观事物情况的存在都是具有一定的原因和条件的。而这些原因和条件就是客观事物情况存在的充分条件。如果正确地反映了某一客观事物的存在,就会形成某一真实思想;如果正确地反映了某一事物情况存在的原因和条件,就会形成某一真实思想的充足理由。例如,从客观过程来讲,某一金属的体积膨胀,是由于在压力不变的情况下,金属的温度有了提高。反映这一客观过程的思维过程是:"某一金属的体积膨胀了(一个真实的思想),因为,在压力不变的情况下,该金属的温度有了提高(这个真实思想的充足理由)"。既然每一事物情况的存在必然具有足以引起该事物情况存在的充分条件,那么,每一真实思想就必然存在有足以确定其为真的充足理由。

在科学领域里,任何一种观点、学说的提出和建立,都要有充足的根据和有力的论证,否则就没有说服力。平常人们常说的"摆事实讲道理""言之成理""持之有故""以理服人"等,都体现了充足理由律的要求。

二、运用充足理由律应明确的问题

充足理由律主要是关于逻辑论证的规律,但同概念、判断和推理等其他思维形式也有不同程度的联系。这是因为论证是概念、判断和推理的综合运用。如果论证违反了充足理由律,那么就可能是由于概念混乱,或判断虚假,或推理无效造成的;如果论证违反充足理由律,那么就可能使论题与论据失去逻辑联系,或者判断不必然为真,或者不能获取明确的概念。

逻辑的基本规律,都是思维形式方面的规律,同思维内容无关。但是,充足理由律所规范的对象、范围,主要是思维内容问题:理由是否真实,理由是否充分,理由与推断之间是否相干;是否具有客观实际的本质联系,这些都是思维内容的问题。只有"理由与推断之间是否存在形式上的逻辑联系"才应作为思维形式的基本规律的充足理由所管辖的范围。必须把关于思维内容方面的内容全部撇开,充足理由律才能与其他基本规律相一致,才能成为名副其实的逻辑的基本规律。

三、违反充足理由律常犯的逻辑错误

(一)毫无理由

"毫无理由"即武断,或无根据地瞎说。

例如:一个小偷,偷了他人一部手机,不久被公安人员抓获。当公安人员问他为什么偷别人手机时,小偷回答道:"别人都有手机,而我没有手机,所以就偷了"。这个回答是"真实"的,但小偷给出的偷手机的理由却是不成立的,因为这不能成为其偷他人手机的理由。通过盗窃手段把他人财物据为己有,不能被社会道德和法律所允许。"我想要什么,他人或者社会就得给予我什么,否则我就去偷",是毫无理由的诡辩,是典型的"强盗逻辑"。

(二)虚假理由

"虚假理由"是有理由,但理由不真实。

例如:

(1)有人为了论证"海马属于鱼类"这一论点,理由是:"因为海马生活在水中,而生活在水中的动物都属于鱼类",其中"海马生活在水中"虽然是真的,但"生活在水中的动物都属于鱼类"则是虚假的。因为水生动物除鱼类外,还有海牛、海狮、海豚、海象、海獭、海狗等哺乳动物,海龟等爬行动物,海蜇、海葵等刺胞动物……。既然有许多水生动物不是鱼类,那么说"生活在水中的动物都属于鱼类"就不能成立了。

(2)物理学中的"热寂说"的根据是:在宇宙发展过程中,各种运动形式都转化为热运动,而热量不断从高温处转向低温处,最终导致整个宇宙的温度到处都均衡一致。例中"热寂说"提出的理由是虚假的,现代科学表明,今天宇宙各部分的温度,仍然千差万别,而不是到处一致。

(三)推不出来

有时,孤立地看理由是真实的,但它同推断没有必然逻辑联系,从理由推不出推断。

例如:

(1)铁是金属,因为,铁是固体,而有些金属是固体。例中的理由和推断都是真实的,但从其理由却不能必然推出推断,犯了"推不出来"的逻辑错误。

(2)有人说,"因为他书读得太多了,所以思想复杂,进步也就慢了"。读书多,思想复杂怎么会影响进步呢!难道书读得很少,甚至不读书,思想简单,进步才快!所以无法从读书多推出进步慢的结论。

四、充足理由律的作用

充足理由律的主要作用在于保证思维的论证性。人们说话、写文章、著书立说,只有具有论证性,才能立得住,才能具有真正的说服力,使人心悦诚服。违反充足理由律的要求,不能为自己的论断提供充足的理由,思想就缺乏论证性,甚至会出现"信口雌黄""蛮不讲理"的情况。

充足理由律是论证与反驳的逻辑基础。符合还是违背充足理由律,是决定论证与反驳正确与否的重要标准。没有充足理由律,就很难说清楚论证与反驳所必须遵守的规则。

充足理由律主要是有关论证的逻辑规律。但是,由于论证是一个复杂的思维过程,其中要运用概念、判断和推理,如果违背了充足理由律的逻辑要求,也会影响对判断和推理的正确运用。从这个意义上讲,充足理由律与各种逻辑形式都有某种联系。

充足理由律是有重要作用的。但是,在一个论证中,理由究竟是真是假,仅仅依靠充足理由律是无法断定的,这样的问题归根到底只能由实践来解决。另外,要确定一个判断为真,究竟需要从哪方面提出理由,选择哪些事实,引出什么科学定律、原理,等等,这些都与各门具体科学知识有关,充足理由律本身也是不能解决的。

第六节 逻辑基本规律在实际思维中的应用

一、逻辑基本规律在论证和表达思想中的应用

从实际运用的角度来看,逻辑思维的过程本质上是一个论证思想和表达思想的过程。这是因为,思维活动总是借助于推理来进行的。而推理的过程实际上也就是一个论证过程,推理的结论就是推理者想要得出,抑或是想要证明的命题,而推理的前提就是推理者用来证明其结论真实性的根据,即论据。正因为如此,逻辑基本规律在逻辑思维过程中的应用,主要是通过在论证思想并把这种思想表达出来的过程中体现出来的。归结起来,主要表现在以下几个方面。

1. 论证思想和表达思想通过将词项组成命题,将命题组成推理来进行的。因此,逻辑基本规律在论证表达思想中的应用,首先表现在它在词项、命题、推理中的应用,主要是在推理形式中的应用。为此,在使用任何一个词项时,都必须遵循同一律的逻辑要求,保持所使

用的词项的确定性,具体一点说,必须遵循同一律的逻辑要求,保持所使用的词项的确定性。具体来说,必须使所运用的词项在确定的语言环境下表达确定的概念,并使所表达的概念与其反映的对象之间保持确定的一一对应的关系;不得在确定的语言环境下使用同一词项而表达不同的概念,并使概念不保持同其反映对象之间的一一对应关系。在使用任何一个命题时,不仅要遵守同一律的逻辑要求、保持命题的确定与统一,而且还必须遵循矛盾律与排中律的逻辑要求,对同一个命题不能既肯定其为真,又否定其为真(即肯定其为假),从而使自己陷入自相矛盾的境地;也不能对同一命题既不肯定其为真,又不肯定其为假,即既不否定该命题,又不肯定该命题,从而陷入模棱两可的境地。在使用任何一个推理时,既要保持其中所有词项的确定与统一,又要保持其中所有命题的确定与统一;同时,还要保持命题之间的一致性(不自相矛盾)、明确性(不模棱两可)。只要在论证和表达思想的过程中,对所使用的词项的命题和推理,都能自觉地、严格地运用逻辑基本规律来加以检验和规范;那么,思想的论证和表达就一定是清晰的,有逻辑力量的。

2. 逻辑基本规律在论证和表达思想中应用的另一个重要方面,在于逻辑论证(包括证明与反驳)的一系列主要规则,都直接或间接地表现着逻辑基本规律的要求,是逻辑基本规律在论证中的具体化。因此,重视逻辑基本规律在论证和表达思想中的应用,就要在论证和表达思想的过程中,自觉地遵守论证的各种规则,也就是要按照论证的规则来建构自己的每一个论证,从而使自己对正确命题的证明和对错误命题的反驳,以及关于这些证明和反驳的表述,都是符合逻辑基本规律的要求,因而也就是确定的、明确的、不包含自相矛盾的。如此论证和表达的思想,自然也就有说服力,且有强烈的逻辑力量。

二、逻辑基本规律在解析有关逻辑智力问题中的应用

在一些有关逻辑学教材的练习题中,或者在一些检验应试者的智力,特别是逻辑思维能力而编制的试题中,常常可以见到相当数量的需要综合运用有关逻辑知识才能予以准确解答的逻辑智力问题。这些关于智力问题中有相当一部分是需要综合应用逻辑基本规律的知识,才能予以迅速、准确的回答。

例如《趣味逻辑学》一书中有这样一道题:

有一天,某国首都的一家珠宝店,被盗走一块价值五千美元的钻石。经过三个月的侦破,查明作案的人肯定是甲、乙、丙、丁这四个人中的某一人。于是,这四个人被作为重大犯罪嫌疑人而拘捕入狱。在审讯中,这四个人的口供如下:

甲:钻石被窃的那一天,我正在别的城市,所以,我是不可能去作案的。

乙:丁就是罪犯。

丙:乙是盗窃这块钻石的罪犯。三天前,我看见他在黑市上卖一块钻石。

丁:乙同我有私仇,有意诬陷我。

因为口供不一,暂时不能破案。

现在,假定这四个人中只有一个人说真话,请问:罪犯是谁? 再假定这四个人有一个人说假话,请问:罪犯又是谁?

要回答上述问题,当然可以通过依次假定甲、乙、丙、丁四人中一人说真话,而其余三人说假话(就前一问而言)或依次假定四人中一人说假话,而其余三人说真话(就后一问题而言)来求解本题。当某一假定成立(即假定其中某一人说真话或假话,而与整个题设的条件相一致,即不出现矛盾)时,该题就可得解。但这样一个个去假设,不仅花费时间,也常常容

易搞错。如果运用逻辑基本规律的知识去求解,就简便多了。比如,根据上述题目所提供的条件(题设),就可把甲、乙、丙、丁四人的口供,分别表述为如下四个命题:

(1)甲:我不是罪犯。

(2)乙:丁是罪犯。

(3)丙:乙是罪犯。

(4)丁:我不是罪犯。

在这里,(2)与(4)是互相矛盾的两个判断。

这样,根据排中律,两个矛盾的判断,不能同假,其中必有一真。又因为根据第一个假定,四个人中只有一个人说真话,因此,说真话的或者是乙,或者是丁。甲和丙说的必是假话。丙说假话,只能证明乙不是罪犯,而甲说假话,则正好表明他是这个案子里的罪犯。

其次,根据矛盾律:两个互相矛盾的判断,不能同真,其中必有一假。所以,在乙和丁两人中必有一人说假话。又因为根据第二个假定,四个人中只有一个人说假话,所以甲和丙必说真话。甲说真话,证明他不是罪犯;而丙说真话,则证明乙就是这个案子里的罪犯。

由此可见,应用逻辑基本规律的知识和原理来求解关于这类智力问题的步骤主要有:首先,分析题设条件,将其简化为相应的命题;其次,分析和确定其中具有矛盾关系的命题;再次,再按题设的另外条件:如假定仅一人说真话(或说假话)时,则讲真(或假)话者为分别提出具有矛盾关系的两个命题的人中的一人(具体为两人中的何人,可以先不考虑),由此即可判定其余的人所提出的命题为假(或真)。最后,判定其余的人提出的命题为假(或真)后,则可按其命题所断定的内容而使题目得解。当然,为了保证得出的答案准确无误,还可以将答案再返回到题设的诸条件中去验证,看其是否与题设完全一致。如完全一致,则答案确凿无疑;如出现不一致,则答案可能有误,就需再按上述步骤去复盘推理过程并寻找在哪一个环节上出了问题,以求获得正确答案。

很明显,像上述这样运用逻辑基本规律的知识来求解这类智力问题,无疑简单易行而又能做到准确无误。

复习思考题

1. 什么是普通逻辑的基本规律?

2. 同一律的内容和要求是什么? 违反同一律的逻辑错误是什么?

3. 矛盾律的内容和要求是什么? 违反不矛盾律的逻辑错误是什么?

4. 排中律的内容和要求是什么? 违反排中律的逻辑错误是什么?

5. 矛盾律和排中律有何区别?

第六章　演绎推理（上）

人们形成判断以后，并不停留于已有的判断，往往要运用判断进行推理。推理是普通逻辑学的核心内容。要学好普通逻辑学，必须了解、掌握它的推理理论。本章首先介绍推理概念，然后介绍由简单判断构成的演绎推理。

第一节　推理的概述

一、推理定义

推理是由一个或一些已知判断得出一个新判断的思维形式。如：

例 1：一切文学创作都需要形象思维。

　　　写小说是文学创作，

　　　所以，写小说需要形象思维。

例 2：如果王老师是合格的人民教师，那么他就一定爱护学生。

　　　王老师是合格的人民教师，

　　　所以，王老师是爱护学生的。

例 3：摩擦冻僵的双手，手便暖和起来（产生热），

　　　敲击冰冷的石块，石块能发出火光（产生热），

　　　锤子不断锤击铁块，铁块也可以热到发红（产生热）。

　　　双手摩擦、敲击石块、锤击铁块都是一种运动方式，

　　　所以，运动能够产生热。

以上三例都是推理，"所以"后面的判断，是由"所以"前面的已知判断得出来的新判断。

推理所根据的判断，叫作前提；由前提得出的判断，叫作结论。判断有形式结构，由判断构成的推理也有形式结构。前面所举的例 1、例 2 和例 3 是三个具体的推理，它们的前提和结论都是具体判断。如果把这三个具体推理的内容抽去，就可以分别得到下面三个推理形式结构：

推理形式结构（例 1）：

所有 M 都是 P，

S 是 M，

所以，S 是 P。

推理形式结构（例 2）：

如果 p，那么 q，

p，

所以 q。

推理形式结构（例 3）：

S1 是 P，

S2 是 P，

S3 是 P。

S1、S2、S3 是 S，

所以，所有 S 都是 P。

在推理形式结构例 1 中，用了"M""P""S"这三个概念变项，分别地代替了原来例 1中的三个具体概念；在推理形式结构例 2 中，用了"p""q"这两个判断变项，分别地代替了原来例 2 中的两个具体判断；在推理形式结构例 3 中，用了"S1""S2""S3""P""S"这些概念变项，分别地代替原来例 3 中的五个具体概念。不难看出，所谓推理形式结构，就是由概念变项或判断变项与逻辑常项所组成的有推断关系的一组判断形式结构。

二、推理的语言表达形式

正如概念、判断有其对应的语言形式一样，推理也有其对应的语言形式。推理由前提与结论构成，所以，它至少是由两个判断组成的判断系列；判断的语言形式是语句，推理所对应的语言形式是复句或句群。所谓复句、句群则是指至少是由两个单句组成的句子系列。

例 1：

在武松看来，景阳冈上的老虎，刺激它也是那样，不刺激它也是那样，总之是要吃人的。

这个总分复句表达了一个二难推理：

如果刺激它（景阳冈上的老虎），则它要吃人；

如果不刺激它（景阳冈上的老虎），则它也要吃人。

或者刺激它，或者不刺激它。

所以，它是要吃人的。

例 2：

要做这件事，第一是眼睛向下，不要只是昂首望天。没有眼睛向下的兴趣和决心，是一辈子也不会真正懂得中国的事物。

这个因果句子群表达了一个假言推理：

如果没有眼睛向下的兴趣和决心，则一辈子也不会真正懂得中国的事物。

要真正懂得中国的事物。

所以，要有眼睛向下的兴趣和决心。

在现代汉语里，推理的前提和结论之间常常用一些关联词语来联结。如"因为……所以……""由于……因此……""既然……就……"等。或者在前提上冠以"因为""由于""根据""基于"等语言标志，在结论上冠以"所以""因此""因而""于是""总之""这样一来""由此可见"等语言标志。

推理与复句、句群既有联系，也有区别。它们的区别主要体现在二者不是一一对应。一方面，有些复句、句群不表达推理。推理这种判断系列是由前提与结论组成的判断系列，而非任意组合的判断系列。复句、句群中，凡是不表达前提与结论组合的判断系列，都不是表达推理的。如：

例3：

中国无产阶级的科学思想者能够和中国有进步性的资产阶级的唯物论者及自然科学家，建立反帝、反封建的统一战线；但是绝不能和任何反动的唯心论者建立统一战线。

例4：

1950 年 5 月 6 日，李四光从国外回到了北京。这年他六十岁。新的生活开始了。

例 3 是转折复句，例 4 是个并列复句，它们都不表达推理。

即使是表达推理的复句，也并非都是按推理前提与结论的逻辑顺序来表达的，而是常有打乱前提与结论顺序的情况。另外，复句、句群对推理的表达，往往是采用省略的形式，或是省略某些前提，或者是省略结论。

三、推理的逻辑性

推理的逻辑性问题是关于推理的前提与结论之间的关系的问题。推理有演绎推理和非演绎推理两大类，而这两种推理的逻辑性问题是不同的，下面分别加以说明。

对于演绎推理来说，如果它的前提真而结论假是不可能的，那么其推理与形式结构就是正确的，推理就是有效的；如果它的前提真而结论假是可能的，那么其推理形式结论就是不正确的，推理就是非有效的。这就是说，演绎推理的逻辑性，就是指推理形式结构正确（或有效），它能保证从真的前提得出真的结论。例如本节开头所举三例中的例（1）、例（2）两个演绎推理是有逻辑性的推理，因为它们所具有的推理形式结构，不论代入的具体内容是什么，当且仅当前提真，结论必然真，即前提真而结论假是不可能的。再如下面两个演绎推理：

（1）金属都是导电的。

铜是导电的；

所以，铜是金属。

（2）金属都是导电的。

水是导电的；

所以，水是金属。

这两个推理具有相同的推理形式结构，刻画为：

PAM

SAM

SAP

这两个推理的前提都真，而前一个推理得出的结论真，后一个推理得出的结论假。这就表明，这种推理形式结构不能确保由真前提必然地得出真结论，因而这种推理形式结构是不正确的（或非有效的），这两个推理缺乏逻辑性。

这里，必须注意的是，"有逻辑性的推理"和"能够推出真实结论的推理"这两者是不同的。如前所述，推理形式结构正确的推理是有逻辑性的推理。而一个推理要推出真实的结论，必须具备两个基本条件：第一，前提必须真实；第二，推理形式结构必须正确。满足了这两个条件，那么推理所得出的结论就一定是真实的。形式逻辑对于演绎推理，提供的只是推理形式结构是否正确（或有效）的原理和规则，所提供的规则制约着前提与结论的形式推导关系，只能保证推导过程或推理形式结构的正确性，不能保证前提的真实性。前提的真实性，从根本上说，是属于实践问题，从具体内容来说，是属于各门具体科学的任务。形式逻辑既不能代替社会实践，也不能代替各门具体科学。在学习形式逻辑的演绎推理时，所掌握和运用的只是各种推理形式结构及其规则,对于能够推出真实结论的推理来说,只是必要条件,而不是充分条件。

对于非演绎推理的归纳推理和类比推理来说,它们的逻辑性问题则有其特殊性。它们的前提对于结论的关系是支持度的问题,即前提的真在多大程度上保证结论的真。"前提对结论的支持度"这一概念,显然是可以作量化处理的。一个非演绎推理前提对结论的支持度是100%,是指如果前提是真的,则结论不一定是真的或完全是真的,显然,这不是仅凭推理形式结构就能判定的,而是还要凭借其他一些条件或因素。例如,本节开头所举三例中的例(3)这个推理,它属于归纳推理,由于它的前提真,仅凭其推理形式结构不能确保它的结论真。如果要提高其前提对结论的支持度,还必须对前提的数量、考察的范围等方面有一定的要求。为提高非演绎推理前提对结论的支持度的种种要求,统称为逻辑要求。逻辑要求也是非演绎推理由前提导出结论的必要条件。

四、推理的分类

推理可以根据不同的划分标准进行不同的分类,比较常见的分类方法有以下几种。

1. 根据从前提到结论推导的不同,把推理分为演绎推理、归纳推理和类比推理　演绎推理是指从一般性知识的前提推出个别性的结论的推理;归纳推理是指从个别性知识的前提推出一般性知识的结论的推理;类比推理则是指从特殊性知识的前提推理出特殊性知识的结论的推理。

2. 根据推理的前提和结论之间是否有蕴含关系,把推理分为必然性推理和或然性推理　前提和结论之间有蕴含关系的推理叫必然性推理;前提和结论之间没有蕴含关系的推理叫或然性推理。

3. 根据推理中前提的数目是一个还是两个或两个以上,把推理分为直接推理和间接推理　直接推理就是指以一个判断作为前提的推理;间接推理就是指以两个或两个以上判断作为前提的推理。

本书根据前提与结论之间是否存在蕴含关系(即必然联系),把推理分为演绎推理(必然性推理)和非演绎推理(或然性推理)两大类。凡是前提蕴含结论的推理,都叫作演绎推理。演绎推理包括性质判断的直接推理、直言三段论、关系推理、模态推理等。凡是前提不蕴含结论的推理,都叫作非演绎推理。非演绎推理包括归纳推理和类比推理。

第二节　直　接　推　理

直接推理是由一个已知判断为前提而得出结论的推理。直接推理的前提和结论具有蕴含关系,在推理形式合乎逻辑规则的条件下,断定其前提为真时,必然断定其结论为真。通过直接推理,可以把前提中隐含的知识在结论中明确展示出来,从而给人们提供一定程度的新知识。

直接推理分为许多种,这里只介绍性质判断直接推理的两种形式:一种是性质判断变形的直接推理,一种是 A、E、I、O 对当直接推理。

一、性质判断变形的直接推理

性质判断变形的直接推理就是通过改变原判断的质,或者改变原判断主项与谓项的位置,或者既改变原判断的质,同时又改变原判断主项与谓项的位置,从而得出结论的直接推理。对这种直接推理,以下将依次介绍换质法、换位法、换质位法和换位质法四种。

（一）换质法

换质法就是通过改变原判断的质而得出结论的直接推理。例如,从"凡正确思想都是从实践中来的",推出"凡正确思想都不是不从实践中来的",这就是一个换质法推理,前提是肯定判断,推出的结论为否定判断。

正确应用换质法,必须遵守以下两种规则:①改变前提判断的质;②结论中的谓项是前提判断谓项的矛盾概念。

A、E、I、O 四种判断的换质情况如下:

（1）SAP→SEP

例如:凡事物都是运动变化发展的;所以,凡事物都不是不运动变化发展的。

（2）SEP→SAP̄

例如:所有机会主义者都不是老实人;所以,所有机会主义者都是非老实人。

（3）SIP→SOP̄

例如:我们小组有人是学英语的;所以,我们小组有人不是不学英语的。

（4）SOP→SIP̄

例如:有的国家不是社会主义国家;所以,有的国家是非社会主义国家。

换质法有其认识意义和表达意义。由于判断换质的根据是双重否定原理,所以,换质判断与原判断是等值判断。不仅如此,而且它所包含的内容也是相同的,不过是用不同的方式表达相同的思想罢了。因此,人们可以用换质法这种直接推理形式,从不同的角度揭示问题的本质。例如:"侵略战争不是正义战争,而是非正义战争。"

另外,换质法是把肯定判断变为否定判断,或把否定判断变为肯定判断,由于前后两个判断表达的侧重点不同,因而在语言上也就有轻重强弱的区别。人们运用换质法可以使语言表达婉转些,例如,一般不说"你是有缺点的",而说"你不是没有缺点的"。

（二）换位法

换位法就是通过改变原判断主项与谓项位置而得出结论的直接推理。例如,从"凡教师都是知识分子",推出"有些知识分子是教师",这是一个换位法推理,前提判断中的主项"教师"在结论中成为谓项,前提判断中的谓项"知识分子"在结论中成为主项。

应用换位法,必须遵守两条规则:

1. 变前提判断主项与谓项的位置,不得改变前提判断的质。

2. 前提中不周延的项,在结论中不得周延。

根据上述规则,A、E、I、O 四种判断并非都能进行换位,其中 A、E、I 三种判断能进行换位,其换位情况如下:

（1）SAP→PIS

例如:所有教师都是脑力劳动者;所以,有些脑力劳动者是教师。

（2）SEP→PES

例如:马克思主义者不是有神论者;所以,凡有神论者都不是马克思主义者。

（3）PIS→PIS

例如:有些物理学家是诗人;所以,有些诗人是物理学家。

从以上分析可以看出,全称肯定判断换位只能得出特称肯定判断的结论。这是因为,全称肯定判断的谓项不周延,换位后其谓项成了主项,根据换位法规则,前提中不周延的项换位后仍不得周延,所以,它只能得出特称肯定判断。这种换位法称为限制换位。全称否定判断和特称肯定判断是简单换位,因为全称否定判断的主项和谓项都周延,特称肯定判断的主项和谓项都不周延,简单换位后,它们的主项、谓项都没有从不周延变成周延的情况。

特称否定判断之所以不能换位,是因为特称否定判断的主项不周延,而谓项周延。又因为特称否定判断换位后仍是否定判断,如果把特称否定判断换位,那么原判断中不周延的主项在结论中作谓项,却变为周延了,这就违反了换位法的规则。例如,将"有的人不是懒汉"换位为"有的懒汉不是人",原判断的主项"人"不周延,经过换位,在结论中周延了,其结论就不是从前提必然地推出,这样的换位是不合逻辑的,其结论也是不可靠的。

换位法也有其认识意义。换位判断与原判断的主项不同,即二者所判定的对象不同,然而这却是同一事物的两个不同的方面,换位法就是从不同方面对同一事物的反映,这样可以加深认识,如"鲸鱼不是鱼,鱼不是鲸鱼"。

(三)换质位法

换质位法是换质法和换位法相继使用的直接推理,即先将原判断进行一次换质,然后将换质后得出的判断再换位,从而得出一个以原判断谓项的矛盾概念作为主项的新判断。换质位法既改变原判断的质,又改变原判断主、谓项的位置。换质位法本身没有特殊的规则,应用换质位法时必须分别遵守换质法和换位法的规则。

A、E、I、O 四种判断换质位(原判断→换质判断→换位判断)情况如下:

(1)SAP→SE$\overline{P}$→$\overline{p}$ES

例如:

SAP:凡犯罪行为都是危害社会的行为,

↓

SE$\overline{P}$:凡犯罪行为都不是不危害社会的行为,

↓

$\overline{p}$ES:凡不危害社会的行为都不是犯罪行为。

(2)SEP→SA$\overline{P}$→$\overline{p}$IS

例如:

SEP:所有机会主义者都不是马克思主义者,

↓

SA$\overline{P}$:所有机会主义者都是非马克思主义者,

↓

$\overline{p}$IS:有些非马克思主义者是机会主义者。

(3)SOP→SI$\overline{P}$→$\overline{P}$IS

例如:

SOP:有些青年不是共青团员,

↓

SI$\overline{P}$:有些青年是非共青团员,

↓

$\overline{P}$IS:有些非共青团员是青年。

特称肯定判断不能换质位。因为特称肯定判断换质后得到的是特称否定判断，而特称否定判断是不能换位的。这样，换质位过程不能进行下去，所以，特称肯定判断不能换质位。

换质位法可以连续进行，直到满足实际需要为止。

例如：

SAP→SE$\bar{\text{p}}$→$\bar{\text{p}}$ES→$\bar{\text{p}}$A$\bar{\text{S}}$→$\bar{\text{S}}$IP→$\bar{\text{S}}$OP。

SEP→SA$\bar{\text{P}}$→$\bar{\text{P}}$IS→$\bar{\text{P}}$O$\bar{\text{S}}$。

SOP→SI$\bar{\text{P}}$→$\bar{\text{P}}$O$\bar{\text{S}}$。

换质位法的认识意义在于，它不仅通过换质法使认识更加全面、更加明确，而且还通过换位法使认识更加深入。二者的结合，就会使对于对象的认识更加全面、更加深刻。

（四）换位质法

换位质法是换位法与换质法相继使用的直接推理，即先将原判断进行一次换位，然后将换位后得到的判断再换质。换位质法本身没有特殊的规则，应用换位质法分别遵守换位法和换质法的规则。

A、E、I、O四种判断换位质情况如下：

（1）SAP→PIS→PO$\bar{\text{S}}$

例如：

SAP：凡革命者都是相信群众的人，

↓

PIS：有些相信群众的人是革命者，

↓

PO$\bar{\text{S}}$：有些相信群众的人不是非革命者。

（2）SEP→PES→PA$\bar{\text{S}}$

例如：

SEP：凡草本植物都不是长年生长的植物，

↓

PES：有些不是长年生长的植物是草本植物，

↓

PA$\bar{\text{S}}$：长年生长的植物不都是草本植物。

（3）SIP→PIS→PO$\bar{\text{S}}$

例如：

SIP：有些水生动物是用鳃呼吸的动物，

↓

PIS：有些用鳃呼吸的动物是水生动物，

↓

PO$\bar{\text{S}}$：有些用鳃呼吸的动物不是非水生动物。

特称否定判断不能换位质。因为特称否定判断不能换位，这样，换位质这个过程不能进行下去。

换位质法也可以连续进行，直到满足实际需要为止。

例如:

SEP→PES→PAS̄→S̄IP→S̄OP̄。

这一推理过程连续进行了两次换位质。

二、根据对当关系的直接推理

在第三章判断(上)里,讲述了 A、E、I、O 四种判断之间的真假关系,这种关系称为对当关系。根据 A、E、I、O 四种判断之间的对当关系,可以作出直接推理。这类推理主要有以下几种:

1. SAP→SIP。

2. SAP→¬(S̄EP̄)。

3. SAP→¬(S̄OP̄)。

4. SEP→(SOP)。

5. SEP→¬(S̄AP̄)。

6. SEP→¬(S̄IP̄)。

7. SIP→¬(S̄EP̄)。

8. SOP→¬(S̄AP̄)。

例如:

所有哲学都是有阶级性的(SAP);所以,并非所有哲学都不是有阶级性的[¬(SEP)]。

又如:

有的天鹅不是白色的(SOP);所以,并非所有的天鹅都是白色的[¬(SAP)]。

其他几种这里就不一一列举了。

在第三章第二节性质判断的种类时提到,在传统逻辑里,通常把单称判断视为全称判断,然而单称肯定判断和单称否定判断之间的真假关系是矛盾关系,而全称肯定判断和全称否定判断之间的真假关系则是反对关系,也就是说,它们在真假关系上的性质是不同的。因此,在根据对当关系的直接推理中,由于根据不同,两者的推理也不完全相同。

第三节 三 段 论

一、三段论及其结构

三段论是由两个含有一个共同项的性质判断作前提得出一个新的性质判断为结论的演绎推理。

例如:

知识分子都是应该受到尊重的。

人民教师都是知识分子;

所以,人民教师都是应该受到尊重的。

这就是一个三段论。前面两个性质判断包含着一个共同项"知识分子",由这两个判断得出一个新的性质判断"人民教师都是应该受到尊重的"。由性质判断构成的三段论也称为直言三段论。

直言三段论都是由三个性质判断构成，两个是前提，一个是结论。如上例中"所以"前面的两个判断就是前提，它们是推出新判断的依据；在"所以"后面的那个判断就是结论，它是从前提中推出的判断。

三段论都包含着三个项，即大项、小项和中项。结论中的主项叫作小项，用"S"表示，如例中的"人民教师"；结论中的谓项叫作大项，用"P"表示，如"应该受到尊重"；两个前提中所共有的项叫作中项，用"M"表示，如"知识分子"。

在两个前提中，含有大项的前提叫作大前提，如"知识分子都是应该受到尊重的"；含有小项的前提叫小前提，如"人民教师都是知识分子"。

这样，前面所举的三段论其形式结构可表示为：

所有M是P，

所有S是M，

所以，所有S是P。

二、三段论的公理

一个正确的三段论的前提和结论之间具有蕴含关系，结论具有必然性。三段论之所以能够由两个前提得出必然性结论，这是由三段论公理决定的。

三段论的公理是：如果对一类事物的全部对象有所断定，那么对这类事物的部分对象也就有所断定。三段论的公理可以用下面的图 6-1 或图 6-2 表示。

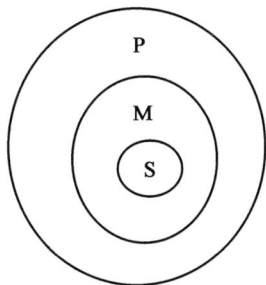
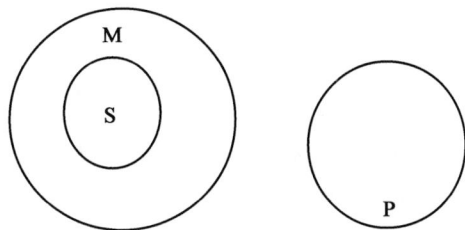

图 6-1   图 6-2

在图 6-1 中，M 类真包含于 P 类中，S 类真包含于 M 类中，因而 S 类也必然真包含于 P 类中。

在图 6-2 中，M 类和 P 类是相互排斥的，S 类真包含于 M 类中，因而 S 类也必然和 P 类相排斥。

三段论公理是类事物之间关系的客观反映，是人类从长期的实践中总结出来的，是不辩自明、无须证明的。三段论就是根据这条公理来进行推演的。以下面两个三段论为例：

例 1：

一切真理都是要发展的；

马克思主义是真理；

所以，马克思主义是要发展的。

例2：

凡唯心主义理论都不是科学的理论；

实用主义是唯心主义理论；

所以，实用主义不是科学的理论。

在例1中，大前提指出了"上层建筑"这一类都是为经济基础服务的，小前提指出了"教育"是"上层建筑"这类中的一部分，这样，根据三段论公理，便可推出"教育"这一类也是为经济基础服务的。在例2中，大前提指出了"唯心主义理论"这一类都不是科学的理论，小前提指出了"实用主义"是"唯心主义"这一类中的部分，这样，根据三段论的公理，便可推出"实用主义"这一类也不是科学的理论。

三、三段论的规则

一个正确的三段论，必须遵守以下几条规则：

（一）在一个三段论中，只能有三个不同的项

在三段论中，大项与小项的关系是通过与中项的关系来确定的。假如不是三个项而是两个项，则这两个项便因缺少作为中介的中项而使它们之间的关系不能确定；假如不是三个项而是四个项，则大项与一个项发生关系，小项与另一个项发生关系，这样大、小项也因缺少中项而使它们之间的关系不能确定。因此，在一个三段论中，只能有三个不同的项。三段论中如果出现四个项，就叫作"四项错误"，或叫作"四名词错误"。例如：

鲁迅的作品不是一两天能读完的；

《祝福》是鲁迅的作品；

所以，《祝福》不是一两天能读完的。

这是一个推理不正确的三段论。它的错误就在于有四个项，大、小项前提中"鲁迅的作品"这个语词表达的是两个不同的概念，前者是在集合意义上使用的，指鲁迅的全部作品，后者是在非集合意义上使用的，指鲁迅作品的某一部。所以，这个推理犯了"四项错误"。

（二）中项在前提中至少要周延一次

在三段论中，中项起到媒介作用，关系在于它是否能确定大项与小项之间的外延关系。如果中项在前提中有一次周延，那么中项的全部外延同大项或小项的外延就发生确定的联系，就有可能确定大项与小项之间的外延关系，进而才有可能使得三段论从前提得出必然的结论。如果中项在前提中一次也不周延，那么就有这样的可能：大项与小项分别与中项外延的不同部分发生关系，因而，它们之间的外延关系就不能确定，这样，三段论就不能必然得到一个确定的结论。

违反这条规则，就会产生"中项不周延"的逻辑错误，就不能从真前提必然地得到真结论。例如：

共青团员都是青年；

高中学生都是青年；

所以，高中学生都是共青团员。

在这个三段论中，中项"青年"在两个前提中都不周延，因此，小项"高中学生"与大项"共青团员"之间的关系便不能确定，也就不能必然地得出"高中学生都是共青团员"这一结论。

这个三段论的推理形式结构为：

PAM

SAM

所以，SAP

用欧拉图解法分析这个推理形式结构，也可以清楚看到中项M是可以因其不周延而不能确定小项（S）与大项（P）之间的外延关系的：

PAM 真的欧拉图如图 6-3、图 6-4 所示：

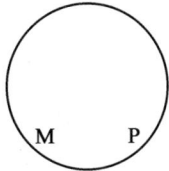

图 6-3

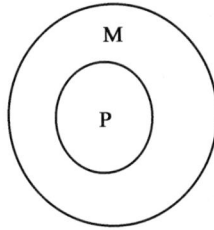

图 6-4

SAM 真的欧拉图如图 6-5、图 6-6 所示：

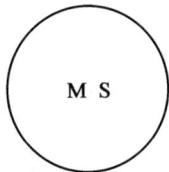

图 6-5

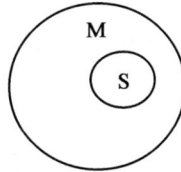

图 6-6

把 PAM 与 SAM 的欧拉图组合起来，便得到如下的图：

图 6-3 与图 6-5 结合，得到图 6-7。

图 6-3 与图 6-6 的结合，得到图 6-8。

图 6-4 与图 6-5 组合，得到图 6-9。

图 6-7

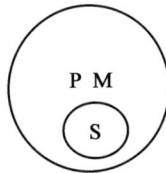

图 6-8

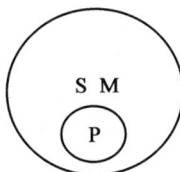

图 6-9

图 6-4 与图 6-6 组合，得到图 6-10～图 6-14。

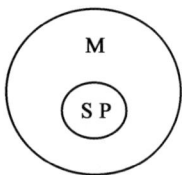

图 6-10

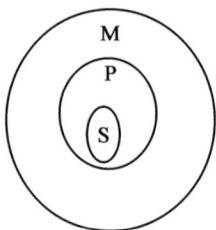

图 6-11

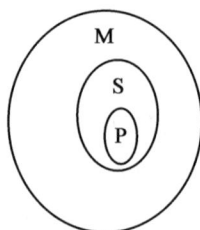

图 6-12

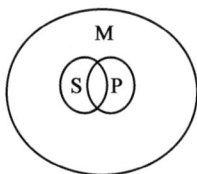

图 6-13

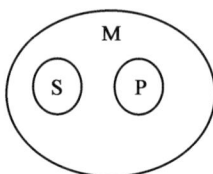

图 6-14

不难看出，经组合得到的图形，S 与 P 之间的外延关系不是确定的，并非都必然构成 SAP。

（三）在前提中不周延的项，在结论中也不得周延

在三段论中，大项或小项在前提中不周延，这就是说，在前提中并没有断定它们的全部外延。如果大项或小项在结论中周延，那就是在结论中断定了它们的全部外延。很显然，根据演绎推理的特征，由对大项或小项部分外延的断定是推不出对它们的全部外延的断定的。因此，在前提中不周延的项，在结论中也不得周延。

违反这条规则，就会产生"大项不当周延"或"小项不当周延"的逻辑错误，就不能从真前提必然得出真结论。

所谓"大项不当周延"（或"大项扩大"）就是大项在前提中不周延而在结论中周延。例如：

凡小说都是文学作品。

诗歌不是小说，

所以，诗歌不是文学作品。

在这个推理中，由于大项"文学作品"在前提中不周延，而在结论中周延了，所以犯了"大项不当周延"的逻辑错误。

所谓"小项不当周延"（或"小项扩大"）就是小项在前提中不周延而在结论中周延。例如：

中国是社会主义国家；

中国是发展中的国家；

所以，所有发展中的国家都是社会主义国家。

在这个推理中，由于小项"发展中的国家"在前提中不周延，而在结论中周延了，所以，犯了"小项不当周延"的逻辑错误。

（四）从两个否定的前提得不出结论

如果三段论的两个前提都是否定的，那么，在前提中被断定的大项、小项的外延都与中项的外延相排斥。在这种情况下，中项就在大项和小项之间起不到媒介作用，而没有中项的媒介作用，大、小项之间的外延关系就难以确定，因此，也就不能必然得出结论。

假定三段论的两个否定的前提都是 E 判断，那么无论中项 M 在前提中作主项还是作谓项，两个前提判断就可以表示为图 6-15、图 6-16：

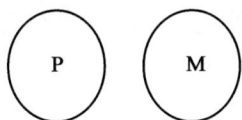

图 6-15

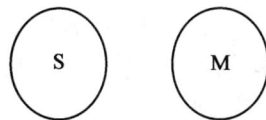

图 6-16

把图 6-15 与图 6-16 组合起来，就得到图 6-17~ 图 6-21。

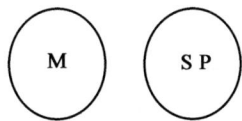

图 6-17

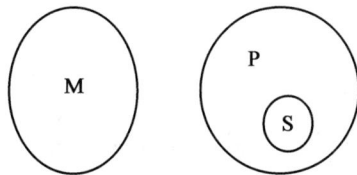

图 6-18

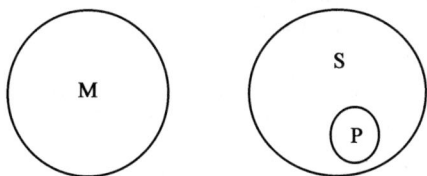

图 6-19

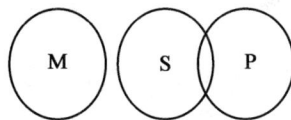

图 6-20

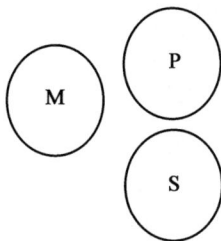

图 6-21

这就表明，大项（P）与小项（S）之间的外延关系不能通过中项（M）来确定，因而得不到必然结论。

从具体例子也可以看出两个否定判断作前提得不出必然结论。例如：

教育学不是法学；

语言学不是教育学；

……

用这两个否定判断作前提,得不出必然结论。

两个否定的前提还有 EO、OE、OO 三种组合,它们也得不出必然结论,读者可自行用欧拉图进行分析。

（五）如果有一个前提是否定,则结论是否定;如果结论是否定,则前提也必有一个是否定

如果两个前提有一个是否定的,则另一个前提必然是肯定的,因为两个否定前提得不出结论。这样,在肯定判断中被断定的大项（或小项）就有外延与中项的外延相重合,在否定判断中被断定的小项（或大项）就有外延与中项的外延相排斥。于是,大项与小项之间的外延,必然有相互排斥的情况。所以,得出的结论必然是否定的。

假定大前提为 MEP,小前提为 SAM,而 SEP 就是其必然的结论。用欧拉图分析如下:
MEP 的欧拉图为图 6-22。

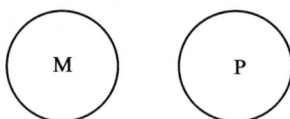

图 6-22

SAM 的欧拉图为图 6-23、图 6-24。

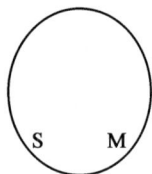

图 6-23

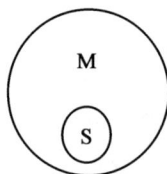

图 6-24

图 6-22 与图 6-23 组合,得到图 6-25。

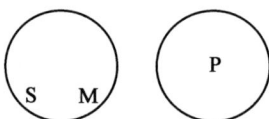

图 6-25

图 6-22 与图 6-24 组合,得到图 6-26。

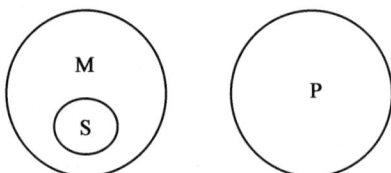

图 6-26

显然,S 与 P 只能是全异关系。这就说明,前提有一个是否定的,结论必然是否定的。

如果结论否定,前提不可能都是否定的,因为从两个否定前提得不出结论。同时,两个前提也不可能都是肯定判断。这是因为,如果结论是否定的,则大项、小项一定有一个和中项结合,有一个和中项排斥,大项或小项同中项排斥的那个前提就是否定的。故结论否定,必有一前提否定。

以上五条规则是三段论的基本规则,以下三条规则是由这五条规则引申出来的。

（六）从两个特称前提不能必然得出结论

（七）如果有一个前提是特称的,则只能得出特称的结论

（八）如果大前提是特称的,小前提是否定的,不能必然得出结论

由于这三条规则是从前面几条规则推导出来的,所以此处不再赘述。

四、三段论的格与式

（一）三段论的格

三段论的格就是由中项在前提中不同的位置所构成的三段论形式。中项在前提中有而且只有四种不同的位置,因此,三段论有四个格。

1. 第一格 中项在大前提中是主项,在小前提中是谓项。其结构如图 6-27。

例如:

经济规律是客观规律;

社会主义按劳分配的规律是经济规律;

所以,社会主义按劳分配的规律是客观规律。

2. 第二格 中项在大、小项前提中都是谓项。其结构如图 6-28。

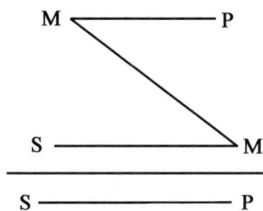

图 6-27

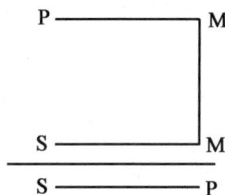

图 6-28

例如:

凡活着入火被烧死的人都是在鼻腔中灌有烟灰的;

该死者不是在鼻腔中灌有烟灰的;

所以,该死者不是活着时入火被烧死的。

3. 第三格 中项在大、小项前提都是主项。其结构如图 6-29。

例如:

玻璃不是金属;

玻璃是有光泽的;

所以,有些有光泽的不是金属。

4. 第四格 中项在大前提中是谓项,在小前提中是主项。其结构如图 6-30。

例如:

有些水生动物是海豚;

海豚是哺乳动物;

所以,有些哺乳动物是水生动物。

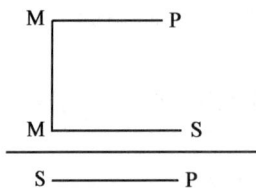

图 6-29

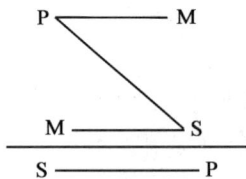

图 6-30

　　由于中项在前提中的位置不同，使不同"格"的三段论对其前提及前提中各个项有不同的逻辑要求。因此，根据前面讲的三段论的一般规则，可以引申出各个格的特殊规则。

　　第一格的特殊规则是：

　　（1）小前提必须是肯定的。如果小前提否定，则大前提必肯定，因为两个否定前提不能得出结论规则——"三段论的规则（四）"。大前提肯定，则大前提中的谓项不周延，而大前提中的谓项在此格中是大项，因此，大项在大前提中不周延。如果小前提否定，则结论必否定规则——"三段论的规则（五）"。而结论否定，则结论中的谓项即大项必周延。这样，大项在前提中不周延，而在结论中周延，就犯了"大项不当周延"的错误。这种错误是由于小前提否定造成的，所以，小前提必须肯定。

　　（2）大前提必须是全称判断。已知小前提必须肯定，则小前提中的谓项不周延，小前提中的谓项在此格中是中项，亦即中项在小前提中不周延。但中项在两个前提中至少要周延一次——"三段论的规则（二）"，所以中项在大前提中必须周延，而中项在此格的大前提中是主项，所以，大前提必须是全称判断。

　　第二格的特殊规则是：

　　（1）两个前提中必有一个是否定判断。

　　（2）大前提必须是全称判断。

　　第三格的特殊规则是：

　　（1）小前提必须是肯定判断。

　　（2）结论必须是特称判断。

　　第四格的特殊规则是：

　　（1）如果两个前提中有一个是否定判断，则大前提必须是全称判断。

　　（2）如果大前提是肯定判断，则小前提必须是全称判断。

　　（3）如果小前提是肯定判断，则结论必须是特称判断。

　　（4）任何一个前提都不能是特称否定判断。

　　（5）结论不能是全称肯定判断。

　　三段论的各个格，由于其结构不同、特征不同，因而在实际思维过程中便各有不同的作用。第一格在大前提中指出了关于一类事物的情况，在小前提中把某些事物归到这一类之中，因而得出关于某些事物情况的结论。这一格最明显、最自然地表明了三段论的演绎推理的逻辑性质，因此，这一格被称为典型格。第一格的结论可以是 A、E、I、O 四种性质判断中的任何一种，所以，它又称为完全格。第二格的结论是否定的，因此第二格常被用来指出事物之间的区别，说明一个事物不属于某一类，被称为区别格。第三格只能得出特称的结论，因此常用来反驳全称的判断，被称为反驳格。第四格没有什么特殊的用途。

（二）三段论的式

三段论的式就是 A、E、I、O 四种判断在前提和结论中的各种组合形式。例如,大、小前提以及结论都为 A 判断时,就叫作三段论的 AAA 式。其他还有 AEE 式、EAO 式等。

在三段论中,A、E、I、O 四种判断,都可以充当大前提、小前提和结论。也就是说,每一个格中,大前提、小前提和结论的组合方式各有 4 种可能,通过排列组合的方式,每个格中可以形成的式有 4×4×4=64 个式。如果再把每一个式运用到四个格中,那就共有 64×4=256 个式。

但是,在 64 个式中,并非都是有效式,其中绝大多数和三段论的规则相矛盾。根据三段论规则,把非有效式去掉以后,符合三段论规则,可以推出必然结论的仅仅有 11 个式,这 11 个正确式是: AAA、AAI、AEE、AEO、AII、AOO、EAE、EAO、EIO、IAI、OAO。

把这 11 个式按照各格的特征和规则分配到四个格中,共有 24 个式:

第一格	第二格	第三格	第四格
AAA	AEE	AAI	AAI
AII	EAE	AII	AEE
EAE	EIO	EAO	EAO
EIO	AOO	EIO	EIO
（AAI）	（AEO）	IAI	IAI
（EAO）	（EAO）	OAO	（AEO）

以上每个格都有 6 个有效式,其中第一、二、四格括号内的 5 个式叫作弱式。弱式就是能得出全称结论而却得出特称结论的式,如第一格中 AAI 式,小前提是全称的,小项在前提中周延,但在结论中不周延,得出的结论是特称的,这就是弱式。弱式本身虽然没有错,但就推理而言,它没有把应推出的东西全部显示出来。把各格中的弱式去掉之后,共有 19 个正确式。

五、三段论的省略式

三段论是由三个性质判断组成的,但在人们的言语活动中,往往并不将大前提、小前提和结论统统说(写)出来,而是省略其中某一部分,这就是逻辑上称作的省略三段论,或者叫作三段论的省略式。

省略三段论有三种形式:

省略大前提:当大前提是众所周知的一般原理时,往往被省略掉。例如:"我们的事业是正义的事业,所以,我们的事业是一定要胜利的。"在这里,被省略的大前提是:"所有正义的事业是一定要胜利的"。

省略小前提:当小前提所表示的事物情况是不言而喻时,往往也省略掉。例如:"凡金属都导电,所以,铁导电。"这里,省略的小前提是"铁是金属"。

省略结论:当结论十分明显时,往往也被省略掉。例如:"我们是大学生,而大学生是应当讲文明的。"显然这里省略的结论是"我们是应当讲文明的"。

在思想交际活动中,正确而熟练地运用省略三段论,有助于简洁地表达思想,同时也是思维敏捷的表现。不过,由于三段论式有所省略,如果误用了这种形式,就不容易发现其中的逻辑错误。这时,如果将其省略掉的部分补充起来,即把省略三段论式恢复为完整的三段论式,就可以根据三段论的一般规则或各格的特殊规则,辨别出其中的逻辑错误。例如,有人说:"我又不是共产党员,干吗那么积极工作。"这句话表达的就是一个省略了大前提"所有共产党员都是要积极工作的"的三段论。这句话听起来似乎有理,但却是似是而非的。如果将其省略的大前提补充起来,恢复为完整的三段论,就是:

所有共产党员都是要积极工作的。

我不是共产党员;

所以,我不需要积极工作。

虽然,这个推理是不合乎逻辑的,犯了"大项不当周延"的逻辑错误。从三段论格的角度来分析,违反了第一格"小前提必须肯定"的规则。

省略三段论式恢复为完整的三段论式,可按下面的步骤进行:

首先,确定省略的部分是前提还是结论。三段论前提与结论之间,一般有"所以"一类表示推断关系的语词标志,"所以"前面的判断是前提,"所以"后面的判断是结论。如果没有"所以"之类的语言标志,则可以根据具体的语境加以确定。

其次,补足被省略的部分。如果省略的是结论,则可根据三段论规则推出结论。如果省略的是前提,则要根据结论和未被省略的前提的具体情况,进一步断定省略的是大前提还是小前提。如果未被省略的前提中含有小项,则被省略的就是大前提,可以把结论中的大项与前提中的中项构成判断作大前提;如果未被省略的前提中含有大项,则被省略的就是小前提;可以把结论中的小项和前提中的中项构成判断作小前提。

再次,判定推理形式是否符合推理规则。如果符合推理规则,就说明原省略三段论是正确的。否则,就是不正确的。

第四节 关系推理

关系推理就是前提中至少有一个是关系判断的推理,它是根据关系的逻辑性质进行推演的。关系推理一般分为纯关系推理和混合关系推理两类。

一、纯关系推理

所谓纯关系推理,就是前提和结论都是关系判断的推理。它包括以下四种。

(一)对称关系推理

对称关系推理:就是根据对称关系进行推演的关系推理。例如:

中国与俄罗斯相邻;

所以,俄罗斯与中国相邻。

在这里,"相邻"是对称关系,结论是根据这种对称关系的性质推出来的。如以 R 表示对称关系,这种推理的公式表示为:

aRb;

所以,bRa。

(二)反对称关系推理

反对称关系推理:就是根据反对称关系进行推理的关系推理。例如:

柏拉图早于亚里士多德;

所以,亚里士多德不早于柏拉图。

在这里，"早于"是反对称关系,结论是根据这种反对称关系的性质推出来的。如以 R 表示反对称关系,这种推理的公式表示为:

aRb;

所以,b$\overline{R}$a（"－"表示"非"）。

（三）传递关系推理

传递关系推理:就是根据传递关系进行推演的关系推理。例如:

辽沈战役早于平津战役;

平津战役早于淮海战役;

所以,辽沈战役早于淮海战役。

在这里,"早于"是传递关系,结论是根据这种传递关系的性质推出来的。如以 R 表示传递关系,这种推理的公式表示为:

aRb;

bRc;

所以,aRc。

（四）反传递关系推理

反传递关系推理:就是根据反传递关系进行推演的关系推理。例如:

老李是大李的父亲;

大李是小李的父亲;

所以,老李不是小李的父亲。

在这里,"是……父亲"是反传递关系,结论是根据这种反传递关系的性质推出来的。如以 R 表示反传递关系,这种推理的公式表示为:

aRb;

bRc;

所以,a$\overline{R}$c。

二、混合关系推理

所谓混合关系推理,就是第一个前提是关系判断,第二个前提是性质判断,结论是关系判断的推理。例如:

所有甲班同学比所有乙班同学的成绩好;

所有 ×× 籍的同学都是甲班同学;

所以,所有 ×× 籍的同学比所有乙班同学的成绩好。

这就是一个混合关系推理。其形式结构是:

所有 a 与所有 b 有 R 关系;

所有 c 是 a;

所以,所有 c 与所有 b 有 R 关系。

可见,在混合关系中,有一个概念在两个前提中都出现,这个概念叫作媒介概念。同直言三段论相类似,混合关系推理又称关系三段论。混合关系推理有以下几条规则:

1. 媒介概念在两个前提中至少要周延一次。

2. 在前提中不周延的项,在结论中也不得周延。

3. 前提中的性质判断必须是肯定的。

4. 如果前提中的关系判断是肯定的,则结论中的关系判断必定是肯定的;如果前提中的关系判断是否定的,则结论中的关系判断必定是否定的。

5. 如果关系 R 不是对称的,则在前提中作为关系前项（或后项）的那个项,在结论中也必须相应地作为关系前项（或后项）。

凡是符合这 5 条规则的混合关系推理,都是正确的。违反其中任何 1 条规则的混合关系推理都是不正确的。例如:

（1）我们反对一切损坏公共财物的行为;

私自拆除公园里面完全破损、无法使用的桌椅不是损坏公共财物;

所以,我们不反对私自拆除公园里面完全破损、无法使用的桌椅。

（2）我们反对侵略战争。

一切侵略战争都是战争;

所以,我们反对一切战争。

这两个推理都是不正确的。例（1）违反了第 3 条规则,例（2）违反了第 2 条规则。

第五节　模 态 推 理

模态推理是根据模态判断的逻辑性质进行的推理,它的前提和结论是模态判断。模态推理可以分为许多不同的种类。这里只介绍对当模态推理和模态三段论两种。

一、对当模态推理

对当模态推理就是根据模态判断的对当关系进行的模态推理。在第三章判断（上）中,前文已经介绍过 4 种模态判断之间的对当关系,并用了逻辑方阵表示出来。根据表现在逻辑方阵中的 4 种模态判断之间的关系,便可构成一系列简单的模态推理。下面介绍常用的几种:

1. 必然 P→可能 P。

2. 必然 P→不必然非 P。

3. 必然 P→不可能非 P。

4. 必然非 P→可能非 P。

5. 必然非 P→不必然 P。

6. 必然非 P→不可能 P。

7. 可能 P→不必然非 P。

8. 可能非 P→不必然 P。

例如:

导致癌症的原因必然会搞清楚的（必然 P）;所以,导致癌症的原因可能会搞清楚的（可能 P）。

例如:

火星上可能没有生命存在（可能非 P）;所以,并非火星上必然有生命存在（不必然 P）。

二、模态三段论

模态三段论就是在三段论中引入模态词项而形成的推理。常见的模态三段论有三种形式。

（一）必然模态三段论

必然模态三段论就是在三段论中引入"必然"模态词项而形成的模态推理。以三段论第一格 AAA 式引入"必然"模态词项为例，其推理形式结构为：

所有 M 必然是 P；

所有 S 必然是 M。

所以，所有 S 必然是 P。

例如：

新生事物必然具有强大的生命力；

社会改革中出现的符合人民利益的事物必然是新生事物。

所以，社会改革中出现的符合人民利益的事业必然具有强大的生命力。

（二）可能模态三段论

可能模态三段论就是在三段论中引入"可能"模态词项而形成的模态推理。以三段论第一格 AAA 式引入"可能"模态词项为例，其推理形式结构为：

所有 M 可能是 P；

所有 S 可能是 M。

所以，所有 S 可能 P。

例如：

肺癌可能是由抽烟引起的；

这些人可能患有肺癌。

所以，这些人的肺癌可能是由抽烟引起的。

（三）混合模态三段论

混合模态三段论就是在三段论中引入"必然"和"可能"两种模态词项而形成的推理。其特点是：两个前提分别为必然模态判断和可能模态判断，而结论是可能模态判断。

例 1：

下大雨必然降温。

明天可能下大雨，

所以，明天可能降温。

其形式结构为：

所有 M 必然是 P。

所有 S 可能是 M，

所以，所有 S 可能是 P。

例 2：

经常咳嗽的人可能患有肺炎。

支气管炎患者必然是经常咳嗽的人，

所以，支气管炎患者可能有肺炎。

其形式结构为：

所有 M 可能是 P。

所有 S 必然是 M，

所以，所有 S 可能是 P。

一个正确的模态三段论，不仅要符合性质判断三段论的规则，还必须以模态判断间的逻辑关系为依据。

复习思考题

1. 什么是推理？什么是推理的逻辑性？

2. 性质判断变形的直接推理有哪几种？运用这些推理时应遵守哪些规则？

3. 根据对当关系进行的直接推理有哪几种？

4. 什么是三段论？它的结构是怎样的？一个有效的三段论应遵守哪些规则？

5. 什么是三段论的格和式？各格有哪些特殊规则？

6. 什么是三段论的省略式？有哪几种形式？

7. 什么是混合关系三段论？它应当遵守哪些规则？

8. 什么是模态推理？它分为哪几种？

第七章 演绎推理(下)

前一章讲了简单判断推理,本章介绍由复合判断构成的演绎推理。它主要有联言推理、选言推理、假言推理、二难推理和假言联言推理。

第一节 联 言 推 理

一、联言推理定义

所谓联言推理就是前提或结论为联言判断,并且根据联言判断的逻辑性质进行推演的复合推理。所谓联言判断的逻辑性质,指的是只有在所有联言肢都具有真值的情况下,这个联言判断才具有真值。这就是联言推理由它的前提能必然地推出结论的逻辑根据。

二、联言推理的逻辑结构

上述联言推理的定义告诉人们,联言推理的逻辑结构有两种形式:一种是前提为联言判断,结论是这个联言判断中的一个联言肢;另一种是前提为几个联言肢,结论是这几个联言肢组成的一个联言判断。

(一)联言推理的分解式

联言推理的分解式是由联言判断为真,推出一个肢判断为真的联言推理形式。这种推理只有两个判断,一个是作为前提的联言判断,另一个是作为结论的肢判断。其公式为:

p 并且 q;
所以,p。
用数理逻辑的符号表示则为:

$$(p \wedge q) \rightarrow p$$

例如:
工人、农民、知识分子是劳动者;
所以,知识分子是劳动者。

从联言判断的真值表可知,当一个联言判断真时,它所有的肢判断都是真的,因此,前提断定了一个联言判断真,就能推导出它若干肢判断真的结论。从对某事物的总体认识到突出强调其中某些方面,就要运用这种推理形式。

(二)联言推理的组合式

联言推理的组合式是由全部肢判断真推出联言判断真的联言推理形式。在这种推理形式中,结论是联言判断,前提是联言判断的全部肢判断。用公式表示为:

p;

q;

所以,p 并且 q。

也可以用以下符号式表示:

(p,q)→(p∧q)

例如:

诗歌是需要形象思维的;

小说是需要形象思维的;

戏剧是需要形象思维的;

散文是需要形象思维的;

所以,诗歌、小说、戏剧、散文都是需要形象思维的。

从联言判断的真值表可知,当所有的联言肢都真的时候,由这些联言肢所构成的联言判断也是真的。因此,前提断定了全部联言肢真,就能必然推导出由它们所构成的联言判断真的结论。从对某事物的若干方面的认识,到概括、综合成总体认识,就自然地要运用这种推理形式。

第二节 选 言 推 理

一、选言推理及其结构

选言推理是前提中有一个是选言判断,并且根据选言判断选言肢之间的逻辑性质而推出结论的推理。所谓选言判断选言肢之间的逻辑性质,指的是在同一个选言判断中的选言肢必须有一个是真的。这就是选言推理由它的前提能必然地推出结论的逻辑根据。

一般选言推理是由大前提、小前提和结论构成。选言推理的大前提大都由选言判断充当,小前提和结论可以由性质判断充当,也可以由联言判断充当。选言判断的选言肢可以有两个或两个以上。

二、选言推理的种类

根据选言判断中的选言肢是否可以同真,选言判断可以分为相容选言判断和不相容选言判断两类。选言推理也根据选言肢之间的这种关系而分为相容选言推理和不相容选言推理两种。

(一)相容选言推理

相容选言推理是大前提为相容选言判断,并且根据相容选言肢之间的逻辑性质进行推演的推理。

从相容选言肢的真值表可知,当一个相容选言判断为真时,至少有一个选言肢真,也可能所有选言肢都真。因此,相容选言推理就有如下规则:

(1)否认一部分选言肢,就要承认余下那一部分选言肢。

(2)承认一部分选言肢,不能否认余下那一部分选言肢。

根据规则,相容选言推理只有一种正确形式,即否定肯定式:前提中否定一部分选言肢,结论肯定余下那部分选言肢的形式。其公式如下：

或 p，或 q。

非 p，

所以，q。

用符号表示则为：

$[(p \lor q) \land \bar{p}] \rightarrow q$

例如：

一段译文错误，或因原文错误，或因翻译错误。

这段译文的错误不是由于原文错误，

所以，这段译文的错误是由于翻译错误。

（二）不相容选言推理

不相容选言推理是前提中有一个不相容选言判断，并且根据不相容选言判断选言肢之间的逻辑性质进行推演的推理。

从不相容选言判断的真值表可知，当一个不相容选言判断真时，有且只有一个选言肢是真的。这样不相容选言推理就有如下规则：

（1）承认一个选言肢，就要否认余下的选言肢。

（2）否认除了一个选言肢以外的那部分选言肢，就要承认余下的那一个选言肢。

根据规则，不相容选言推理就有如下两种正确形式。

1. 肯定否定式 即前提中肯定选言判断的一个选言肢，结论中否定其他选言肢的形式。用公式表示为：

要么 p，要么 q。

p，

所以，非 q。

用符号表示则为：

$[(p \veebar q) \land p] \rightarrow \bar{q}$

例如：

中国要么走社会主义道路，要么走资本主义道路。

中国走社会主义道路，

所以，中国不走资本主义道路。

2. 否定肯定式 即前提中否定了选言判断中除了一个选言肢以外的其余选言肢，结论中肯定那个没被否定的选言肢的形式。用公式表示为：

要么 p，要么 q。

非 p，

所以，q。

用符号表示则为：

$[(p \veebar q) \land \bar{p}] \rightarrow q$

例如：

莫泊桑或者是英国人，或者是法国人。

莫泊桑不是英国人，

所以，莫泊桑是法国人。

上面介绍了两种类型的选言推理，从中可以看出，不论是相容选言推理，还是不相容选言推理，否定肯定式都是有效式。否定肯定式，也就是人们通常所说的"排除法"。人们为了弄清某个问题，往往要根据现有材料先作出一系列假定，然后通过调查研究，逐一排除那些站不住脚的假定，余下的就形成自己对该问题的基本看法。人们在工作、学习和生活实践中经常要使用排除法，但在运用排除法时，必须注意以下问题：

（1）大前提必须穷尽所讨论问题的一切可能，否则就会犯错误。

（2）小前提对大前提中有关选言肢的否定必须是彻底的，否则也会犯错误。

（3）对结论的可靠性也必须谨慎看待。尽管按道理排除法所得的结论是必然的，但由于事实上难以断定大前提是否穷尽一切可能，所以对结论的可靠性不能绝对化，真正的可靠性要通过事实证明。

选言推理，除了否定肯定式，还有肯定否定式，但要特别注意：肯定否定式这种推理形式只适用不相容选言推理，而不适用于相容选言推理。由于有时难以弄清大前提中选言肢之间的关系究竟是否相容，故运用这种方法较容易产生推理上的错误，因此肯定否定式不如否定肯定式那样经常被人们使用。

第三节　假 言 推 理

所谓假言推理，就是前提中有一个假言判断，并且根据假言判断前后件之间的关系而推出结论的推理。

在人们的认识过程中，了解到某一条件或结果存在时，就能够根据条件与结果之间的依存关系，断定某种结果或条件也存在；当人们了解到某种条件或结果不存在时，也能断定某种结果或条件不存在。这样的思维过程，就是假言推理过程。

例1：

如果人类能发射绕太阳运行的人造卫星，那么人类就一定能使物体达到第二宇宙速度。

人类已经发射了绕太阳运行的人造卫星，

所以，人类能使物体达到第二宇宙速度。

例2：

人类只有使物体达到第三宇宙速度（16.7km/s），才能发射飞向星际空间的天体。

人类不能使物体达到第三宇宙速度，

因此，人类不能发射飞向星际空间的天体。

这两个推理的第一个前提是假言判断，第二个前提和结论都是直言判断，其结论是根据前后件之间的关系推演出来的。这就是假言推理。

在假言推理中，又分为各种类型。所有的前提都是假言判断的，叫纯假言推理。一部分前提是假言判断，另一部分前提不是假言判断的，叫混合假言推理。除此之外，还有一种假言推理叫假言易位推理。

在混合假言推理中，常见的有假言直言推理、假言选言推理、假言联言推理。

任何假言推理，它的逻辑结构都包括两大部分：一部分是推理的前提，一部分是推出的结论。

假言推理也是从一般到个别的演绎推理，它的前提蕴含结论，是必然性推理。

本节仅叙述假言直言推理、纯假言推理以及假言易位推理，假言选言推理将放在下一节介绍。

一、假言直言推理

所谓假言直言推理，是一个前提为假言判断，另一个前提和结论为直言判断的假言推理。这种假言推理是人们日常工作、生活、学习中最常见，用得最普遍的假言推理，所以泛称为假言推理。通常说的假言推理，大都指的是假言直言推理。

在前面复合判断那一章中，已经介绍了充分条件、必要条件、充分必要条件假言判断，所以假言推理也相应有充分条件、必要条件、充分必要条件假言推理三种类型。

（一）充分条件假言推理

1. 充分条件假言推理定义　充分条件假言推理是一个前提为充分条件假言判断，另一个前提和结论为直言判断的假言推理。

例如：

如果施肥不足，那么这块地产粮不会很多。

这块地施肥不足，

所以，这块地产粮不多。

2. 逻辑规则

（1）肯定前件就要肯定后件，否定后件就要否定前件。前面讲复合判断的时候，已经介绍了什么是充分条件。充分条件就是这样一种条件：如果有 p，就有 q；而没有 p，是否有 q 不能确定（即可能有 q，也可能没有 q），这样，p 就是 q 的充分条件。

以上规则就是依据充分条件假言判断的性质进行推断得出的结论。根据充分条件假言判断的性质，有前件就有后件，因此，肯定了前件就要肯定后件。又由于有了前件就一定有后件，因此，没有了后件一定是由于没有了前件，所以，否定后件就要否定前件。

根据此规则，就有两个有效式：

第一，肯定前件式：在前提中肯定充分条件假言判断的前件，结论肯定它的后件。其推理形式为：

如果 p，那么 q。

p，

所以，q。

用符号表示为：

$[(p \to q) \land p] \to q$

例1：

如果你吸烟，就会损害你的身体。

你吸烟，

所以，你的身体被损害了。

例2：

如果某人的行为不具有社会危害性，则他的行为不是犯罪。

某人的行为不具社会危害性，

所以，某人的行为不是犯罪。

第二，否定后件式：在前提中否定充分条件假言判断的后件，结论否定它的前件。其推理形式为：

如果 p，则 q。

非 q，

所以，非 p。

用符号表示则为：

$$[(p \to q) \land \bar{q}] \to \bar{p}$$

例 1：

如果某人是罪犯，则他有作案时间。

某人没有作案时间，

所以，某人不是罪犯。

例 2：

如果溶液是酸性的，那么它就能使试纸变红。

这瓶溶液并没有使试纸变红，

所以，这瓶溶液不是酸性的。

（2）否定前件不能否定后件，肯定后件不能肯定前件。这条规则也是由充分条件假言判断的性质决定的。充分条件假言判断除了"有前件就有后件"这个性质外，还有另一个性质，那就是没有前件，是否有后件不能确定（即也可能有后件，也可能没有后件）。也就是说，没有前件不一定没有后件，因此，否定前件不能因此而否定后件。同理，没有前件不一定没有后件，因为除了这个前件可得出这个后件以外，其他前件也可得出这个后件，所以，肯定后件不能因此而肯定前件。

充分条件假言推理常见的两种逻辑错误就是由于违反这条逻辑规则而导致的：

第一，否定前件式的逻辑错误：即在前提中否定充分条件假言判断的前件，结论则否定它的后件。其形式为：

如果 p，那么 q。

非 p，

所以，非 q。

用符号表示为：

$$[(p \to q) \land \bar{p}] \to \bar{q}$$

例如：

如果是桃花，那么就先开花，后长叶。

这株花不是桃花，

所以，这株花不是先开花后长叶。

这就是一个违反"否定后件不能否定前件"规则的错误形式的充分条件假言推理。不仅从逻辑形式上分析它是错误的，而且也是不合乎事实的。事实上，先开花后长叶的植物很多，除桃花外，李花、樱花等都是先开花后长叶的，这株花虽然不是桃花，但可能也是先开花后长叶的。而这个推理根据不是桃花，便否定它先开花后长叶，所以只能得出一个不必然正确的结论。

第二，肯定后件式的逻辑错误：即在前提中肯定充分条件假言判断的后件，结论则肯定

它的前件。其形式为:

如果 p,那么 q。

q,
所以,p。

用符号表示为:

$$[(p{\rightarrow}q){\wedge}q]{\rightarrow}p$$

例如:

如果这块地施肥不足,那么这块地产粮不会很多。

现在这块地产粮不多,

所以,这块地施肥不足。

这个推理违反了充分条件假言推理"肯定后件,不能肯定前件"的逻辑规则,是一个肯定后件式的错误推理。也就是说,此推理形式无效。不仅如此,它的结论也是与事实相违背的:不一定这块地产粮不多,就是施肥不足造成的;也可能这块地施肥充足,只是由于天灾等原因造成了产粮不多这一结果。

(二)必要条件假言推理

1. 必要条件假言推理定义 必要条件假言推理是一个前提为必要条件的假言判断,另一个前提和结论为直言判断的假言推理。

例如:

只有认识了错误,才能改正错误。

张某没有认识错误,

所以,张某不能改正错误。

2. 逻辑规则

(1)否定前件就要否定后件,肯定后件就要肯定前件。前面已经介绍了什么是必要条件及必要条件假言判断。所谓必要条件,就是如果没有 p,就必然没有 q;而有了 p,却未必有 q(可以有 q,也可以没有 q)。这样,p 就是 q 的必要条件。根据必要条件假言判断的这一逻辑性质可以得出前件不存在,后件就必然不存在,所以否定前件就要否定后件;如果后件存在,那么一定是由于有前件存在,所以肯定后件就要肯定前件。

根据以上规则,必要条件假言推理就有两个有效式:

第一,否定前件式:即前提中否定必要条件假言判断的前件,结论就否定它的后件。其逻辑形式为:

只有 p,才 q。

非 p,
所以,非 q。

用符号表示则为:

$$[(p{\leftarrow}q){\wedge}\bar{p}]{\rightarrow}\bar{q}$$

例 1:

只有生病,才会发烧。

他没生病,

所以,他不发烧。

例2：

只有施肥充足，才能使水稻产量高。

这块地施肥不足，

所以，这块地水稻的产量不高。

以上推理都是符合必要条件假言推理第一条规则的否定前件式推理。

第二，肯定后件式：即前提中肯定必要条件假言判断的后件，结论就肯定它的前件。其逻辑形式为：

只有 p，才 q。

q，

所以，p。

用符号表示则为：

$$[(p \leftarrow q) \land q] \rightarrow p$$

例1：

只有年满 18 周岁，才有选举权。

某人有选举权，

所以，某人年满 18 周岁。

例2：

只有具备二氧化碳和水，叶子才能进行光合作用。

这些叶子正进行光合作用，

所以现在有二氧化碳和水。

这就是两个符合"肯定后件就肯定前件"规则的肯定后件式的推理。

（2）肯定前件不能肯定后件，否定后件不能否定前件。此规则也是由必要条件假言判断的性质决定的。必要条件假言判断，除了具有"没有前件就一定没有后件"的逻辑性质之外，还有另一性质，即"有了前件不一定就有后件"。因此，肯定前件不能肯定后件。从另一方面看，有前件不一定有后件，是由于单独一个前件不能得出后件，必须前件加其他条件才能得出后件。因此，没有后件不一定是由于缺少前件，也可能是缺少其他条件。所以，否定后件不能否定前件。

必要条件假言推理常见的两种逻辑错误就是由于违反这条逻辑规则而导致的：

第一，肯定前件式的逻辑错误：即前提中肯定必要条件假言判断的前件，结论肯定它的后件。其形式为：

只有 p，才 q。

p，

所以，q。

用符号表示则为：

$$[(p \leftarrow q) \land p] \rightarrow q$$

例如：

只有按时启程，才能正点到达。

他按时启程，

所以，他能正点到达。

这个推理就是违反"肯定前件不能肯定后件"规则的肯定前件式推理,是形式无效的。例中,事实上也是如此,按时启程不一定能正点到达。

第二,否定后件式的逻辑错误:即前提中否定必要条件假言判断的后件,结论否定它的前件。其形式为:

只有 p,才 q。

非 q,

所以,非 p。

用符号表示则为:

$$[(p \leftarrow q) \wedge \bar{q}] \rightarrow \bar{p}$$

例如:

只有水量合适,水稻才长得好。

现在水稻长得不好,

所以,现在水量不合适。

这就是一个违反必要条件假言推理"否定后件不能否定前件"规则的否定后件式推理,是形式无效的。事实上水稻长得不好,不一定是水量不合适,而可能是其他原因(如没有合理密植、没有有效防止病虫害、没有合理施肥等)。所以,它的结论也不是必然正确的。

(三)充分必要条件假言推理

1. 充分必要条件假言推理定义 充分必要条件假言推理是一个前提为充分必要条件的假言判断,另一个前提和结论为直言判断的假言推理。

例如:

当且仅当月亮运行于太阳与地球之间呈一直线,才形成日食。

月亮运行于太阳与地球之间呈一直线,

所以,形成了日食。

2. 逻辑规则 由于充分必要条件假言推理的大前提是充分必要条件假言判断,它兼有充分条件假言判断和必要条件假言判断的逻辑性质,并且充分必要条件假言判断其前后件互为充分必要条件,所以,充分必要条件假言推理也兼有充分条件假言推理和必要条件假言推理的逻辑规则和有效式。因此,充分必要条件假言推理的逻辑规则和有效式也就容易掌握了。

充分必要条件假言判断的逻辑性质是有前件就有后件,没有前件就没有后件;有后件就有前件,没有后件就没有前件。因此,在前、后件之间,肯定其中一个便要肯定另一个;否定其中一个便要否定另一个。由此看出,充分必要条件假言推理最显著的逻辑特征是"等值",所以,逻辑规则有以下两条:

(1)肯定前件就要肯定后件,否定前件就要否定后件。

(2)肯定后件就要肯定前件,否定后件就要否定前件。

依据这两条规则,充分必要条件假言推理就有四个有效式:即肯定前件式、否定前件式、肯定后件式、否定后件式。

第一,肯定前件式:即在前提中肯定充分必要条件假言判断的前件,结论肯定它的后件。其逻辑形式为:

当且仅当 p,才 q。

p,

所以,q。

用符号表示则为：

$[(p \leftrightarrow q) \wedge p] \rightarrow q$

例如：

当且仅当一个人是患者，他才需要接受治疗。

甲是患者，

所以，甲需要接受治疗。

第二，否定前件式：即在前提中否定充分必要条件假言判断的前件，结论否定它的后件。其逻辑形式为：

当且仅当 p，才 q。

非 p，

所以，非 q。

用符号表示则为：

$[(p \leftrightarrow q) \wedge \bar{p}] \rightarrow \bar{q}$

例如：

当且仅当逃犯从这里走过时，他才能在这里留下痕迹。

逃犯没有从这里走过，

所以，逃犯没有在这里留下痕迹。

第三，肯定后件式：即在前提中肯定充分必要条件假言判断的后件，结论肯定它的前件。其逻辑形式为：

当且仅当 p，才 q。

q，

所以，p。

用符号表示则为：

$[(p \leftrightarrow q) \wedge q] \rightarrow p$

例如：

当且仅当三角形的三边相等，则三角形为等边三角形。

三角形是等边三角形，

所以，三角形的三边相等。

第四，否定后件式：即在前提中否定充分必要条件假言判断的后件，结论否定它的前件。其逻辑形式为：

当且仅当 p，才 q。

非 q，

所以，非 p。

用符号表示则为：

$[(p \leftrightarrow q) \wedge \bar{q}] \rightarrow \bar{p}$

例如：

当且仅当某个数能被 2 整除，他才是偶数。

3 不能被 2 整除，

所以，3 不是偶数。

最后，依据充分必要条件假言推理的逻辑性质和规则可知：充分必要条件假言推理不允许肯定前件否定后件，否定前件肯定后件；也不允许肯定后件否定前件，否定后件肯定前件。

二、纯假言推理

纯假言推理是由两个（或两个以上）假言判断作前提，推出一个假言判断作结论的推理。例如：

如果想使工作达到预期目的，则必须使自己的思想符合实际。

如果想使自己的思想符合实际，则必须进行周密的调查研究，

所以，如果想使工作达到预期的目的，则必须进行周密的调查研究。

从以上例子可以看出，纯假言推理具有三个的特点：

（1）前提由两个或两个以上的假言判断构成。

（2）推理遵守相应假言推理的规则

（3）前一个前提的后件是后一个前提的前件。依此类推，前提之间的关系像链条一样一环扣一环。所以纯假言推理又叫作假言连锁推理。

纯假言推理可分为充分条件、必要条件以及混合条件纯假言推理。

（一）充分条件纯假言推理

前提和结论都是充分条件假言判断并按照充分条件假言推理的规则推出结论的推理叫充分条件纯假言推理。它有两种有效式：

1. 肯定式　即结论的前件肯定第一个前提的前件，结论的后件肯定最后一个前提的后件的形式。其逻辑形式为：

如果 p，则 q；

如果 q，则 r。

所以，如果 p，则 r。

用符号表示则为：

$$[(p \to q) \land (q \to r)] \to (p \to r)$$

例如：

如果改革成功，就能促进生产力发展；

如果能促进生产力发展，就能多创造社会财富；

如果能多创造社会财富，就能更快提高人民生活水平。

所以，如果改革成功，就能更快提高人民生活水平。

2. 否定式　即结论的前件否定最后一个前提的后件，结论的后件否定第一个前提的前件的形式。其逻辑形式为：

如果 p，则 q；

如果 q，则 r。

所以，如果非 r，则非 p。

用符号表示则为：

$$[(p \to q) \land (q \to \bar{r})] \to (\bar{r} \to \bar{p})$$

例如：

如果执政党腐败，就会失去民心；

如果失去民心,就会失去政权。

所以,如果不想失去政权,执政党就不能腐败。

（二）必要条件纯假言推理

前提和结论都是必要条件假言判断并按照必要条件假言推理的规则推出结论的推理叫作必要条件纯假言推理。它有两种有效式:

1. 肯定式 即结论的前件肯定最后一个前提的后件,结论的后件肯定第一个前提的前件的形式。其逻辑形式为:

只有 p,才 q;

只有 q,才 r。

所以,如果 r,则 p。

用符号表示则为:

$$[(p \leftarrow q) \wedge (q \leftarrow r)] \rightarrow (r \rightarrow p)$$

例如:

一个人只有不畏劳苦,才能攀登科学高峰;

一个人只有攀登科学高峰,才能对人类作出较大贡献。

所以,如果一个人对人类作出较大贡献,那么他不畏劳苦。

2. 否定式 即结论的前件否定第一个前提的前件,结论的后件否定最后一个前提的后件的形式。其逻辑形式为:

只有 p,才 q;

只有 q,才 r。

所以,如果非 p,则非 r。

用符号表示则为:

$$[(p \leftarrow q) \wedge (q \leftarrow r)] \rightarrow (\bar{p} \rightarrow \bar{r})$$

例如:

只有刻苦学习,才能掌握过硬本领;

只有掌握过硬本领,才能为党的教育事业作出应有贡献。

所以,如果不刻苦学习,就不能为党的教育事业作出应有贡献。

（三）混合条件纯假言推理

以几种不同条件的假言判断做前提的纯假言推理叫作混合条件纯假言推理。共有四个有效式:

1. 肯定前件式 即结论的前件肯定第一个前提的前件,结论的后件肯定最后一个前提的后件的形式。其逻辑形式为:

当且仅当 p,才 q;

如果 q,则 r。

所以,如果 p,则 r。

用符号表示则为:

$$[(p \leftrightarrow q) \wedge (q \rightarrow r)] \rightarrow (p \rightarrow r)$$

例如:

当且仅当加压降温到一定程度,才能使气体液化;

如果能使气体液化，可再次证明质量互变规律。

所以，如果加压降温已到一定程度，则再次证明了质量互变规律。

2. 否定后件式 即结论的前件否定最后一个前提的后件，结论的后件否定第一个前提的前件的形式。其逻辑形式为：

当且仅当 p，才 q；

如果 q，则 r。

所以，如果非 r，则非 p。

用符号表示则为：

$$[(p \leftrightarrow q) \land (q \rightarrow r)] \rightarrow (\bar{r} \rightarrow \bar{p})$$

例如：

当且仅当气温降到零摄氏度以下，才能使水结冰；

如果能使水结冰，则能证明物体热胀冷缩的原理。

所以，如果不能证明物体热胀冷缩的原理，则气温未降到零摄氏度以下。

从以上两个例子可以看出，肯定前件式和否定后件式的前提是由充分必要条件和充分条件假言判断混合而成，逻辑规则和有效式当然也是根据充分必要条件和充分条件假言推理而来。

3. 否定前件式 即结论的前件否定第一个前提的前件，结论的后件否定最后一个前提的后件的形式。其逻辑形式为：

当且仅当 p，才 q；

只有 q，才 r。

所以，如果非 p，则非 r。

用符号表示则为：

$$[(p \leftrightarrow q) \land (q \leftarrow r)] \rightarrow (\bar{p} \rightarrow \bar{r})$$

例如：

当且仅当认真读过《红楼梦》，才能真正体会到它的艺术魅力；

只有真正体会到它的艺术魅力，才能真正理解《红楼梦》研究的意义。

所以，如果未认真读过《红楼梦》，就不能真正理解《红楼梦》研究的意义。

4. 肯定后件式 即结论的前件肯定最后一个前提的后件，结论的后件肯定第一个前提的前件的形式。其逻辑形式为：

当且仅当 p，才 q；

只有 q，才 r。

所以，如果 r，则 p。

用符号表示则为：

$$[(p \leftrightarrow q) \land (q \leftarrow r)] \rightarrow (r \rightarrow p)$$

例如：

当且仅当四边形是平行四边形，它的两组对边才分别平行；

只有四边形的两组对边分别平行，此四边形才是菱形。

所以，如果四边形是菱形，则它是平行四边形。

从以上可看出：否定前件式和肯定后件式的前提是以充分条件假言判断与充分条件或

必要条件假言判断为前提。当小前提为充分条件假言判断时,大前提是充分条件起作用;小前提为必要条件假言判断时,大前提是必要条件起作用。但是,除以上常用形式的混合条件纯假言推理外,还有以充分条件和必要条件假言判断作为前提的混合条件纯假言推理。这种类型的推理,它的结论只能得出复杂的选言判断或假言判断,这里不予以介绍。

纯假言推理也是一种必然推理。不管它的前提有几个,只要其每一个前提是正确的假言判断(前后件之间确实存在此种条件关系),并且其结构为纯假言推理形式,则结论必然可靠。

纯假言推理的正确性和有效性,可以用前面学过的真值表方法加以检验。

三、假言易位推理

假言易位推理就是通过变换前提中假言判断前后件的位置,推出一个假言判断作结论的推理。这种推理的根据是前提中假言判断的逻辑性质。

一个充分条件假言判断,前件真,则后件真;并且后件假,则前件假。

一个必要条件假言判断,前件假,则后件假;并且后件真,则前件真。

一个充分必要条件假言判断,前件真,则后件真;前件假,则后件假;后件真,则前件真;后件假,则前件假。

假言易位推理就是由此性质引申出来的。它有三种类型。

（一）充分条件假言易位推理

充分条件假言易位推理就是前提为充分条件假言判断的假言易位推理。其逻辑形式为:

如果 p,则 q;
所以,如果非 q,则非 p。

用符号表示则为:

$$（p{\rightarrow}q）{\rightarrow}（\bar{q}{\rightarrow}\bar{p}）$$

例如:

如果系砒霜中毒而死,则在死者肠胃里可以检验出某种黄色沉淀;
所以,如果在死者肠胃里检验不出某种黄色沉淀,则不是因砒霜中毒而死。

（二）必要条件假言易位推理

必要条件假言易位推理就是前提为必要条件假言判断的假言易位推理。其逻辑形式为:

只有 p,才 q;
所以,如果 q,则 p。

用符号表示则为:

$$（p{\leftarrow}q）{\rightarrow}（q{\rightarrow}p）$$

例如:

只有懂古汉语,才能透彻地理解中国古代文学作品的内容;
所以,如果能透彻地理解中国古代文学作品的内容,那么就懂古汉语。

（三）充分必要条件假言易位推理

充分必要条件假言易位推理就是前提为充分必要条件假言判断的假言易位推理。其逻

辑形式为:

当且仅当 p,则 q;

所以,当且仅当 q,则 p。

用符号表示则为:

$(p \leftrightarrow q) \rightarrow (q \leftrightarrow p)$

例如:

当且仅当某数能被 2 整除,它才是偶数;

所以,当且仅当某数是偶数,它才能被 2 整除。

各种假言易位推理的正确性和有效性,也能从真值表上得到验证。

第四节 复合判断的其他推理

一、二难推理

(一)二难推理定义

二难推理是一种特别的假言选言推理,它是由两个假言判断和一个二肢选言判断作前提所构成的假言选言推理。传统逻辑把它叫作二难推理。

当考虑事物有两种可能性以及每一种可能性会导致某一后果时,常常采取二难推理的形式。特别是在论辩中常常用到:辩论的一方常常提出一个断定两种可能性的选言前提,再由这两种可能性都引申出对方难于接受的结论。二难推理之所以叫作"二难",就是对这种进退维谷、左右为难境况的描述。

有时事物不只有两种可能性,而是有三种或四种可能性,可以用一个断定这三种或四种可能性的选言判断作为前提,再分别由这三种或四种可能性中引申出对方难以接受的结论。这样的推理形式,可以分别叫作三难或四难推理。

二难推理尽管前提由假言判断和选言判断构成,但它整个推导所依据的仍然是假言判断前后件之间的关系。因此,它是假言推理的类型之一。

(二)二难推理的形式

我们所讲的传统的二难推理,前提中的假言判断都是充分条件假言判断。推理的结论,或为直言判断,或为选言判断。结论为直言判断的,称为简单式;结论为选言判断的,称为复杂式。前提中的选言判断如果肯定假言判断的前件,叫作构成式;如果否定假言判断的后件,叫作破坏式。二难推理就有四种类型。

1. 简单构成式 即前提中肯定假言判断的前件,结论肯定它的后件,并且结论为一个直言判断的形式。其逻辑形式为:

如果 p,则 r;如果 q,则 r;

或者 p,或者 q;

总之,r。

用符号表示则为:

$\{[(p \rightarrow r) \wedge (q \rightarrow r)] \wedge (p \vee q)\} \rightarrow r$

从逻辑形式中可以看出，两个假言前提有不同的前件，但有相同的后件，因而不论肯定哪个前件，都可以得出相同的结论。

例如：

毛泽东同志在"论人民民主专政"中有这样一段话："对于这些人并不发生刺激与否的问题，刺激也是那样，不刺激也是那样，因为他们是反动派。"（《毛泽东选集》，注："这些人"指帝国主义及其走狗。）

这段话包含了下面这个二难推理：

如果我们刺激帝国主义及其走狗，他们要与人民为敌；如果我们不刺激帝国主义及其走狗，他们也要与人民为敌；

或者我们刺激帝国主义及其走狗，或者不；

帝国主义及其走狗总是要与人民为敌的。

2. 简单破坏式 即在前提中否定假言判断的后件，结论否定前件。并且结论为一个直言判断。其逻辑形式为：

如果 p，则 q；如果 p，则 r；

或者非 q，或者非 r；

总之，非 p。

用符号表示则为：

$$\{[(p \rightarrow q) \wedge (p \rightarrow r)] \wedge (\bar{q} \vee \bar{r})\} \rightarrow \bar{p}$$

在这个形式中，两个假言前提的后件不同，但有相同的前件，因而不论否定哪个后件，结果总是否定了这个前件。

例如：

如果甲犯反革命罪，则他有危害社会的行为；如果甲犯反革命罪，则他有危害社会的行为所引起的后果；

他或者没有危害社会的行为，或者没有危害社会的行为所引起的后果；

所以，甲没有犯反革命罪。

3. 复杂构成式 这种形式是在前提中肯定假言判断的不同前件，结论则肯定他们的不同后件。并且结论是一个选言判断。其逻辑形式为：

如果 p，则 q；如果 r，则 s；

或者 p，或者 r；

所以，或者 q，或者 s。

用符号表示则为：

$$\{[(p \rightarrow q) \wedge (r \rightarrow s)] \wedge (p \vee r)\} \rightarrow (q \vee s)$$

这种形式的二难推理，它的两个假言前提有不同的前件和不同的后件，因此，肯定这个或那个前件，结论便肯定这个或那个后件。

例如：

恩格斯在"论权威"一文中，曾对那些反权威主义者作了下面的批判："总之，二者必居其一。或者是反权威主义者自己不知所云，如果是这样，那他只是在散布糊涂观念；或者他们是知道的，如果是这样，那他们就是在背叛无产阶级运动。在这两种情况下，他们都只是为反动派效劳。"（《马恩通信选集》2 卷）这段话包含了这样一个二难推理：

如果反权威主义者自己不知所云，那么他们只是在散布糊涂观念；如果反权威主义者知道自己所说的是些什么，那么他们就是在背叛无产阶级事业；

反权威主义者或者自己不知所云，或者知道自己所说的是什么；

所以，他们或者只是在散布糊涂观念，或者是在背叛无产阶级事业。

4. 复杂破坏式 这种形式在前提中否定假言判断的不同后件，结论则否定假言判断的不同前件，并且结论为选言判断。其逻辑形式为：

如果 p，则 q；如果 r，则 s；

或者非 q，或者非 s；

所以，或者非 p，或者非 r。

用符号表示则为：

$$\{[(p{\rightarrow}q)\land(r{\rightarrow}s)]\land(\bar{q}\lor\bar{s})\}{\rightarrow}(\bar{p}\lor\bar{r})$$

这种形式的二难推理，各个假言前提有不同的前件和不同的后件，因此，否定这个或那个后件，结论便否定这个或那个前件。

例如：

如果是流氓罪，则具有流氓罪的特征；如果是伤害罪，则具有显著危害后果；

甲的行为或者不具有流氓罪的特征，或者未造成显著危害后果；

所以，甲的行为或者不构成流氓罪，或者不构成伤害罪。

（三）二难推理的规则

二难推理是一种特殊的假言选言推理，它由假言判断与选言判断所组成，也是假言推理和选言推理的综合运用，因而要保证一个二难推理的结论必然可靠，就必须做到前提真实，即假言判断前后件之间要有条件联系，选言判断的肢判断要穷尽；形式有效，即推理符合假言推理和选言推理的规则。具体表现为三点。

1. 前提中的选言肢必须穷尽 假如前提中的选言肢遗漏了事物的有关可能性，那么就不能构成真正的"二难"推理。

例如：

古希腊的诡辩论者曾经设计了一个难题。即向一个人提出这样一个问题："你是否已经停止打你父亲了？"问题设计者认为，不论你回答"是"或"否"，都会遇到困难。其推理过程如下：

如果你回答"是"，那么就是说你过去打过你父亲；如果你回答"否"，那就是说你现在还在打你父亲；

你或者回答"是"，或者回答"否"；

所以，你或者过去打过你父亲，或者现在还在打你父亲。

这种简单地回答"是"或"否"都会遇到困难的问话，就是前面曾经介绍过的"复杂问语"。这种问语中隐藏着人们所不同意的其他判断（即另外的选言肢，例中的"从未打过父亲"的情况）。

2. 前提中假言判断前后件必须具有条件联系 假如前提中假言判断前后件之间没有条件联系，这表明该假言判断是虚假的，则据此推出的结论是不可靠的。

例 1：

在旧西藏的乌拉差役制度中，有的寺庙规定农民每年要请喇嘛念"冰雹经"，祈祷免除冰雹灾害。他们给农民立下规矩：

如果天不下冰雹,是念经有功,要交费酬谢;如果天下冰雹,是民心不诚,要罚款;

天或不下冰雹,或下冰雹;

所以,农民或交费酬谢,或被罚款。

例2:

如果从经验出发,就会犯经验主义错误;

如果从书本出发,就会犯本本主义错误;

或者从经验主义出发,或者从书本出发;

所以,或者犯经验主义错误,或者犯本本主义错误。

这是两个形式正确的二难推理,但因其前提中的两个假言判断的前后件之间没有必然的充分条件联系,所以结论非必然正确。显然,例1和例2的结论都是错误的。

3. 必须遵守假言推理和选言推理的规则 假如不按照假言推理或选言推理的规则进行推理,那么就不能保证推理的形式的有效性。

例如:

他是一个革命的文艺工作者,就坚持文艺为无产阶级政治服务的正确方向;如果他是一个革命的文艺工作者,就对文艺界争名夺利等丑恶现象表示义愤;

他或者坚持了文艺为无产阶级政治服务的正确方向,或者对文艺界的争名夺利等丑恶现象表示义愤;

所以,他是一个革命的文艺工作者。

此推理由于违反了充分条件假言推理"肯定后件不能肯定前件"的规则,所以是形式错误的推理。

（四）如何破斥错误的二难推理

自古以来,二难推理是一种人们经常采用的推理形式。特别是在论辩中,辩论的一方为使对方陷入窘境而达到克敌制胜的目的,常常把它看成是一种有力的战斗武器。但是辩论者所使用的二难推理却不一定是正确的,对于错误的二难推理,要予以破斥（即揭露其中的错误）,破斥的方法有以下两种。

1. 如果一个二难推理违反以上三条逻辑规则,那么就可以根据此规则指出其中的逻辑错误。这在以上已作了详细介绍,这里着重介绍第二种破斥方法。

2. 构造一个与错误的二难推理相反的二难推理,从其中推出相反的结论,来达到破斥的目的,即以"二难"反"二难"。

这种方法在辩论中常用到,构造出来的相反的二难推理虽然能破斥原来的二难推理,但是它本身却不一定是正确的。只不过是一种"以其人之道还治其人之身"的特殊反驳罢了。传统逻辑中,被称为"半费之讼"的故事,最清楚不过地表明了这点。

例如:

古希腊著名的诡辩学者普洛泰戈拉收了一个名叫欧底里斯的学法律的学生。师生订立合同:规定学费分两期付清,毕业时付一半,另一半在欧底里斯出庭第一次胜诉后交付,但是,毕业后欧底里斯并没有出庭打官司。普洛泰戈拉等得不耐烦,决定向法庭起诉,并提出以下二难推理:

如果欧底里斯这次官司胜诉,那么按照合同,他应付清我另一半学费;如果欧底里斯这次官司败诉,那么按照法庭判决,他也应付清我另一半学费;

欧底里斯这次官司或者胜诉,或者败诉;

总之,他都应付清另一半学费。

欧底里斯针对老师的上诉,提出反诉,并采取以"二难"反"二难"的方法,构造了如下相反的二难推理:

如果我这次官司胜诉,那么按照法庭判决,我不应付给普洛泰戈拉另一半学费;如果我这次官司败诉,那么按照合同,我也不应付清普洛泰戈拉另一半学费;

我这次官司或者胜诉,或者败诉;

总之,我都不应该付给普洛泰戈拉另一半学费。

欧底里斯通过构造以上的二难推理,达到了反驳老师的目的。

实质上,这两个二难推理都是错误的。普洛泰戈拉构造的二难推理的第一个假言前提、欧底里斯构造的二难推理的第二个假言前提都是不真实的,前后件无必然的充分条件的联系。

法官仔细分析了两人的上诉和反诉之后,巧妙地作出了破这两个二难推理的判决。他宣布:驳回原告的第一次上诉,但是准许老师提出第二次起诉,然后再宣布原告胜诉,这样一来,学生算是赢了第一次诉讼,老师则赢了第二次诉讼。因此,无论根据合同也好,根据法庭判决也好,学生都得付给老师另一半学费。法官的反二难推理是:

如果根据合同,学生第一次胜诉,那么学生应该付给老师另一半学费;如果根据法庭判决学生第二次败诉,那学生也应该付给老师另一半学费;

或者根据合同(学生胜诉),或者根据法庭判决(学生败诉);

总之,学生都得付给老师另一半学费。

法官的这个反二难推理,则是一个正确的二难推理。

二、假言联言推理

（一）假言联言推理定义

假言联言推理是由两个假言判断和一个联言判断作前提,推出一个直言判断或联言判断作结论的推理。这种推理的根据是假言判断和联言判断的逻辑性质。

（二）假言联言推理的两种形式

假言联言推理主要有两种形式,是指与二难推理的复杂构成式和复杂破坏式相应的肯定式和否定式,不同的是前者是把后者的选言前提和结论换成了联言判断的形式。

1. 肯定式　这种形式是在联言前提中肯定两个假言前提的前件,从而在结论中肯定两个假言前提的后件。其推理形式为:

如果 p,那么 q;如果 r,那么 s;

p 并且 r;

所以,q 并且 s。

用符号表示则为:

$$\{[(p{\to}q)\wedge(r{\to}s)]\wedge(p\wedge r)\}{\to}(q\wedge s)$$

例如:

如果是酸性溶液,那么就使石蕊试纸呈红色;如果是碱性溶液,那么就使石蕊试纸呈蓝色;

这瓶溶液既不是酸性,又不是碱性;

所以,这瓶溶液既没使石蕊试纸呈红色,也没使石蕊试纸呈蓝色。

2. 否定式　这种形式是在联言前提中否定两个假言前提的后件,从而在结论中否定两个假言前提的前件。其推理形式为:

如果 p,那么 q;如果 r,那么 s;

非 q 并且非 s;

所以,非 p 并且非 r。

用符号表示则为:

$$\{[(p{\rightarrow}q)\land(r{\rightarrow}s)]\land(\bar{q}\land\bar{s})\}{\rightarrow}(\bar{p}\land\bar{r})$$

例如:

如果他是一个唯物主义者,那么他就能实事求是地看问题;如果他是一个辩证学者那么他就能全面地看问题;

他不能实事求是地看问题,也不能全面地看问题;

所以,他不是唯物主义者,也不是辩证学者。

假言联言推理是由假言判断和联言判断组成的推理,因此,必须遵守假言推理和联言推理的规则。

前面介绍了假言选言推理(主要是二难推理),这里又介绍了假言联言推理。比较这两种推理,就会发现,二难推理的否定式(简单破斥式和复杂破斥式)也可以采取假言联言的形式构成,而且这种形式更自然、更常用,逻辑力量更强。

复习思考题

1. 什么是联言推理? 它有几种形式?

2. 选言推理有哪几种形式? 各自遵守哪些规则?

3. 什么是假言直言推理? 它有几种形式? 各自遵守哪些规则?

4. 什么是假言联言推理? 它有几种形式?

5. 什么是二难推理? 常用的二难推理有几种形式?

第八章 归纳推理

归纳推理是人们在科学思维活动中经常使用的且在逻辑特征上迥异于演绎推理的一种思维形式。本章将重点介绍几种常见的归纳推理形式,以及探求事物因果联系的逻辑方法。

第一节 归纳推理的概述

一、归纳推理定义

归纳推理是以某类思维对象中的个别对象具有或不具有某属性为前提,推出该类全部对象也具有或不具有某属性为结论的推理。

例如:

18世纪伟大的科学家罗蒙诺索夫在"关于热和冷的原因之探索"中说:我们摩擦冻僵了的双手,手便暖和起来;我们敲击冰冷的石块,石块能发出火光;我们用锤子不断地锤击铁块,铁块也可热得发红;由此可知,运动能够产生热。

这个归纳推理的思维过程,可以展示如下:

摩擦双手能产生热;

石块被敲击能产生热;

铁块被锤击能产生热;

摩擦双手、敲击石块、锤击铁块都是物质运动;

所以,物质运动能产生热。

上例归纳推理,横线以上(即"所以"以前)关于某类对象的若干个别性知识的判断是前提。横线以下(即"所以"以后)的全称性知识的判断是结论。"所以"是前提与结论之间的逻辑联结项。可见,归纳推理的关于普遍性知识的结论,是从前提的若干个别性知识中概括出来的。

归纳推理的逻辑性(完全归纳推理除外)与演绎推理的逻辑性是不同的。有逻辑性的(即形式有效的)演绎推理,前提蕴含结论,从真实的前提能必然推出真实结论,是必然性推理。而归纳推理,前提不蕴含结论,不能保证从真实前提必然推出真实结论,是或然性推理。虽然如此,归纳推理结论的可靠性程度却有高低之分,人们在应用这种或然性推理时,应当尽力提高结论的可靠性程度,这正是归纳推理的逻辑性问题。

二、归纳推理的种类

在传统逻辑中,把归纳推理区分为两种不同的形式。

一种是考察一类对象的全部个体对象,根据它们具有(或不具有)某种属性,推出该类全部对象也都具有（或不具有）某种属性的全称性结论。例如，在科学史上，科学家通过逐个考察太阳系的所有九大行星，即水星、金星、地球、火星、木星、土星、天王星、海王星、冥王星，它们都是沿着椭圆轨道绕太阳运行的；从而推出结论："太阳系所有大行星都是沿椭圆轨道绕太阳运行的。"这是完全归纳推理。

　　另一种是只考察一类对象中的部分个体对象，根据它们具有（或不具有）某种属性，推出关于该类全部对象也都具有（或不具有）某种属性的全称性结论。例如，在科学史上，科学家曾通过考察：太阳是运动的，地球是运动的，月亮是运动的，火星是运动的……，太阳、地球、月亮、火星……是宇宙中的部分星球，并且考察中没有遇到星球不运动的情况；从而推出结论："所有的星球都是运动的。"这是不完全归纳推理。

　　在完全归纳推理中，结论所断定的并未超出前提的断定范围，结论是被前提所蕴含的。所以，完全归纳推理的前提与结论的联系是必然的。在不完全归纳推理中，结论所断定的超出了前提的断定范围，是对前提原有知识的推广。因而，它的前提与结论的联系不是必然的，而是或然的。

　　从以上分析来看，完全归纳推理是必然性推理，而不完全归纳推理是或然性推理，它们是逻辑性截然不同的两种推理。但是，本教材考虑到目前各类高校普通逻辑学教材一般都沿袭传统逻辑分类情况，将归纳推理分类如下：

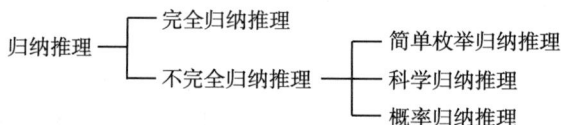

$$
归纳推理
\begin{cases}
完全归纳推理 \\
不完全归纳推理
\begin{cases}
简单枚举归纳推理 \\
科学归纳推理 \\
概率归纳推理
\end{cases}
\end{cases}
$$

三、归纳推理与演绎推理的关系

　　在逻辑发展史上，曾经出现过两个对立的派别，即归纳派和演绎派。归纳派企图把归纳推理当作是唯一的或占统治地位的科学思维方法，否认演绎推理在认识中的地位和作用；而演绎派又企图把演绎推理当作是唯一的或占统治地位的科学思维方法，否认归纳推理在认识中的地位和作用。

　　把归纳推理和演绎推理对立起来的形而上学观点是错误的。恩格斯曾指出："归纳和演绎，正如分析和综合一样，是必然相互联系着的。不应当牺牲一个而把另一个捧到天上去，应当把每一个都用到该用的地方，而要做到这一点，就只有注意它们的相互联系、它们的相互补充。"人类的认识发展史正是这样，归纳推理和演绎推理两者是交互应用、互相过渡和互相补充的。

　　归纳推理与演绎推理既有联系又有区别。

（一）两者之间的联系

1. 归纳推理为演绎推理提供前提　一般来说，演绎推理是由全称性前提推出单称（或特称）性结论的推理，其中至少有一个前提是表示普遍性原理的全称性判断。而归纳推理的结论是全称性判断，正是归纳推理为演绎推理提供了普遍性原理的全称性前提。

2. 归纳推理也要依赖演绎推理　演绎推理为归纳推理提供了分析单称性或特称性知识的方法，对归纳推理起指导作用。同时，归纳推理的结论是否正确，也需要演绎推理来论证。所以，归纳推理也离不开演绎推理。

（二）两者之间的区别

1. 从前提与结论的联系来看,除完全归纳推理外,归纳推理的前提与结论之间没有必然的联系,即使前提真,推理形式合理,结论也未必真;反之,演绎推理的前提和结论之间的联系是必然的,只要前提为真,推理形式有效,则结论必定真。

2. 从结论所断定的范围来看,除完全归纳推理外的其他各种归纳推理的结论,都超出了前提所提供的知识范围,前提并不蕴含结论;然而演绎推理的结论是蕴含在前提之中的,是由前提引申出来的,结论没有超出前提所提供的知识范围。

3. 从思维进程来看,归纳推理是由若干个单称性或特称性知识的判断,推出全称性知识的判断。演绎推理则是从全称性知识的判断,推出单称性或特称性知识的判断。

从以上归纳推理与演绎推理的联系与区别来看,二者在思维过程中既是互相联系、互相依赖、互相补充,又是互相区别的两种推理形式。

第二节　完全归纳推理

一、完全归纳推理定义

完全归纳推理又称完全归纳法,它是根据某类思维对象的每一个对象有（或没有）某种属性,从而推出该全部对象有（或没有）某种属性的归纳推理。例如:

欧洲有矿藏;

亚洲有矿藏;

非洲有矿藏;

北美洲有矿藏;

南美洲有矿藏;

大洋洲有矿藏;

南极洲有矿藏;

欧洲、亚洲、非洲、北美洲、南美洲、大洋洲、南极洲是地球上的全部大洲;

所以,地球上的所有大洲都有矿藏。

上例就是根据"地球上的大洲"这一类思维对象的每个对象都有"矿藏"这一属性,从而推出该类所有对象都有这种属性的完全归纳推理。

完全归纳推理的逻辑形式是:

S_1 是（或不是）P;

S_2 是（或不是）P;

S_3 是（或不是）P;

　　⋮

S_n 是（或不是）P;

S_1、S_2、S_3……S_n 是 S 类的全部对象;

所以,所有 S 是（或不是）P。

完全归纳推理在前提中考察的是某类的全部对象,它的前提蕴含结论,前提真则结论必真,是必然性推理。

二、应用完全归纳推理的条件

应用完全归纳推理只要遵循以下两个条件,那么结论就必然是真。

（一）前提中所考察的对象必须是某类中的全部对象

如果所考察的对象不是某类的全部对象,就不能称之为完全归纳推理,也就不能保证前提与结论之间的必然联系。

例如:

24（能被 4 整除）不是质数;

25（能被 5 整除）不是质数;

26（能被 2 整除）不是质数;

27（能被 3 整除）不是质数;

28（能被 7 整除）不是质数;

30（能被 6 整除）不是质数;

所以,自然数 24 到 30 之间没有质数。

在这一推理中,遗漏了自然数 29,而 29 只能被 1 和它自身整除,因而,这不是一个正确的完全归纳推理,结论必然错误。

（二）前提中对某一类中的每一个对象所作的断定都必须具有真实性

只要前提中有一个前提是虚假的、对某类中的某个对象所作的断定不真实,就不能由前提必然推出结论,其结论就是不可靠的。

三、完全归纳推理的作用及其局限性

尽管完全归纳推理的结论所断定的范围并未超出前提所断定的范围,但是完全归纳推理的结论却提供了新的认识。因为在完全归纳推理中,前提所提供的知识,只是关于某类中个别对象的知识,而结论所提供的知识则是关于某类全部对象的知识,结论的知识绝不是前提知识的简单重复,而是人们认识的深化。这就是完全归纳推理在认识中的作用。

在化学发展史上,化学家通过考察元素周期表零族元素中的每一种元素发现:氦是惰性气体,氖是惰性气体,氩是惰性气体,氪是惰性气体,氙是惰性气体,氡是惰性气体,氦、氖、氩、氪、氙、氡是零族元素中的全部元素。由此得出结论:"所有零族元素都是惰性气体。"化学的这一新发现,从思维的推演过程来分析,就是运用了完全归纳推理的逻辑形式。

完全归纳推理的特点是对某类思维对象的每一个对象都逐一进行考察。但是,人们所要认识的各类对象,在很多的情况下,或者是其所包含的个体对象数量是无限的,或者是其所包含的个体对象数量是极大的。因此,往往不可能对一类思维对象的每一个对象都逐一进行考察。在这种情况下,完全归纳推理就有局限性,需要运用另一种归纳推理形式,即不完全归纳推理。

第三节　不完全归纳推理

不完全归纳推理是根据某类思维对象的部分对象具有（或不具有）某种属性,从而推出该类思维对象的全部对象都具有（或不具有）某种属性的归纳推理。不完全归纳推理又分为简单枚举归纳推理、科学归纳推理和概率归纳推理。

一、简单枚举归纳推理

（一）简单枚举归纳推理定义

简单枚举归纳推理又称简单枚举法。它是根据某类思维对象的部分对象有（或没有）某种属性，并且没有遇到矛盾情况，从而推出该类的全部对象有（或没有）某种属性的归纳推理。例如：

强奸案有社会危害性；

诈骗案有社会危害性；

抢劫案有社会危害性；

⋮

强奸案、诈骗案、抢劫案是刑事案件的部分案件，并且在考察中没有遇到相矛盾的情况；

所以，所有刑事案件都有社会危害性。

上例就是根据刑事案件的部分案件具有"社会危害性"这一属性，在考察中没有遇到反例，从而推出："所有刑事案件都有社会危害性"这一结论。

简单枚举归纳推理的逻辑形式是：

S_1 是（或不是）P；

S_2 是（或不是）P；

S_3 是（或不是）P；

⋮

S_n 是（或不是）P；

S_1……S_n 是 S 类的部分对象，并且在考察中；

没有遇到相矛盾的情况；

所以，所有 S 是（或不是）P。

简单枚举归纳推理的根据仅仅是在考察某类的部分对象具有（或不具有）某属性，又没有遇到相反情况，据此推出结论。显然，这种认识是以经验为基础的。而人的经验总是不完全的。一些人在特定的时期和地域考察某类的部分对象，并不能保证以后就不会遇到相反的情况。

例如，很多人都习惯地认为，人体内的血是红色的，因为平时看到甲流出来的血是红色的，乙流出来的血是红色的，丙流出来的血是红色的……总之，人们看到周围许许多多人流出来的血都是红色的，而且没有遇到相反的情况。于是，人们就根据这种已有的认识，概括出："所有人的血都是红色的"这个结论。这个简单枚举归纳推理的结论是根据以往人们的经验。但是后来人们终于看到，在日本岩手县，住着血像黑酱油一样的一个人。他看上去和其他正常人一样，健康状况一直很好，若不是遇外伤，他也不知道自己的血是黑酱油色的。可见，简单枚举归纳推理的结论超出了前提的知识范围，前提并不蕴含结论，结论不一定是可靠的，这种推理是或然性推理。

（二）提高简单枚举归纳推理结论可靠性程度的条件

为了提高简单枚举归纳推理的逻辑性，增加其结论的可靠性程度，必须注意以下三点。

1. 前提中所列举的对象情况要尽量增多　简单枚举归纳推理是根据某类被考察的对

象有或没有某一属性而作出结论的。如果被考察的对象情况越多,那就说明作出结论的根据越充分,结论也就越可靠。

例如,为了提高"所有金属受热都膨胀"这一结论的可靠性,人们就不应只是考察少量的金属品,而应尽量考察大量的金属品,被考察的金属品越多,结论越可靠。

2. 尽可能选择具有广泛代表性的对象情况　由于一类对象情况总是存在于不同的环境条件中,因而,在进行简单枚举归纳推理时,必须尽可能选择有广泛代表性的各种不同环境条件下的对象情况进行考察。如果被考察对象情况的范围越广泛,则结论的可靠性程度就越高。

例如,为了提高"所有金属受热膨胀"这一结论的可靠性,不仅要增加被考察金属的品种数量,而且还应在高压、低压、高温、低温等各种条件下考察不同种类的金属品。如果在各种不同的条件下,受热的金属品都毫无例外地膨胀,这时得出结论的可靠性就大大提高了。

3. 注意搜集可能出现的反面事例　简单枚举归纳推理是根据相同事例的重复出现来推出结论的,只要前提中出现一个相反事例,结论便不能成立。因此,一定要考察有无相反事例,只有在经过仔细考察又没有发现相反事例的情况下,才可以作出结论。

例如,在过去相当长的时间里,人们认为"鸟都是会飞的""天鹅都是白色的",这些认识都曾经是用简单枚举归纳推理得到的。但是,后来在非洲发现了不会飞的鸵鸟,在澳大利亚发现了黑色的天鹅。从此以后,上述说法就被推翻了。

（三）简单枚举归纳推理的作用和易犯的逻辑错误

尽管简单枚举归纳推理的结论是不可靠的,却不能因此而忽视它的认识作用。简单枚举归纳推理富于探索和创新,它能帮助人们从个别事例中引出普遍性的结论,为进一步掌握对象与属性的内在必然联系提供线索。在形成假说的过程中,也常常要运用这种推理。例如,在波义耳定律的发现过程中,波义耳正是运用简单枚举归纳推理,从自己所掌握的许多实验事实中,概括出:"在一定温度条件下,气体体积和它所受到的压强成反比"这一定律。又如,200多年前,德国数学家哥德巴赫根据 4=2+2, 6=3+3, 48=29+19, 100=97+3……于是提出:"每一个大于2的偶数都是两个素数的和"。有人对一个个偶数进行了验算,一直验算到3亿3 000万,都得到了验证。由此猜想,更大的数也应该是这样。这就是应用简单枚举归纳推理而提出的著名的"哥德巴赫猜想"。

民间的许多谚语,如,"瑞雪兆丰年""月晕而风,础润而雨""鸡不回笼而有大雨"等,都是根据生活经验中这些事例的多次重复而概括出来的。人们之所以能作出这样的概括,是因为这些事例不停地重复出现,又没有遇到相矛盾的情况。所以,这些谚语的产生,也是运用了简单枚举归纳推理。

运用简单枚举归纳推理要防止出现"轻率概括"的逻辑错误。如果仅仅根据个别表面、偶然的事实,就轻率地推出全称性的结论,并且把这个结论看作是无可怀疑的确实论断,那就犯了"轻率概括"的逻辑错误。如有人对某乡农业收成情况进行调查研究时,仅从其中一两个村由于特殊原因减产的事实就推论说:这个乡所有的村都减产了。又如,有人仅从接触到的少数个体户偷税漏税、投机倒把、赚黑心钱,就进而推断说,个体户没有不靠赚黑心钱发财的。以上两例均犯了"轻率概括"的逻辑错误。

二、科学归纳推理

（一）科学归纳推理定义

科学归纳推理又称科学归纳法。它是根据某类思维对象的部分对象与某种属性之间具有因果联系，从而推出该类的全部对象有（或没有）某种属性的归纳推理。例如：

金受热后体积膨胀；

银受热后体积膨胀；

铜受热后体积膨胀；

铁受热后体积膨胀；

金、银、铜、铁是金属的部分对象，它们受热后分子的凝聚力减弱，分子运动加速，分子彼此距离加大，从而导致体积膨胀；

所以，所有的金属受热后都体积膨胀。

上例中的前提不仅考察了一类思维对象的部分对象有某种属性，而且进一步揭示了这一部分对象与属性之间的因果联系，由此得出全称性结论，这就是科学归纳推理。

科学归纳推理的逻辑形式是：

S_1 是（或不是）P；

S_2 是（或不是）P；

S_3 是（或不是）P；

$\vdots$

S_n 是（或不是）P；

S_1……S_n 是 S 类的部分对象，并且 S 与 P 有因果联系；

所以，所有 S 是（或不是）P。

（二）科学归纳推理与简单枚举归纳推理的联系和区别

科学归纳推理和简单枚举归纳推理都属于不完全归纳推理，它们的前提都只考察了某类的部分对象，它们的结论所断定的范围都超出了前提的范围。这些是它们之间的相同之处。

然而，科学归纳推理与简单枚举归纳推理又有明显的区别：

1. 简单枚举归纳推理和科学归纳推理的推理根据不同　简单枚举归纳推理是根据考察某类的部分对象具有（或不具）某种属性，并且没有遇到相矛盾的情况，从而作出了全称性结论；科学归纳推理则不停留在这种经验的概括上，而是进一步分析对象与属性间具有的某种内在必然联系，据此推出全称性结论。

2. 简单枚举归纳推理与科学归纳推理对前提数量的要求不同　对于简单枚举归纳推理来说，借以进行概括的事实数量具有重要意义。被考察对象的数量越多，结论的可靠性就越高；对于科学归纳推理来说，增加考察对象的数量，对其结论的可靠性不具有那么重要的意义。它是以认识事物间的因果联系为根据的，只要对事实情况作出科学的分析，找出已知对象与属性之间的必然联系，那么即使从为数不多的事实，也能推出更为可靠的结论。

3. 简单枚举归纳推理和科学归纳推理结论的可靠程度不同　简单枚举归纳推理的结论不一定可靠；而科学归纳推理，只要对象与属性的必然联系是正确的，则它的结论要比简单枚举归纳推理可靠得多。

（三）科学归纳推理的作用

由于科学归纳推理是以认识对象和属性间的必然联系为基础的,它的结论较可靠,所以它是归纳推理的重要形式。在进行严密科学研究和论证的场合,经常应用科学归纳推理。科学上的许多定理、定律的形成过程,都有科学归纳推理的参与。例如,法国杰出的生物学家、化学家巴斯德在实验中发现啤酒变酸的原因是由于乳酸杆菌在作怪。后来他在研究蚕生病的原因时,又发现弧菌是罪魁祸首。根据这两次个别经验,用科学归纳推理的形式概括出"细菌致病"的一般原理,为医疗事业作出了很大的贡献。

三、概率归纳推理

（一）概率定义

概率亦称"或然率""几率",是表示对随机事件发生的可能性的程度或可能性的大小所作出的数量方面的估计。如把必然发生的事件的概率规定为1,并把不可能发生的事件的概率规定为0,那么一般随机事件的概率是介于0与1之间的一个数。

在数学概率理论中,概率的概念是对例如硬币被抛掷时落地的是正面或是反面这样的随机事件的刻画。实验证明,随机事件一般有稳定的出现概率。

例如,在相同条件下抛掷一枚硬币,其结果可能正面朝上,也可能反面朝上。表8-1记录了三个人的抛掷结果。

表 8-1　抛　掷　结　果

实验者	实验总次数	正面出现次数	正面出现概率
甲	4 040	2 048	0.506 9
乙	12 000	6 019	0.501 6
丙	24 000	12 012	0.500 5

甲实验的结果正面出现的概率 =2 048/4 040=0.506 9。

乙实验的结果正面出现的概率 =6 019/12 000=0.501 6。

丙实验的结果正面出现的概率 =12 012/24 000=0.500 5。

由此可见,随机事件表面上看起来是偶然的,不确定的,但是它并不是无规律可循的。由上例中可以看出,随着实验次数的增加,概率越靠近0.5。这样,人们认识到在随机事件中隐藏着一定的规律性,并可用概率的方法对随机事件出现的可能性程度,从量上作出规律性的刻画。

任一随机事件出现的概率可以表示为:该事件在若干实验中出现的次数与实验总数的比率。

其公式是:

$$P=\frac{V}{N}$$

P 表示某一事件出现的概率,N 表示实验的总数,V 表示某一事件在 N 次实验中出现的次数。

（二）概率归纳推理定义

概率归纳推理是根据某类思维对象中部分对象出现的概率而推出该类的全部对象也都

具有这个概率的归纳推理。

例如，某工厂要生产一种新产品，为了提高经济效益，厂领导提出新产品正式投产后合格率必须达到95%以上。根据要求，质量检查员对其新产品任意抽取100个进行检查，发现有98个合格；第二次又抽取100个进行检查，有97个合格；第三次再抽取100个进行检查，有99个合格。通过三次抽样检查合格的概率为98%。由此可作出如下推断：该厂全部产品有98%的合格率。这个结论就是运用概率归纳推理得到的。

设某类对象为S，概率为P，观察总数为N，事件发生次数为V，那么，概率归纳推理的逻辑形式是：

S_1 是　　P,

S_2 不是　P;

S_3 是　　P,

　⋮

S_n 是（或不是）P;

S_1……S_n 是 S 类部分对象，N 中有 V 个是 P;

所以，所有S都有 V/N 是 P。

人们对客观世界的认识过程中，常常会遇到这样的情景，在所考察的S类的部分对象中，有的S具有P属性，有的S不具有P属性。究竟有多少S具有P属性，多少S不具有P属性，是不确定的，是随机的。在这样的情况下就可以运用概率归纳推理的形式，作出S有多大的可能性是P的概率结论。

概率归纳推理是从部分概率到整体概率的推理，并且属于不完全归纳推理。在这种推理中，前提与结论的联系是或然的，前提真，结论未必真。但是，概率归纳推理与简单枚举归纳推理不同，概率归纳推理是以对事件出现的可能性大小作出数量估计为前提的，因而它的结论可靠性要比简单枚举归纳推理的结论可靠得多。

（三）提高概率归纳推理结论可靠性程度的条件

为提高概率归纳推理结论的可靠性程度，应注意以下三个条件。

1. 观测的次数应尽量多　人们总是通过事件的频率（即在单位时间内某种事件发生的次数）来认识和把握事件的概率的。观测的次数越多，就越接近于事件的概率，概率归纳推理结论的可靠性就越大。

例如，只抛掷一次硬币，结果正面没有出现。按照这种结果，其概率为0。事实上，当抛掷次数增多的时候，其概率不为0，而是接近0.5。又如，对某厂产品只检查一两次，发现有98%合格，于是就得出结论：该厂全部产品有98%是合格的，这个结论就不一定可靠。假如检查十次、几十次或者更多次，每次产品都有98%合格，那么再作出结论就可靠得多了。

2. 观测的范围应尽量广　当观测的范围过小时，在这一场合中某事件出现的概率与在另一场合中出现的概率，可能会有相当大的差别。在进行概率归纳推理时，只有考察的范围尽量扩大，这一事件的概率才会趋于稳定，结论的可靠程度就高。

例如，某新药在甲地区对防治某种疾病的有效率为90%，但在乙地区对防治该病的有效率仅是40%。这是因为甲、乙两地自然环境、生活习惯、人的体质、疾病发生的原因及程度等均不同所致。由此可见，考察的范围越广，结论的可靠程度就越高。

3. 注意观测情况的变化　随机事件本身是不断发生变化的，因此，不能运用对某类事件原有的概率来推论已经发生变化了的该事件的概率。

例如,某厂没有实行承包制以前,抽样观测结果表明,废品的概率为 7%。实行承包制以后,加强了对生产过程的管理,建立了责任制,职工的生产热情高涨。这时,如果仍推论该厂的废品率为 7%,那么结论就是不可靠的,应根据变化了的实际情况,重新观测,以确定新的概率。

第四节　探求因果联系的逻辑方法

科学归纳推理是以已考察现象间的因果联系为依据,从而推出普遍性结论的。因而,在传统逻辑中,研究的是探求因果联系的逻辑方法。

物质世界是一个无限复杂、相互联系与相互依赖的统一整体。人们在考察这种普遍联系时,如果抽出相互联系中的某个现象进行研究,就会看到某个现象的发生是由另一个现象引起的,或某个现象的存在必然引起另一个现象的发生。在客观世界中,引起某一现象产生的现象叫作原因,被另一现象引起的现象叫作结果。

因果联系是相对的。每个现象相对其原因来说是结果,而相对其结果来说又是原因。例如,电炉发热是通电的结果,但是,电炉发热又是使电炉上的一壶水沸腾的原因。

原因与结果在时间上是先后相继的。原因先于结果,结果后于原因。但是,在时间上相继的两个对象,却不必然有因果联系。例如,白天和黑夜、春天和夏天,虽然是先后相继的,但是,它们之间却不存在因果联系。

因果联系是客观的、普遍的。无论在自然界中,或在社会中,没有一种现象不是由一定的原因引起的,任何原因又都必然引起一定的结果。无原因的结果和无结果的原因是不存在的。这些是确定现象因果联系逻辑方法的客观根据。

在传统逻辑里,探求因果联系的逻辑方法亦称"求因果五法"或称"穆勒五法",即求同法、求异法、求同求异并用法、共变法和剩余法。

一、求同法

求同法又称契合法。它的基本内容是被研究现象在不同场合出现,而在各个场合的诸多先行情况中,只有一个情况是这些场合共同具有的,则这个唯一共同情况就是被研究现象的原因。

例如,人们在实验中看到醋、柠檬汁、碳酸矿水和盐酸都可以使石蕊试纸变成红色,这是为什么? 人们经过研究得知,这四种化合物有的是有机化合物,如醋和柠檬汁;有的是无机化合物,如,碳酸矿水和盐酸。这就是说,它们在化学组成要素、分子结构等方面是不相同的。但是,人们在进一步研究中发现,四种化合物中存在一种共同性质,即它们都是酸性物质。于是可以判定,酸性是使石蕊纸变成红色的原因。

求同法的逻辑形式是:

场合	先行情况	被研究现象
(1)	A、B、C	a
(2)	A、D、E	a
(3)	A、F、G	a

所以,A 情况是 a 现象的原因。

求同法的特点是异中求同，即在各种场合的先行情况中，排除不同的先行情况，着眼于唯一共同的先行情况，据此确定其因果联系。

应用求同法在各个不同场合的比较中所发现的共同情况，不一定就是被研究现象的原因，因此，结论未必是可靠的。

为了提高求同法结论的可靠性程度，运用求同法时，应注意以下两点：

（一）要注意分析各场合中除了已发现的某一共同情况外，是否还隐藏着其他的共同情况

有时在应用这种方法时，往往发现了一个共同情况后，就以为是被研究现象的原因，其实，很可能还有一个比较隐蔽的共同情况没有被发现，而这个较隐蔽的共同情况恰恰是被研究现象发生的真正原因。

例如，疟疾是一种流行性疾病。过去人们曾发现，疟疾虽在许多不同的地区流行，患疟疾疾病的人也各不相同，但其中有一个共同情况，即在疟疾流行的地区都有沼泽地。有人就认为瘴气和潮湿是疟疾之源。人们后来经过认真观察才发现，沼泽地这一共同情况并不是疟疾流行的真正原因，而由于沼泽地容易滋生疟蚊，疟蚊叮人传播原虫，从而使疟疾得以流行。所以，疟原虫进入人体才是疟疾流行的真正原因。

由此可见，在应用求同法时，绝不能由于在被比较的各个场合中，发现有某个共同的情况，就急于作出结论。表面相同的因素不一定就是被研究现象产生的真正原因，应该注意有无隐藏着的另一个共同情况。

（二）要尽量增加被比较场合的数量

进行比较的不同场合越多，结论的可靠程度就越高。因为，如果比较的场合越多，各场合间存在相同先行情况的可能性就会越少，一些不相干的相同先行情况就会被排除，这样，真正的相同情况（原因）就越能被暴露出来。

例如，过去的迷信妄说曾把日食、月食、彗星和彩虹的出现，看作是引起人们动乱和灾害的原因。这正是利用少数场合的巧合的相同情况，把一个不相干的因素与研究现象联系了起来。如果增加被比较的场合，就会发现，有时虽出现日食、月食、彗星和彩虹等情况，但并未引起人间动乱和灾害的现象，这样，就排除了不相干的先行相同情况。

求同法通常在科学实验的最初阶段使用，其结论有待于进一步研究和证明。如，1962—1966年，上海水文地质大队在研究控制上海地面沉降方法的过程中，用了各种科学方法，其中也应用了求同法来揭示造成地面沉降的原因。他们发现，地面沉降最为严重的几个工业区，尽管有许多先行情况不同，但都有地下水用量大这一共同的先行情况，就用求同法得出了结论：大量抽取地下水是造成上海地面沉降的原因。这个结论，后来经过实践的检验得到了证实。

二、求异法

求异法又称差异法。它的基本内容是在被研究现象出现与不出现的两个场合中，其他先行情况都相同，只有一个先行情况不同，则这个唯一不同的先行情况就是被研究现象的原因。

例如，科学家曾经做过这样一个实验：让一个人躺在类似跷跷板那样的天平上，头脚两端保持水平状态，然后请他思考一个问题。结果发现他的头部那边的天平往下沉，这说明头部那边重量增加。当他停止思考后，天平又慢慢恢复水平原状。由此可以断定，思考问题是脑重量增加的原因。后来则进一步证明，脑重量增加的根本原因是在实验过程中大脑思考问题时有较多的血液流入了大脑。

求异法的逻辑形式是：

场合	先行情况	被研究现象
（1）	A、B、C	a
（2）	$\overline{B}$、C	－

所以，A情况是a现象的原因。

求异法的特点是同中求异，即在两个场合的许多相同先行情况中，着眼于其中唯一不同的先行情况，据此确定其因果联系。

求异法与求同法相比，有更多的优点。求异法的依据是，在有无该现象的两种不同场合中，只有一个先行情况不同，有该情况就有该现象，无该情况就无该现象，这正好反映了因果关系的基本特征。应用求异法大多数是在实验的基础上进行的。被观察的两个场合分别是用作实验的一组和用作对照的一组，以便进行精确的比较。所以，一般说来，求异法的结论要比求同法的结论更可靠。

求异法也有不足之处。在自然状态下，人们观察到的正反场合的差异情况有的是不严格的，也可能把真正的原因掩盖或忽略掉，所以，求异法的结论也是不一定可靠的。例如，从前有人根据挪威、瑞士、西班牙禁酒，同时某些犯罪现象比欧洲其他各国减少，便认为饮酒是产生犯罪的原因。这个结论就不可靠。因为各国的情况是很复杂的，相同与相异的方面很多，很难说两类国家中只有禁酒一个情况不同。

为了提高求异法结论的可靠性程度，运用求异法时要注意以下两点：

（一）在先行情况中，除唯一不同情况外，其余情况必须都相同

应用求异法必须是两个场合中的其他先行情况均相同，而唯有一种先行情况不同。如果相比较的两个场合还有隐藏着的其他差异因素，那么这个比较隐蔽的差异情况，很可能正是被研究现象的原因。

例如，为了实验一个水稻新品种的效益，选择同样面积的甲、乙两块地，以同样的种植方式进行种植，施以同样数量和质量的化肥，进行同样条件的田间管理。甲地种植新品种水稻，乙地种植老品种水稻，以考察秋后的产量情况。但在实验中却忽视了甲、乙两块土地的土质肥沃程度不同这一因素。也就是说，在上述实验的两个先行情况中，除品种不同外，还有另外的差异因素，即土质肥沃程度不同。这样，结论就会有误差，不能准确地测定新品种的效益。

（二）运用求异法还应注意两个场合的唯一不同的先行情况是被考察现象的全部原因，还是部分原因

例如，在植物的光合作用过程，其原因是复杂的。植物吸收水分、太阳光的光能和空气中的二氧化碳制成碳水化合物。如果没有阳光的辐射，植物的光合作用过程就会中断。但是不能说，阳光的辐射是光合作用的唯一原因。阳光的辐射供给能量仅仅是引起光合作用的部分原因，并不是全部原因。在这种情况下，人们只有继续寻求被研究现象出现的总的原因，才能把握这种因果联系的整体。

在科学实验中，人们经常应用求异法，通过两组不同情况的比较，确定现象间的因果联系。例如，心理学家做过这样的实验：先把盲人的耳朵塞住，这时盲人丧失了回避障碍的能力；而当盲人的耳朵没被塞住的情况下，则能够回避障碍物。这表明，听觉的好坏是盲人能否回避障碍物的原因之一。在科学史上，应用求异法发现科学原理的事例是屡见不鲜的，诸如发现"氧助燃""空气传声"等。

三、求同求异并用法

求同求异并用法,也称契合差异并用法。它的基本内容是如果在被研究现象出现的一组场合(正组场合)中,只有一个先行情况是共同的,在被研究现象不出现的一组场合(负组场合)中,都没有这个先行情况,那么,这个先行情况就是被研究现象的原因。

例如,根据农业生产实践中的大量材料,人们已经知道,种植大豆、豌豆、蚕豆类植物时,不仅不需要给土壤施氮肥,而且这些豆类植物还可以使土壤中的含氮量增加。但是在种植小麦、玉米、水稻等非豆类植物时,人们却需要向地里追施氮肥。人们对此现象进行研究发现,各种不同种类的豆类植物尽管其他性质不同,但有一个共同的先行情况,即根部都长有根瘤;各种不同种类的非豆类植物都没有这个共同情况,即它们的根部都没有根瘤。由此人们可知:豆类植物的根瘤能使土壤含氮量增加。

求同求异并用法的逻辑形式是:

场合	先行情况	被研究对象
(1)	A、B、C、F	a
(2)	A、D、E、G	a
(3)	A、F、G、C	a
⋮		
(1)	$\overline{B}$、C、G	—
(2)	$\overline{D}$、E、F	—
(3)	$\overline{F}$、G、D	—
⋮		

所以,A 情况是 a 现象的原因。

求同求异并用法的特点是两次使用求同法,一次使用求异法,它分为三个步骤:

第一步,比较正组的各个场合,运用求同法得知,凡有 A 情况就有 a 现象出现,所以,A 情况是 a 现象的原因。

第二步,比较负组的各个场合,运用求同法得知,凡无 A 情况就没有 a 现象出现,所以,没有共同先行情况 A 是 a 现象不出现的原因。

第三步,将正组场合的结论和负组场合的结论比较,运用求异法得知,凡有 A 情况就有 a 现象出现,没有 A 情况就没有 a 现象出现,所以,先行情况 A 是 a 现象的原因。

求同求异并用法吸收了求同法和求异法的某些特点,但它并不是求同法和求异法的相继并用,而是一种独立的探求因果联系的方法。

为了提高求异并用法结论的可靠性,应当注意以下两点:

(一)被考察的正负两组事例的场合越多,其结论的可靠性程度也就越高

这是因为考察的场合越多,就越能排除偶然的巧合情况,因而就不大容易把一个不相干的因素与被研究现象联系起来。

例如,有两个经营优等土地的农场,它们的机械设备、土地面积、经营管理都不相同,但有一点是相同的,那就是土地肥沃、地理位置优越;又有两个经营劣等土地的农场,它们其他条件各不相同,只有一点是共同的,那就是土地贫瘠、地理位置差。结果前者获得了超额利润,后者没有获得超额利润。通过求同求异法得出结论:土地肥沃程度和地理位置是获得超额利润的原因。如果增加被考察的两组事例的场合为三个、四个或更多个农场,那么获得的结论就更加可靠。

（二）与正组场合相比较的负组场合，除了无某个共同的先行情况外，其他情况越是相似，结论就越可靠

被研究现象不出现的负组场合是无限多的，它们对于探求被研究现象的因果联系并不都是相关的。因此，人们在选择与正组场合相比较的负组场合时，除某一不同先行情况外，其他先行情况应尽力与正组场合的先行情况相似。

例如，运用求同求异法并用法探求种植豆类作物不需施加氮肥的原因时，所选择的负组场合是与其相近的玉米、高粱、水稻等农作物，而不是相差甚远的花草树木。

四、共变法

共变法的基本内容是：在其他先行情况相同的条件下，在被研究现象发生变化的各个场合中，只是随着一个先行情况的变化而相应发生变化，那么这个唯一发生变化的先行情况便是被研究现象的原因。

例如，科学家在研究低温下某些导体的性质时发现，在其他条件不变的情况下，这些导体的电阻随导体温度的下降而减小，当温度降低到某一值时，导体的电阻突然消失，这就是超导现象。由此可以得出结论，导体温度降低是导体电阻减小的原因。

从上例可以看到，共变法的特点就在于它是通过现象间的共变关系去寻找因果联系的。导体电阻减小是被研究的现象；导体温度的降低是唯一变化的先行情况。由此推断，导体温度降低与导体电阻减小有因果联系。

共变法的逻辑形式是：

场合	先行情况	被研究对象
（1）	A_1、B、C、D	a_1
（2）	A_2、B、C、D	a_2
（3）	A_3、B、C、D	a_3

所以，A 情况是 a 现象的原因。

在上述逻辑形式中，A_1、A_2、A_3 分别表示 A 情况的量变；a_1、a_2、a_3 分别表示 a 现象发生的不同变化，其他先行情况都保持不变。

被研究现象与先行情况之间的共变关系可能表现为同向的，也可能表现为异向的。

所谓同向共变关系，就是指如果作为原因作用的量一直递加，那么结果在量上也随之一直递加，即通常所说的呈正比关系。例如，一定质量的气体，在压力不变的条件下，气体的体积随温度的上升而膨胀。

所谓异向共变关系，就是指如果作为原因作用的量一直递加，那么结果在量上一直递减，即通常所说的呈反比关系。例如，对于一定质量的气体，在温度不变的条件下，如果气体所受的压强越小，则气体体积越大。

共变法是以原因和结果在量上的相应变化为依据的，是通过事物现象的量的变化寻找现象间的因果联系的。

在确定事物因果联系时，有时由于某些因素无法消除或暂时不能消除而无法应用差异法，不能通过这种现象的出现或不出现来确定其因果关系。但是，这些因素虽然不能消除，在数量上却可以增减。如牛顿第一定律：运动着的物体如不受外力影响则保持直线的等速运动。在自然状态下，不受外力影响的物体是不存在的，外力影响是无法消除的因素，因而在这里就不能使用差异法加以验证。但外力的影响虽然不能消除,它的强弱却可以改变。所以,可以用共变法来研究外力与运动的关系。

共变法的结论也是不一定可靠的。为了提高共变法结论的可靠性程度,应注意以下四点:

(一)与被研究现象发生共变的先行情况应当是唯一的

运用共变法时,只能有一个先行情况发生变化,其他先行情况保持不变。如果还有其他先行情况也不发生变化,就可能导致共变法的误用。如气体的体积随温度升高而膨胀是以压力不变为条件的,压力变大,气体体积就不一定随温度升高而膨胀。

(二)两个现象的共变关系常常是有一定限度的

两个现象间的共变关系超过一定的限度,有时共变关系就会消失或者呈现一种相反的共变关系。例如,农作物的密植,在一定限度内,可以增产。但如果超过限度,则不仅不会增产,反而会减产。又如,过去人们曾认为,温度降低,化学反应的速度也降低。但近年来发现,有些化学反应当温度降低到零度左右时反而加速。

(三)有些现象间有共变关系,但它们并无因果关系

如雷鸣和闪电,从表面现象看有共变关系,即闪电光越强,雷鸣声越大,但闪电并非雷鸣的原因,两者都是自然放电的结果。

(四)正确把握因果关系的多样性

各场合中唯一变化的情况与被研究现象之间有的是不可逆的单向作用,即原因的变化引起结果的变化,但结果的变化并不能引起原因的变化;也有的是可逆的相互作用,即互为因果关系。如一个振动的音叉放在空匣子里,音叉的振动引起匣子内空气的振动,匣子内空气的振动又使音叉的振动加强起来。运用共变法时,必须注意因果关系的多样性。

共变法在科学实验中应用较为广泛。在物理学发现波义耳定律(当湿度不变时,体积与其压力成反比)的思维过程,就应用了共变法。工业上很多仪器的制造和发明,如体温计、气压机、电压表等,也都运用了共变法的原理。

五、剩余法

剩余法的基本内容是已知某一复合现象是由另一复合原因引起的,把其中确认为有因果联系的部分减去,则所剩余部分也有因果联系。

海王星的发现就是应用剩余法的典型实例。天文工作者通过大量观察发现,天王星在其轨道上运行时,有四个地方发生偏离。当时已知三个地方的偏离是由于受到其他行星吸引的结果。由此,天文工作者认定剩下的一处偏离必然是由另一个未知行星的引力所引起的。后来,根据万有引力定律计算出了这颗未知行星的位置,并终于在1864年9月用望远镜找到了这颗行星——海王星。

剩余法的逻辑形式是:

被研究的复合现象 a、b、c、d 的复合原因是 A、B、C、D。

已知:B 是 b 的原因;

　　　C 是 c 的原因;

　　　D 是 d 的原因;

　　　所以,A 是 a 的原因。

剩余法的特点是,它是探求事物和现象之间复杂因果联系的方法。它可以运用于对未知情况的推测,又可以运用于对已知情况的证实。但它不能作为研究现象间因果联系的初始方法,因它要以一定的已知部分因果关系为基础,而这些已知部分的因果关系是运用其他探求因果关系的方法得出的。

应用剩余法,一般说来能得出较为可靠的结论,但结论也不一定是真的。

为了提高剩余法结论的可靠性程度,在使用这种方法时应注意以下两点:

1. 必须准确地掌握复合原因与复合现象之间已知的因果部分,并且,已知原因同剩余的部分与研究现象之间不能有任何因果联系,否则,结论不能成立。

2. 被研究现象的剩余部分,既可能是由单一的原因引起的,也可能是由复合的原因引起的。

例如,著名科学家居里夫人为了从含铀的沥青矿样品中提炼铀,对其中的含铀量进行测定发现,有几块样品比纯铀的放射性大得多。根据这个事实,居里夫人认定,在这几块样品中,除纯铀与一部分放射线有因果联系外,剩余部分必然同另一部分未被发现的放射性元素有因果联系。据此,居里夫人首先从沥青矿中提炼出放射性元素钋,但钋只能说明一部分剩余现象的原因。她进一步又从几吨沥青矿中分离出只有几克重的黑粉末——纯镭,从而揭开了沥青矿石样品具有很强的放射性的原因。

以上介绍的五种探求因果联系的逻辑方法,各有不同的特点,各起不同的作用,也各有其局限性。因此,当研究比较复杂现象的因果联系时,就应善于联合使用这几种方法,以增强其结论的可靠性。

复习思考题

1. 什么是归纳推理?它与演绎推理的关系如何?

2. 什么是完全归纳推理?它有何作用?

3. 什么是简单枚举归纳推理?它有何作用?

4. 什么是典型归纳推理?

5. 什么是"求因果五法"?它们在科学研究中有何作用?

6. 什么是概率归纳推理?它与简单枚举归纳推理有何区别?

7. 简要说明概率的运算规则。

第九章　类比推理与回溯推理

类比推理既不同于演绎推理,也不同于归纳推理,而是相对独立于演绎推理和归纳推理之外的一种推理形式。回溯推理则是一种特殊的推理形式。本章主要介绍类比推理的三种分类的最一般的模式、性质类比推理和关系类比推理,以及以类比推理为基础的模拟方法和回溯推理。

第一节　类比推理的概述

一、类比推理的定义

类比推理是根据两类对象在一系列属性上是相同的,而且已知其中一类对象还具有其他的属性,由此推出另一类对象也具有同样的其他属性的推理。例如,人们在发现氦的过程中就有类比推理的运用。科学家们利用光谱分析,首先发现在太阳上有氦存在,由于太阳上的其他化学元素如氧、氮、硫、磷、钾等,地球上都有,于是就类推地球上也可能有氦存在。后来英国化学家拉姆齐于 1895 年在地球上找到氦元素。

二、类比推理的特点

（一）类比推理的客观依据

世界是物质的,任何事物的自身存在和彼此间的相互联系都是客观的,即不以人的意志为转移。所有事物或事物类,它们都具有某种属性,没有属性的事物是不存在的,不属于一定事物的属性也是不存在的。同时,事物或事物类所具有的许许多多属性之间不是彼此孤立、毫不相干的,而是相互联系、相互制约的。正是这样,能从观察到的两对象在一系列属性上都相同,推断出它们在其他属性上也相同。

（二）类比推理的结论是或然的

首先,类比推理的结论超出了前提所断定的范围。类比推理所依据的只是两对象部分属性相同,推出的却是另外的属性也相同。其次,已知属性与推出属性之间虽然有联系,但这种联系有的是必然的,有的是或然的,如果是或然的,其推出的属性就是不可靠的。因此,类比推理不能保证已知属性和推出属性这种联系的必然性。

（三）类比推理的方向性

类比推理不同于演绎推理,演绎推理前提蕴含结论,前提真,则结论必真;类比推理也不同于归纳推理,虽然归纳推理的结论是或然的,但它是从个别知识的前提推出一般的结论。类比推理的方向是从特殊到特殊,它的结论受前提的制约程度越小,与演绎推理和归纳推理相比,它适用范围更广。

三、类比与比较、比喻的关系

当人们谈到类比推理的时候,就会提出类比与比较、比喻的关系问题。弄清这三者的关系,有利于更好地理解类比推理。

类比与比较、比喻有联系也有区别。它们的联系表现在都是将两个或两类对象的某些属性进行对照。但这种对照在三者之间有明显的差别。

类比是在比较的基础上得出新的结论,它是推理,是从事创造性思维的重要手段。

比较是整理经验材料的逻辑方法。它对不同的事物加以对照,从而确定其相同点与相异点,它不是推理。

例如:"我的辩证法,从根本上来说,不仅和黑格尔的辩证法不同,而且和它截然相反。在黑格尔看来,思维过程,即他称为观念而甚至把它变成独立主体的思维过程,是现实事物的创造主,而现实事物只是思维过程的外部表现。我的看法则相反,观念的东西不外乎是移入人的头脑并在人的头脑中改造过的物质的东西而已。"在这段话里,通过比较,马克思确定了他的辩证方法和黑格尔的辩证方法之间的差异。

比喻是一种修辞的方法。它突出一个"喻"字,"以形象喻抽象""以浅显喻深奥",意在生动形象地描写或说明事物。例如,马克思以两脚朝天头着地的倒立,来形象地说明颠倒了物质和意识关系的黑格尔的辩证法。又如,把教师比作"园丁",把建筑工人比作"城市母亲"等,这都是比喻。

从上述举例中可见,比较、比喻只是帮助人们加深已有的认识,而不是推出新的结论。类比推理则要在两个或两类事物的对比中,由已知推出未知,使人们获得新的知识。

第二节　类比推理的种类

传统逻辑所讲的类比推理,一般是指由两个对象在一系列属性上的相似,推出它们在另一个属性上的相似。在实际思维过程中,由于问题的不同需要,人们可以从不同的角度来比较同一对事物,进而作出不同的推论。下面介绍类比推理的最基本类型。

一、肯定类比推理、否定类比推理和中性类比推理

人们在认识的活动过程中,既可以根据两个对象在某些方面的相同推出其他方面的相同,也可以根据两个对象在某些方面的相异推出其他方面的相异,还可以根据两个对象在某些方面相同,又在某些方面相异,然后通过平衡相同点和相异点而得出结论。这就形成了类比推理的三种最一般的模式:肯定类比推理、否定类比推理和中性类比推理。

(一)肯定类比推理

肯定类比推理是根据两个对象在一系列属性上的相似,并且已知其中一个对象还具有其他属性,由此推论另一个对象也具有相似的其他属性。

例如,1749 年 8 月的一天,富兰克林在将起电机(一种原始的发电机)产生的电流导入莱顿瓶时,偶然注意到瓶里有闪光和爆炸声,这使他立即联想到天空的闪电——也是一阵强烈的闪光伴随着轰轰的雷鸣。这两者会不会是同一种物质的不同存在形式呢?富兰克林对长期观察到的电流体和闪电现象作了详尽的比较,电流体与闪电的一致表现是:①发光;

②光的颜色相同；③其方向也是弯弯曲曲的；④运动迅速；⑤由金属传导；⑥有爆裂声；⑦在水中和冰中也存在；⑧通过物体时使之变形；⑨毁灭动物；⑩熔化金属，使易燃物着火，有燃烧硫黄的气味。此外，电流体还有被尖端所吸引的特点，闪电也应当有这个特点。如果闪电具备这一特点，人们就可以用带尖金属将它导入特制的莱顿瓶，使它的巨大能量不再对人类造成危害。1752 年，在一次暴风雨即将来临时，富兰克林放出了一个带金属棒的风筝，风筝的底端用一把钥匙与地面的莱顿瓶相接。闪电过后，富兰克林发现，莱顿瓶果然被充满了"天电"。后来对这种"天电"的实验研究表明，闪电不过是一种自然放电现象，与实验室内"制造出的"电流体并无本质的差别。

以上所举的例子就是一个肯定类比推理。可以将它概括为如下推理模式：

A 对象具有属性 a、b、c、d；

B 对象具有属性 a、b、c。

所以，B 对象也具有属性 d。

（二）否定类比推理

否定类比推理是根据两个对象存在某些属性的相异而推出它们在另一属性上也是相异的。否定类比推理有两种情形。一种是根据两个对象都不具有某些属性，又知其中某个对象还不具有某一属性，进而推出另一个对象也不具有某一属性的思维过程。

例如：人们经过长期的比较研究，发现蓝鲸，体表无鳞，不用鳃呼吸，不是卵生的，血液循环不是一条路线，不是变温动物，等等，因而蓝鲸不是鱼。而海豚也体表无鳞，不用鳃呼吸，不是卵生的，血液循环不是一条路线，不是变温动物，等等。可以推知海豚不是鱼。这种情形的否定类比推理可概括为如下推理模式：

A 对象无 a、b、c 属性时，亦无 d 属性；

B 对象无 a、b、c 属性。

所以，B 对象也无 d 属性。

否定类比推理的另一种情形是，已知两个对象，其中一个对象具有 a、b、c 属性时，同时亦有 d 属性，而另一个对象没有 a、b、c 属性，从而推出另一个对象无 d 属性。

例如：在探索月球上是否存在生命的过程中，人们发现月球和地球之间存在着一些重要的差别，地球上有空气、水分，昼夜温差小，地球上有生命现象存在；而月球上没有空气、水分、昼夜温差很大。可推知月球上没有生命现象的存在。

这种情形的否定类比的推理模式如下：

A 对象具有 a、b、c 属性，同时有 d 属性；

B 对象无 a、b、c 属性。

所以，B 对象亦无 d 属性。

（三）中性类比推理

中性类比推理是根据两个对象在某些方面的相同和另一些方面的差异，在平衡两者之间的相同点和差异点的基础上，从而得出两个对象在其他方面的相同或相异的结论。

例如：人们根据高粱是草本植物，种子红褐色或白色，不带酸味，有甜味（含糖），含淀粉，可食用，能酿酒，就想到刺葡萄虽然是藤本植物，果实黑色，带有酸味，但它也有甜味，含淀粉，可食用，应当也能用它酿酒。后来用刺葡萄酿酒成功。

中性类比的推理模式如下：

A 对象具有 a、b、c 属性；p、q、r 还有 x 属性；

B 对象具有 a、b、c 属性,不具有 p、q、r 属性。

所以,B 对象具有(或不具有)x 属性。

由于中性类比从正反两个方面考察了认识对象可能具有或不具有的属性,因此,一般来说其结论的可靠性程度比肯定类比推理或否定类比推理都高。

二、性质类比推理和关系类比推理

以上只介绍了类比推理的一般模式。由于对象的属性又有性质和关系之分,因而类比推理可分为性质类比推理和关系类比推理。

(一)性质类比推理

性质类比推理是根据两个或两类对象都有某些相同或相似性质,并且已知其中一个(或一类)对象还具有另外的某种性质,从而推出另一个(或另一类)对象也有这种性质的结论的推理。前面讲的在地球上发现氦的过程所运用的推理就是性质类比推理。又如,19世纪德国动物学家施旺和德国植物学家施莱登分别发现了动物和植物是由细胞组成的。之后,施莱登又在植物细胞中发现了细胞核,并把这一情况写信告诉了施旺,施旺在类比了植物和动物一系列性质的相似性后,推出动物的细胞也会有细胞核。这一类比结果后来得到了证实。性质类比推理的形式为:

A 与 B 有性质 a、b、c;

A 还有性质 d。

所以,B 也有性质 d。

(二)关系类比推理

关系类比推理是根据两组对象有某种类似关系,并且其中的一组对象还具有另外的关系,从而推出另一组对象也有类似的关系的推理。例如,已知点 a 和点 b 关于直线 t 是对称关系,点 x 和点 y 关于坐标原点是对称关系,并且点 a 和点 b 到直线 t 的距离是相等的,所以点 x 和点 y 到坐标原点的距离也可能是相等的。又如,甲和乙合作经商,丙和丁合作经商,并且甲和乙在合作经营中是平等关系,所以,丙和丁在合作经营中也可能是平等关系。这些都是关系类比推理。关系类比推理可用如下形式表示:

A 与 B 和 X 与 Y 之间具有类似关系 R_1;

A 与 B 之间还具有 R_2 关系。

所以,X 与 Y 之间也具有 R_2 关系。

类比推理的结论是或然的,要正确运用类比推理,必须注意提高它的结论的可靠性程度,而这种可靠性程度取决于相同属性与推出属性的相关程度,相同属性与推出属性的相关程度越高,它的结论越可靠。提高类比推理结论可靠性,要满足以下要求:

1. 类比对象间的相同属性应尽可能多 科学史证明,两类对象的相同属性越多,它们在自然界中所属的类别可能越接近,差异性就越小。由此根据相同属性推出未知属性,其结论的可靠性也越大。例如,当人们鉴定一种新药在人体应用的效应之前,总是先在一些高等动物身上做实验,因为高等动物与人共有的属性多。如果在鱼、虫、虾等低等动物上做类比,其结论可靠程度就低。马克思所说的,猴体的解剖是人体解剖的钥匙,也是这个道理。

2. 类比对象间的相同属性应是本质的 两类对象的相同属性越是本质的,则意味着它们在自然界中所属的类别越接近,其他的相同属性就越多,由此根据相同属性推出未知属性,其结论的可靠性也越大。如果以表面相似作出类推,其结论是不可靠的,实际上也不能说明问题。例如,在相当长的一段时间里人们误认为鲸是一种鱼,因为它生活在水中,外形同鱼的外形差不多。事实上,这些是表面的相似,没有看到鲸与鱼的本质区别。鱼是用鳃呼吸的,而鲸是用肺呼吸的。二者分属不同类的动物。可见,如果类比的两对象,只有表面的相似,而本质不同,就容易推出错误的结论。

3. 要注意类比对象间的差异性　类比对象的相同属性是相对的,有条件的;类比对象的差异则是绝对的,无条件的。任何两类事物,尽管有许多属性相同,并且相同的方面是本质的,但它们毕竟是不同的对象,它们总是有差异的。在依照类比推理公式进行类比推理时,如果恰好根据 A 对象的特有属性来推论 B 对象也具有这种属性,那就会发生错误。

违背类比推理的上述要求,就会犯"机械类比"的逻辑错误。所谓"机械类比",就是根据两类性质根本不同的事物,机械加以比较而推出结论。例如,传说有个卖油郎的妻子,在丈夫每次挑油去卖时,总是舀上一勺藏起来,到了年底,卖油郎正为没钱过年而叹气,妻子端出一坛油叫丈夫卖了过年。一个卖皇历的人知道这事,就在自己妻子面前夸卖油郎的妻子,这时,他的妻子冷笑说:"这有何难,你怕我做不到!"到了年底,卖皇历的人为还债而发愁。他的妻子捧出一大堆老皇历说"你把它卖了过年还不行吗!"卖皇历的人面对一大堆过时的皇历啼笑皆非。这是一则民间笑话。从逻辑分析的角度可知,这个卖皇历人的妻子模仿卖油郎妻子的做法,而忽视了油和皇历在本质上的差别,她"东施效颦"所类推出的结论是荒唐可笑的。在思维和表达中,尤其是在历史事件类比中,更要避免"机械类推"的逻辑错误。

第三节　类比推理的作用

类比推理的结论虽然是或然的,但却是人们创造性思维活动的重要方法之一,也是人们经常使用的一种推理形式。开普勒曾说:"我珍视类比胜过任何别的东西,它是我最可信赖的老师,它能揭示自然界的秘密。"类比推理的作用主要表现在以下两个方面。

一、类比推理是科学发现或发明的方法

(一)类比推理在形成和得出科学假说过程中起着重要作用

在科学史上,许多重要的科学假说就是应用类比推理的方法建立起来的。例如,惠更斯关于光的波动说,是类比声波得出的。又如卢瑟福的原子模型是类比太阳系得出来的。在 1906—1909 年,卢瑟福及其学生盖革、马斯登所作的 α 粒子散射实验证明,在原子中有一个仅占原子体积极小部分(约几百万分之一)但却具有原子质量绝大部分(99.97%)的核,而核外的电子只有极小的质量。卢瑟福将原子内部情况和太阳系的结构相类比,认为它们很相似,因为太阳系的核心具有太阳系总质量的 99.87%,但只占太阳系空间的极小部分,并且,原子核与电子之间的电吸引力,同太阳与行星之间的引力有着共同的数学规律,即都遵循其引力大小与距离平方成反比的规律。1911 年卢瑟福根据已知的太阳系是由处于核心的太阳和环绕它运行的一系列行星构成的这一事实,运用类比方法提出原子是由电子环绕带正电荷的原子核组成的原子结构的行星模型假说。一般称之为原子的卢瑟福模型。

(二)类比推理能够帮助人们启发思路,提供线索,有时会导致重大的发现或发明

正如康德所说:"每当理智缺乏可靠论证的思路时,类比这个方法往往能引导我们前进。"

例如：18世纪中叶，维也纳有一位医生，名叫奥恩布鲁格。有一次他给一位病人看病，没检查出什么严重疾病，但病人很快就死了。经过解剖尸体察看，发现胸腔积满脓水。医生想，以后再碰到这样病人怎样诊断？忽然想起他父亲在经营酒店时，常用手指关节敲木制酒桶，听了卜卜的叩击声，就能估量出木桶中还有多少酒。他思考着：人的胸膛不是很像酒桶吗？是不是可以根据手指叩击病人胸部的声音作出诊断呢？他通过反复探索胸部疾病和叩击声音之间变化的关系，终于写出"叩诊人体胸部发现胸膛内部疾病的新方法"的医学论文，发明了"叩诊"这一诊断方法。

（三）类比推理在仿制，特别是仿生方面，也有较突出的作用

人们在设计制造某种新产品时，往往要仿效原有的产品，保留一些事物，改进一些事物。这种仿效同类事物的方法，就是运用了类比方法。例如：从大脑的信息系统和自我控制系统类推到机器并最后研制成功了电脑、机器人等。依托现代工程技术，类比推理在仿生学中的作用更为明显。现代工程技术不仅能够由实验模型类推到研制的原型，而且还能由对自然原型的研究类推到人工模拟系统。20世纪60年代出现的仿生学，就专门研究生物系统的结构和功能，并创造出模拟它们的系统。例如，青蛙的眼睛跟踪运动目标，人们研究蛙眼的结构与反应原理，设计出了模拟蛙眼的"电子蛙眼"，用它来跟踪卫星以及监视空中的飞行物；根据狗的嗅觉特点，发明了"电子警犬"；根据蝙蝠具有发射、回收超声波的功能，发明了能测定、跟踪空中飞行目标的雷达。

二、类比推理是人们进行论证、反驳问题时广泛使用的一种逻辑方法

人们常常借助类比推理，把未知的事物与已知的事物进行类比，把陌生的事物与熟悉的事物进行类比，把简单的事物与复杂的事物进行类比，生动具体地说明某一问题，从而增强论证的说服力。《庄子·杂篇》中记载了一则故事：庄子家境贫寒，于是向监河侯借粮。监河侯说："行啊，等我收取了封邑的税金，就借给你300金！"庄子听了愤愤道："我昨天来的时候，看到有条鲫鱼在车轮碾过的小坑洼中挣扎。我问它怎么啦，它求我给它一升水救命。我对它说：'行啊！我将到南方去游说吴王、越王，引西江之水来救你，好么！'那条鲫鱼听后愤愤地说：'你现在给我一升水我就能活下来了，等你引来西江之水，我早在鱼干店了！'"这则故事中，庄子就是用鲫鱼的处境和自己的处境做类比，对监河侯不肯助人，用不着边际的承诺来搪塞别人请求的虚假仁义进行了驳斥。

这则故事的类比推理形式表示为：

鲫鱼急需水，却要等到西江之水才能得水，那时鲫鱼早已死去；

庄子急需粮，却要等到收取税金后才能得粮，那时庄子也早已死去。

第四节　模　拟　方　法

一、模拟方法的定义

模拟方法是在实验室中先设计出与某自然现象或过程（即原型）相似的模型来间接地研究原型的规律性的方法。在科学实验中，有时受客观条件限制不能对某些自然现象或大型工程进行直接实验，就采用这种方法。例如，生命起源是自然界的奥秘。苏联著名天体演

化学家施米特和美国化学家尤里提出了关于地球的原始条件设想。他们认为,在地球形成初期,构成原始大气的主要成分是氢气(H_2)、水蒸气(H_2O)、甲烷(CH_4)和氨气(NH_3),没有氧气(O_2),由于太阳能的辐射,原始大气发生雷电现象。1952年,美国化学家米勒设计了一套气体循环装置模拟施米特、尤里的原始大气,试图揭开生命起源之谜。他的装置由加热室、火花放电室、冷却室和U形管等玻璃仪器组成。米勒把这套装置抽成真空,并在130℃下消毒,然后使用氢气(100mmHg)、甲烷(20mmHg)、氨气(20mmHg)和水蒸气,并通过上述装置开始他的实验。结果证明,在地球的原始条件下,仅仅通过化学途径就能从无机物中产生氨基酸,而氨基酸是构成生物体蛋白质的基本单位。

二、模拟方法的种类

(一)由自然原型过渡到技术模型,以技术模型模拟自然原型

根据自然原型和技术模型都具有属性a、b、c,而自然原型还有属性d,从而推出技术模型也有属性d。仿生学就属于这类模拟。这类模拟方法的一般形式为:

自然原型:a、b、c、d;

技术模型:a、b、c。

所以,技术模型也具有d。

(二)由实验模型类推到研制原型

这就是根据实验模型和研制原型都有属性a、b、c,而实验模型还有属性d,从而推出研制原型也具有属性d。例如,人们为了建造一艘高吨位的大型海轮,先按一定的比例做一个小型的船模,在与大海相似的物理条件下对船模进行实验。如果船模的质量在相似的物理条件下是合乎要求的,就可推知将要实际建造的大型海轮的质量也是合乎要求的。这种模拟方式的一般形式为:

实验模型:a、b、c、d;

研制原型:a、b、c。

所以,研制原型也具有d。

通过模拟的方法得出的结论虽然是较可靠的,但也并不是必然的。要提高模拟的可靠性程度,模拟的内容应较广泛,应是多方面、多层次的;还要求模拟对象的相同点或相似点应是精密的、准确的。

模拟与类比推理有密切的联系。类比推理是模拟的逻辑根据,离开类比推理就不能进行模拟;模拟是类比推理的推广和精确化。当然,两者既有联系,也有区别。类比推理的范围是事物的个别属性、特征,而模拟的范围包括事物的功能、结构、关系等整个系统;类比推理所依据的相同属性是相似的,不精确的,而模拟方法是借助模型方法确立相似关系,这种关系的质与量是较精确的。

三、模拟方法的作用

(一)模拟方法对于现代科学工程技术的发展起了加速作用和推动作用

模拟方法可以将复杂的过程转化为简单的过程,将自然界中大规模的现象变为实验室中的现象,以便于研究。正是这样,科学家和工程技术人员运用模拟的方法,定质定量地设计模型、构造模型,从而把模型的结果推广到被研究对象上去,促进了现代科学工程技术的发展。特别是仿生学的建立,大大推动了现代科学的发展。

（二）模拟方法在经济建设和日常工作中也发挥着重要的作用。

例如，人们要建造某一大型水利工程或高层建筑物，总是要进行多次的模拟实验，才能进行制造或建造。我国的葛洲坝水利枢纽工程的建造，在施工前工程技术人员就设立了5个大型模拟实验场地，做了200多次实验。在人们的日常生活和各种管理工作中，模拟方法的作用也是较明显的。

第五节　回　溯　推　理

一、回溯推理的定义

回溯推理又称溯源推理，是从结果推测原因或者从推断推论理由的推理，是人们在日常生活和工作中经常使用的一种思维方法。

回溯推理的逻辑结构是由一个（或一组后件相同的）充分条件假言判断为前提，而另一个前提则肯定充分条件假言判断的后件，从而结论或然地肯定充分条件假言判断的前件。整个推理过程有从结果推测原因的性质。

如果用"q"表示已知的事实判断，用"p→q"表示一般规律性知识，用"p"表示结论，用"⇒"表示推测，那么溯源方法的逻辑形式是：

$$[q \wedge (p{\to}q)] \Rightarrow p$$

例如，某企业劳动生产率成倍提高，利润大增，取得了较好的效益，其原因何在？研究人员推断，如果采用新技术，就能成倍提高劳动生产率，使利润大增，取得较好的效益。由此推测出该企业可能采用了新技术。

回溯推理是肯定充分条件假言判断的后件，从而肯定前件；但根据充分条件假言推理规则，肯定后件不能肯定前件。因此，回溯推理的结论并不是从前提中必然推出的，其前提并不蕴含结论，其结论可能真，也可能假。回溯推理是或然性推理。

二、回溯推理的种类

回溯推理根据其结构的不同，分为简单回溯推理和复杂回溯推理。

（一）简单回溯推理

简单回溯推理是一个前提为充分条件假言判断，另一个前提肯定充分条件假言判断的后件，结论则通过性质判断的形式肯定充分条件假言判断的前件的回溯推理。其逻辑形式如下：

q；

p→q。

所以，p。

可见，简单回溯推理是从某个已知事实出发，运用某个的特定的一般规律知识，进而推测导致判断成立的某一特定理由的回溯推理。例如，在流感时期，某患者因发烧来医院就诊，大夫就常常首先作出这样的推断：如果患重感冒则发烧，现在患者发烧，所以患者患重感冒。这一诊断是否正确呢？还可进一步通过量体温、化验等方法验证，这便是简单回溯推理的应用。

（二）复杂回溯推理

复杂回溯推理是一组前提为后件相同的充分条件假言判断,另一前提肯定充分条件假言判断的后件,结论通过选言判断的形式肯定充分条件假言判断的前件的回溯推理。其逻辑形式是:

q;

$p_1 \rightarrow q$;

$p_2 \rightarrow q$;

$p_3 \rightarrow q$;

$\vdots$

$\underline{P_n \rightarrow q}$。

所以, $p_1 \lor p_2 \lor p_3 \cdots \lor p_n$。

可见,复杂回溯推理是从某个已知事实的判断出发,运用一般规律性知识,进而推测导致该判断成立的多种理由中至少有一种理由存在的回溯推理。有的结果是由一种原因引起的,也有的结果是由多种原因引起的。因此,人们从已知结果推测原因时,往往同时推测多种原因。

例如,某地水稻减产,可能是多种原因引起的,或者阳光不充足,或者水分不适量,或者稻种不良,或者肥料不充足,或者管理不善,等等。由此可以进行如下推测:

某地水稻减产;

如果阳光不充足,那么水稻减产;

如果水分不适量,那么水稻减产;

如果肥料不充足,那么水稻减产。

所以,某地水稻减产的原因或者是由于阳光不充足,或者是由于水分不适量,或者是由于稻种不良,或者是由于肥料不充足,或者是由于管理不善。

这是应用复杂回溯推理所推出的结果,还可进一步在实践中验证。

三、回溯推理的作用

（一）回溯推理虽然是或然性的推理,而非必然性的推理,因此,结论不一定可靠,但在思维实践中确具有不可低估的作用

运用回溯推理有助于推测事件发生的原因,是形成假说、验证假说的重要推理形式。

回溯推理的客观根据是客观对象或现象之间的因果联系、条件联系。应用回溯推理可以从某一结果推测其原因,或从同一结果推测出多种原因,为形成假说提供依据。例如,在企业进行全面质量管理中,发现某工厂的产品质量下降,人们可以根据这一情况,结合"如果原材料有问题或者生产操作过程有问题,那么就会导致产品质量下降"这个一般性知识,运用回溯推理作出"该工厂原料有问题或者生产操作过程有问题"的结论。然后再根据这一线索,进一步考察其产品质量下降的原因。

再比如,医生面对出现各种症状、体征的患者,要对患者临床表现作出因果解释,常常需要运用回溯推理的形式作出初步诊断。如一个患者发烧,可能是由于重感冒引起的。初步运用回溯推理得出许多不同的结论,给进一步诊断提供了线索。为假说的形成提供了依据。在下一节假说中,将进一步阐述回溯推理在假说验证中的作用。

（二）回溯推理可用于案件的侦查工作

在案件侦查工作中,作案结果是已知的,罪犯作案过程是未知的,通常要用回溯推理从结果推测原因。

例如:某四号工地,发现一具尸骨。从颅骨顶部残留的一个内陷性骨折的印痕来判断,死者是受到斧背锤击而丧生的,可见这是一件凶杀案。从腐败的包扎物和衣服碎片判断,凶手在作案之前已有周密的准备,且至少有两人作案。从尸体腐败程度来看,不像是近年发生的新案。死者为男性,AB 血型,与本地区十多起未破获的旧案不匹配。技术部门根据死者颅骨特征,复原出头像,供群众辨认。一位老大娘认出这是她 30 年前突然失踪的丈夫。据邻居说,一个星期六晚上,胡老板的管家阿三喊她的丈夫出去过,从此以后,一直没有下落。四号工地正是当年胡老板的药店库房地下,凶手很可能是胡老板和阿三。现在胡老板已不在人世了,可他的小老婆和阿三还在。当年的阿三依仗胡老板的势力,干了不少坏事,如今已是年近六旬的老头了。于是警方把他从乡下找来,他开始还想抵赖,当听说要带胡老板的小老婆前来对质时,他慌了,只好认罪了:"那是解放前夕,胡老板想霸占死者住房,遭到拒绝,便怀恨在心,准备把他'干掉'。一个星期六晚上,胡老板叫我佯装请他来吃饭。胡老板和他的小老婆用酒灌醉他,并用黑布蒙住他的头,我用斧头从头顶猛砸。害死他后,将他埋在了药库地板下。"

该案件发生在 30 年以前,公安人员用回溯推理初步认定凶杀案。其推理过程如下:

尸骨的颅骨顶部残留有内陷性骨折印痕;

如果死者是头部受到斧背之类的凶器锤击而丧生,那么在此部位会残留有内陷性的骨折印痕。

所以,死者是他人用斧背锤击而杀害的。

接着又运用回溯推理,推测凶手:

阿三具有杀害死者的时间等条件(星期六晚上找过死者、一贯作恶等);

如果阿三是凶手,那么阿三就具有杀人的时间等条件。

所以,阿三是凶手。

此案在推测凶手至少有两人且事先经过预谋等问题方面,也运用了一系列回溯推理。

复习思考题

1. 什么是类比推理?它与演绎推理、归纳推理有何区别?
2. 类比推理主要有哪些模式?
3. 如何提高类比推理结论的可靠性?
4. 类比推理在认识中的作用如何?
5. 什么是模拟方法?它有几种类型?
6. 什么是回溯推理?回溯推理有哪些种类?

第十章　假　　说

假说是一种复杂的思维形式。什么是假说？假说形成和验证的逻辑程序如何？假说有何作用？等等，这些都是本章所要介绍的内容。

第一节　假说的概述

一、假说的定义

假说就是根据已知的事实和科学原理，对所研究的事物或现象作出假定性解释。

人们在实践活动中，总会遇到这样或那样的疑难问题。有些疑难问题依据已有知识就能作出正确的解释。但是，也有些疑难问题，运用已有的知识却很难作出令人满意的解释，甚至无法解释。在这种情况下，人们就通过猜想作出试探性的解释。

例如：科学告诉我们，原子是由原子核和电子组成的。原子核是一个电子，由中子和质子构成，中子和质子还可以互相转化。中子发射一个电子就变成质子，质子又可以发射一个正电子变成中子。当时已经发现的一些元素的 β 衰变，正是原子核内的中子放出 γ 电子衰变成质子的现象。正当人们想进一步弄清 β 衰变现象时，不幸的事情发生了。按照能量守恒定律，β 衰变过程中，原子核内中子衰变成质子而失去的能量，应该等于它放出的电子所带走的能量。可是实验结果表明，电子所带走的能量，总比原子核放出的能量少得多。那么，原子核放出能量的一部分到哪里去了呢？许多物理学家都在探索这个问题。当时，青年物理学家泡利提出原子核释放的部分能量是"中微子"。

在上述例子中，泡利以能量守恒定律和已有的事实为根据，对原子核释放的部分能量现象作出了试探性的解释，即提出了科学假说。

二、假说的特征

（一）假说以一定的事实材料和科学理论为依据

假说建立在一定的观察、实验材料和其他经验事实的基础上，并经过了一定的逻辑论证。因此，假说既区别于毫无事实根据的迷信、臆测，也不同于缺乏逻辑论证的简单猜测、幻想。

（二）假说具有推测的性质

科学的假说与确已证实的科学理论是不同的。任何假说都是对某种未知现象或某种规律的猜想，尚未达到确切可靠的认识，因而有待验证。

第二节 假说的形成

一、假说的提出及形成

假说的提出是一个复杂的创造性思维过程。在科学发展的不同历史时期,假说的形成方式有不同的特点;在不同科学领域中,假说的形成也有不同的特点。形式逻辑撇开假说的具体内容,而从方法论的角度研究假说的形成的一般的逻辑过程。

具体来说,假说的形成一般都经历了两个阶段。

根据已掌握的事实材料和科学理论,通过推理作出初步的假定。这个阶段叫假说形成的初始阶段。

(一)假说形成的初始阶段

在这个分阶段里,研究者要根据已掌握的事实材料和科学理论,通过推理作出初步的假定。

例如:德国地球物理学家魏格纳提出的"大陆漂移说",是考察了一些事实,即南美洲与非洲大陆彼此间有显著的吻合性;把非洲的开普山和南美洲阿根廷首都以南的山脉连起来,可以视为同一个地质构造的连续;在非洲和南美洲都发现了1亿年前的各种陆生爬行动物的遗骸,等等。

由此可以看出,"大陆漂移说"的提出是以一些事实作为出发点的,从而推出在古代地球上只有一块陆地,它的周围是一片广阔的海洋,后来由于天体的引潮力和地球自转所产生的离心力,使原始大陆分裂成若干块,这些陆地就像冰块浮在水面上一样逐渐漂移、分开,形成今日的各大陆块和海域。

以科学理论为根据,从为数不多的客观事实作出初步假定,这是一个创造性的思维过程,在这个过程中,类比推理和归纳推理起着突出的作用。类比推理在假说形成的初始阶段中占有特殊的地位。因为人们发现了所研究的两个对象的某些相似点,就可以去假定这两个对象在其他方面也有相似点。例如,施旺关于动物的细胞一定有细胞核的假说,就是根据动物和植物的机体有相似点而提出的。

在假说形成的初始阶段,要对已发现的事实材料进行概括与系统化。建立假说并不仅仅要根据某一些事实的比较、类比,而且要依靠大量事实材料,从中找出共同的、一般性的事物。而这要靠归纳推理来实现。

(二)假说的完成阶段

研究者从已确立的初步假定出发,经过事实材料和科学理论的广泛论证,充实成为一个结构稳定的系统。

在假说形成的完成阶段里,研究者以确立的假定观念为中心,广泛地解释已有的事实材料。

一般说来,如果解释的事实越多,那么支持假说的论据也就越多。例如,为了充实大陆漂移说,人们又进行了多方面的论证:大西洋两岸、印度洋两岸相对地区地层层序(地层结构)相同;大西洋两岸的古生物种类(植物化石和动物化石)几乎相同。1969年科学家发现南极洲、大洋洲和印度半岛等大陆,能够很好地拼合在一起,其拼合程度比大西洋两岸拼合程度高,等等。

在假说形成的完成阶段里,还应该预言未知事实或新的现象。因为假说不仅需要能够解释已知的事实材料,还必须能够预知未知的事物。例如,大陆漂移说提出以后,不仅很好地解释了许多已知的事实材料,而且预言了大西洋两岸的距离正在逐渐增加;格陵兰岛由于继续向西移,它与格林尼治之间的经度距离正在增大;1978 年美国科学家提出在加利福尼亚州有一条巨大断层,这条断裂带两侧的陆地一直以每年 6cm 的速度相互靠拢,等等。

在假说形成的完成阶段里,演绎推理作用比较突出。这是因为,一方面,假说的完成阶段必须圆满地解释有关的事实,即从已确立的假定观念出发,通过演绎推理,引申出关于事实的结论;另一方面,初始阶段的初步假定还是个简单的观念,必须联系多方面的知识进行演绎,充实它的理论内容,才能使它成为一个完整的学说。

二、假说形成应注意的事项

假说的形成过程具有高度的创造性和复杂性,没有什么固定的格式、规则。但是根据假说的最基本特点,人们在建立一个科学假说时,仍然需要注意以下几点:

(一)必须以事实为根据,但不必等待事实材料全面系统地积累起来以后才作假说

事实是提出假说的根据,这是非常重要的一个方面,而另一方面,人们不要等待事实材料全面系统积累之后才去建立假说,因为这样就等于停止了理论思维的研究,从而影响科学的发展。19 世纪 60 年代门捷列夫提出元素周期律假说时,已知的元素只有 63 种,他在建立的元素周期表上留出空白,预言未知元素的存在及其性质。在此之前,大部分元素的发展都是偶然的、盲目的;到 1869 年门捷列夫提出元素周期律的假说后,就大大地推进了新元素的发现工作,并给化学的发展带来了极为深远的影响。

(二)必须运用已有的科学理论,但不要被传统的观念所束缚

假说的形成实际上是人类认识过程的扩大和深化。因而,科学假说不能与科学中已被证实的理论相矛盾。相反必须遵循已有的科学原理。但是也要看到,认识本身是个辩证过程,许多现有的理论并不是完美无缺的,特别是当它与事实发生矛盾时,就暴露出原有理论的缺点和错误。此时,就不应抱住原有的理论不放。但问题在于,传统观念是一种习惯势力,根深蒂固的"常识"是最不容易突破的。这就需要有非常大胆的革新勇气,敢于向"经典理论"挑战,提出革命性的新假说。许多伟大的思想家都是这样做的。例如,开普勒在获得第谷的观测材料之后,他的工作做得十分踏实,他虽然接受了哥白尼的"日心说",但是他在一个很长的时期内,为"天体运动必须是均匀的圆圈运动"而苦恼。因为他发现这种观念不论在哥白尼体系里,还是在托勒密的"地心说"中或在第谷的理论系统里,都不能以同样准确的程度预测第谷所测算到的结果。后来,他决心放弃毕达哥拉斯的传统观念,提出了天体是沿着椭圆轨道运动的假说。后来证明椭圆轨道绘出的预测与实际的观测相符,从而得到了开普勒第一定律:每一个行星都沿着一个椭圆轨道环绕太阳运行,而太阳则处在椭圆的一个焦点上。再如 20 世纪初,爱因斯坦提出相对论的假说时,人们听了都瞠目结舌:怎么在高速运动的系统中,长度会缩短、时间会变慢! 这是何等离奇,多么不合常识……然而,相对论假说恰恰是运用已有科学理论而又不受传统观念束缚的产物。

(三)不仅要尽可能地解释已有的事实,而且要解释可在实践中检验的新结论

建立假说的目的就是要解释已有事实、现象存在的原因或事物发展的规律。如果一个假说不能解释已有的事实,那么这个假说就没有价值。17 世纪的化学家斯塔尔提出了"燃素说",他认为任何能燃烧的物体里都包含着一种特殊的物质——燃素。尽管用这一假说能圆满地解释许多燃烧现象,但是,"如果炉子里没有空气,为什么炉火就会熄灭呢?"就连这

样简单的问题，"燃素说"也不能解释，其正确性不是大可怀疑吗！正因为如此，就在"燃素说"占"统治地位"的情况下，法国化学家拉瓦锡不满现状，通过许多有关物质燃烧的实验，终于推翻了"燃素说"而创立了"氧化说"。

假说可以提出在当时看来是极其不寻常的观念，但它必须包含有能够在实践中进行检验的结论。如果假说的基本内容不能直接证明，同时也不能由假说本身引出可以验证的推断，那么提出这样的假说就难以成立。例如，达尔文的进化论认为，人类是由类人猿进化而来的，虽然这是描述人类史前已发生的事，而且是不会重演并让人们再看见的；但进化论曾推测地层里存在着类人猿的遗骸，这种假说是可以在实践中得到检验的。1881年，荷兰医生杜步瓦在爪哇岛的地层中，发现了类人猿的一副头盖骨、大腿骨和几枚牙齿化石，从而证实了达尔文关于类人猿遗骸的假说。

（四）假说的结构必须简明、严谨

假说的核心是研究者所设想的基本观念，整个假说内容复杂程度如何，应该依据研究对象的性质而定。凡是多余的、不必要的事物，都应该排除在结构系统之外。假说的形成过程，是一个不断修正和补充内容的过程。在扩充内容的过程中，往往夹杂着许多无关紧要或是过多重复的内容，还可能出现各个局部之间以及它们不同侧面之间不甚协调的情形。所以，既要注意精炼假说的内容，使之具有简明性；同时还要注意整体与部分之间、各个部分之间、各个侧面之间的协调，使之具有严谨性。

第三节　假说的验证

一、假说的检验

假说的验证就是验证假说的真理性。假说的验证过程，在某种意义上，可以说并不是从假说创立之后开始的。研究者往往在酝酿某一个或几个尝试性的简单设想时，就着手进行评价，或做实验，或亲临实地考察，许多假说之所以能够包含有真理性的认识，跟上述这些活动是紧密相关的。诚然，假说的个别内容的局部验证，并不是在整个假说创立之后才开始的。但是，假说创立之后的验证过程是具有决定意义的。只有在整个假说创立之后，人们对假说的真理性才能给予全面的、严格的验证。

假说的检验大致分为两个阶段：

（一）从假说的内容引申出有关事实的结论，这是对假说进行逻辑推导的过程

逻辑推导过程，就是从假说的基本观念出发，通过严密的逻辑推演，得出各种解释，与已有事实或理论并不矛盾，并能推出新颖大胆的预测，作为实践进一步检验的内容。用"p"表示假说的基本观念，用"q"表示关于事实的诊断。如果"p"是真实的，由此，逻辑推演的结果"q"也必须是可靠的。其中"p"可以是假说基本观念的某一部分，也可以是假说基本观念的整体。"q"可以是关于已知事实的判断（即解释已有的事实材料），也可以是关于未知事实的论断（即预言未知的事实）。如果所演绎出来的是一个关于已知事实的陈述，那么这就是对已知事实的解释；如果演绎出来的是关于未知事实的陈述，那么这就是对未知事实的预见。对于验证假说来说，重要的不在于引申出关于已知事实的结论，而在于引申出关于未知事实的结论。如果对未知事实的预言性结论被证实，那将是对假说的强有力的支持。

假说通过逻辑推导过程,得到了初步的筛选和确认,但还不能判断它的真伪,需要进一步进行实践检验。

（二）验证这些事实的结论,这是对假说进行实践检验的过程

假说的实践检验,就是对假说引申出来的事实的验证过程,它可以采用经验的直接对照方式,也可以采用经验的间接对照方式。例如,根据人类居住的大地是球形的假说,必然引申出下面这个结论：人们从某一地点出发,保持同一方向旅行,总会回到当初出发的地点。要检查这个结论的可靠性,人们只要做一次世界旅行,就可以从经验中直接查明（人类历史上第一次完成这项活动的是麦哲伦及其同伴）。但是,并非由假说基本观念引申出的结论都可以通过经验的直接对照的方式进行验证。例如,前面已提到过的,人们对"大陆漂移说"的检验,就不可能用经验的直接对照方式来检验。

在验证假说的过程中,人们应当特别注意以下两点：

1. 假说的验证是个历史的过程　如果用"p"表示假说的基本观念,用"q"代表由假说引申的推断,那么,假说的证伪过程采用的逻辑结构式为：

如果 p,则 q。

非 q;

所以,非 p。

即如果从假说的基本观点出发,推出的结论无论是解释已有的事实,还是预言新的事实,只要在检验中发现与实际事实不符合,那么,根据充分条件假言推理的否定后件式,假说的基本观念也就被否定了。

但是,并不是对任何假说的否定都这样简单。因为从假说的基本概念"p"引申出关于事实的推断"q"时,还必须结合辅助性假说,以及背景知识"s"等其他知识,也就是说当"q"是由"p"与"s"的合取所导出时,否定"q"并不意味着就否定了"p",其逻辑结构式为：

如果 p 且 s,则 q。

非 q;

所以,非 p 或非 s。

在非 p 或非 s 的情况下,究竟是 p 含有谬误,还是辅助性假说、背景知识 s 含有谬误,还是都含有谬误,有待进一步求证,这里并不能必然地推出假说的基本观念是虚假的。

假说的证实过程采用的逻辑结构式为：

如果 p,则 q;

q;

所以,p。

这里采用的是充分条件假言推理的肯定后件式,所以其结论不是必然的。只有当前件 p 是后件 q 的充要条件时,肯定了后件 q,才能必然地肯定前件 p。而人们对事物的认识程度由充分条件发展到必要条件,是需要一个过程的。由上可见,个别的一次实践活动不足以证明或证实假说的基本观点。淘汰一个假说和证实一个假说同样是一个历史的过程。

2. 假说的验证具有相对性　那些作为理论系统的假说,其验证不可能是绝对的、完全的。因为人类的具体实践总是不完备的,带有历史的局限性。科学史上常常有这种情况,某些假说的基本观念包含有局部的真理,或者说它的部分理论内容是正确的。但是,由于那个时代的生产技术水平的局限性,这些假说所包含的部分真理,也曾经一度（或者不止一次）地被人们判定为错误的思想。它们的局部真理性,只有在后来更高的生产技术水平上才重新被证实。例如,关于一种化学元素可以转变为另一种化学元素的思想,早年的化学家和物理学家鉴于中世纪炼金术师长期的失败经验,就认为这是个既"荒谬"又"可笑"的想法,以为"一种元素不可能转变为另一种元素"。这说明他们对以往社会具体实践的历史局限性还缺乏估计或估计不足。直到人类进入原子时代,一种元素可以转变为另一种元素的思想才在核子实验中被证实。

由于假说的验证过程是一个历史的过程,所以,假说的验证过程常常也就是假说的发展过程和假说转变为科学理论的过程。一般来说,假说的发展不外乎有被推翻、得到修正或补充等几种情况。

如果假说与新发现的科学事实产生根本性质的矛盾,那么,该假说就会被推翻。如科学史上的"燃素说""热素说"被推翻就是因为此。

新的实验事实与原有假说在基本原则上是一致的,但某些具体的观点出现了矛盾,这时就需要修正假说的内容。如哥白尼的"日心说",认为太阳居中,行星绕太阳旋转,这是正确的;但认为太阳是宇宙的中心,行星绕太阳旋转的轨道是圆形的,则是不正确的。后来的天文观测和逻辑论证表明:宇宙无限,没有中心。法国天文学家开普勒通过对行星的长期观测,提出太阳系中行星轨道是椭圆形,这就是通过修正并发展了哥白尼的假说而得出的结论。有时由于发现了前所未知的新事实,除了丰富和补充原有的假说外,还可能建立新假说来发展原有的假说。比如,"大陆漂移说"及其后来的发展就是如此。

随着假说的不断发展,一部分假说就有可能在实践检验的基础上转化成真正的科学理论。假说也只有经过科学实践检验,并证明是正确的,才能转化为科学理论。正如恩格斯在谈到哥白尼"日心说"时所说的:"哥白尼的太阳系学说在三百年之久一直是一种假说,这个假说尽管有 99.9%、99.99% 的可靠性,但毕竟是一种假说。而当勒维烈依据这个太阳系学说所提供的数据,不仅推算出一定还存在一个尚未知道的行星,而且还推算出这个行星在太空中的位置,当加勒确实发现了这个行星的时候,哥白尼的学说就被证实了。"

二、假说要转化为科学理论应具备的条件

(一)必须驳倒与之对立的观点

即推翻在同一个问题上其他对立的假说。因为,如果一个假说不能证明与之对立的观点是错误的,从而推翻与之对立的观点,那么它就不可能充分证明自己的观点是正确的。当然,驳倒了与之对立的假说,并不一定都能转化为科学的理论,因为它本身也可能包含着错误,还需要实践的检验。但这终究是假说转化为科学理论的一个必不可少的条件。比如,在生物起源问题上的进化论与神论(物种不变论)之争,前者必须驳倒后者,才有可能充分证明自己是正确的科学理论。

(二)必须证实假说预见的未知事实

即假说的理论内容不仅能解释有关的已知事实,而且能预见未知的事实。根据假说所提出的预测要能与实际情况完全符合,特别是当那些打破常规、出人意料的未知事实,它们都能由假说予以一一解释时,那么这个假说就可以被判定已转化为科学理论。量子力学的开创者普朗克在谈到牛顿的古典力学在 17—19 世纪期间如何由假说转化为科学理论的过程时,就概括地说明了这一点。他说:"牛顿运动定律进一步运用后所获得的成功,证明不但是某些自然现象的新描述方式,而且也代表着对实际事物在理解上的一个'真正'进步,它比开普勒的公式更准确。例如,它可以计算出地球绕太阳的椭圆形轨道由于木星周期的接

近而受到干涉,在这一点上,公式和测量的结果正好符合;不仅如此,它还另外把彗星、双子星等天体的运动都包括在内了,这些完全超出了开普勒定律的范围。然而,牛顿理论最直接而完满的成功,还是因为它应用到地球上面所发生的运动时才得到的。这种情况下,它所得到关于地心引力、单摆的往复运动等的数字规律和伽利略事先从量度上发现的定律完全一致;同时,许多在其他方式下无法解释的现象,在潮汐、单摆平面的转动、旋转轴的旋进等,都能得到解释。"

(三)假说在广泛的实际运用中获得成功

这是假说转化为科学理论的最根本意条件。恩格斯在谈到实践是一切不可知论最令人信服的驳斥的时候,曾说过:"既然我们自己能够制造出某一自然过程,使它按照它的条件产生出来,并使它为我们的目的服务,从而证明我们对这一过程的理解是正确的,那么康德的不可捉摸的'自在之物'就完结了。动植物体内所产生的化学物质,通过有机化学把它们一一制造出来以前,一直是这种'自在之物';当有机化学开始把它们制造出来时,'自在之物'就变成'为我之物'了,例如茜草的色素——茜素,我们已经不再从田地里的茜草根中提取了,而是用便宜得多、简单得多的方法从煤焦油里提炼出来。"恩格斯的这段论述说明,对于事物的某种理解和认识(最初总是以假说形式出现的,只是一种科学的猜测),只要它能够在实践中得到广泛的应用,并且得到证实,那么,这种理解和认识也就为实践所证明是正确的,自然也就成为真正的科学理论了。

一般来说,当一个假说确实具备了以上条件时,它就基本上转化为科学理论,而成为在一定历史条件下相对完整的认识。但这种理论仍然是一种相对真理,是对客观世界的近似反映。因此,绝不能把理论绝对化,应逐渐地扩展和深化对自然和社会客观事物和规律的认识。

第四节 假说的作用

一、假说在科学研究活动中的作用

恩格斯在《自然辩证法》中对假说在科学发展中的作用作了高度的评价和精辟的概括:"只要自然科学在思维着,它的发展形式就是假说。一个新的事实被观察到了,它使得过去用来说明和它同类的事实的方式不中用了。从这一瞬间起,就需要新说明方式了——它最初仅仅以有限数量的事实和观察为基础,进一步地观察材料会使这些假说纯粹化,取消了一些,修正一些,直到最后纯粹地构成定律。如果要等待构成定律的材料纯粹化起来,那么就等于在此以前要把思维的研究停下来,而定律永远不会出现。"可见,假说是科学发展的必由之路,是发挥人们思维能动性的有效方式。

在社会科学中,假说也被广泛地应用着,科学唯物史观的建立也经历过假说阶段。列宁指出:"社会学中这种唯物主义思想本身已是天才的思想。当然,这在那时暂且还只是一个假说,但是一个第一次使人们极有可能科学地对待历史问题和社会问题的假说。"列宁详细地说明,这个假说如果从各种不同的观点来加以考证,那么它基于各种不同原因而使科学的社会学的出现成为可能。"马克思在19世纪40年代提出这个假说后,就着手实际的研究材料(请注意这点)。"列宁详细地论述了《资本论》在这方面的意义,说马克思在《资本论》中研究了大量的具体材料,把唯物主义的假说应用到社会形态之一——资本主义社会上去。

列宁总结说："现在,自从《资本论》问世以来,唯物主义历史观已经不是假设而是科学地证明了的原理。"

二、假说对学说发展的作用

假说还可以唤起众多学说,促进不同学说、观点的争论,有利于学术的繁荣和科学的发展。提出不同假说的各方都力图证明自己的观点的正确,以便说服和驳倒对方,这样就会使事物的不同侧面得到更充分的挖掘和揭露。通过争论、揭露矛盾,可以启发思想,打破习惯性思维的束缚,有利于开阔思路,克服缺点,促进科学研究的深入。例如,科学史上氧化说与燃素说、光的波动说与微粒说、生物学上的突变论与进化论、地质学上关于岩石成因的水成说与火成说的争论,都是很好的例证。特别是现代物理学爱因斯坦与玻尔学派的争论,对量子力学的发展起了很大的推动作用。

三、假说对科学工作者的作用

假说是科学工作者必须掌握和具备的重要思维方法。科学发展史上的无数事实证明,许许多多的科学问题都是在质疑中得到纠正和完善的。人类的每一项发明创造,也都是从质疑开始的。质疑生而答疑至。所谓答疑,也就是对某个感到疑惑的问题,提出某种说明或解释,而这就是假说。因此,一个要进行创造性思维的人,他就必须掌握和自觉运用假说的方法。

四、假说在人们日常工作和生活中的作用

假说不仅在科学研究中有着极为重要的作用,而且在人们的日常工作和生活中也有着很大的作用。例如,天气预报、地震预报、医生诊断、案件侦破,等等,都广泛地应用着假说的基本方法。而由此提出的假说,也可叫作工作假说。

许多科学假说,尤其是关于普遍规律的假说,其基本内容往往是用全称肯定判断来陈述的,它的创立和验证比较困难和复杂,往往需要一个历史的发展过程。而工作假说的基本内容,一般是用特称或单称判断陈述的,它是在材料不充分的情况下,研究者为了某种工作需要,对某些对象或某个对象作出的临时性假说。工作假说的提出和验证虽然比科学假说容易和简单,但就其应用的方法来说,则是科学假说的基本方法。所以,为了进行创造性工作,为了提高工作效率,应该学会自觉地把假说的基本方法应用到日常工作和生活中去。

假说转化为科学理论,是人们对客观世界认识的飞跃。假说转化为科学理论是有条件的。首先,要在实践的基础上推翻在同一问题上的对立观点。其次,假说的理论内容不仅要能够解释有关的已知事实,而且要能预见未知的事实,并在有关领域的广泛实践中得到验证,在理论应用中取得成功。这是使假说转化为科学理论的最有决定意义的条件。假说—科学理论—新的假说—新的科学理论,如此地无限转化,使人们的认识永无止境地深化发展。

复习思考题

1. 什么是假说? 它有何特点?
2. 假说形成的逻辑程序如何?
3. 假说验证的逻辑程序如何?
4. 假说有何作用?

第十一章 论 证

逻辑论证就是由一个或几个已知为真的判断,通过推理来确定另一判断真实性或虚假性的思维过程,它是一种综合地运用概念、判断、推理等思维形式和思维规律进行思维的活动。逻辑论证包括证明和反驳两种形式,它为人们如何确定某一思想的真或假提供了强有力的逻辑方法,对人们正确地表达和严密地论证思想、反驳谬误和诡辩起着重要的作用。

第一节 论证的概述

一、论证的定义

论证有广义和狭义两种。从广义上说,论证不仅指证明,也包括反驳在内;从狭义上说,论证仅指证明。本书取广义的说法。

所谓论证,就是引用一个或一些已知为真的判断来确定另一个判断真实性的思维过程。论证即人们通常所讲的证明。

例1:

马克思主义是不怕批评的。因为,凡是真理都是不怕批评的,马克思主义是真理。

这段议论就是一个论证,它用"凡是真理都是不怕批评的"和"马克思主义是真理"这两个已知为真的判断,确定了"马克思主义是不怕批评的"这一判断的真实性。

例2:

所有的碱金属元素的最外层都只有一个电子。因为锂元素的最外层只有一个电子;钠元素的最外层只有一个电子;钾元素的最外层只有一个电子;铷元素的最外层只有一个电子;铯元素的最外层只有一个电子;钫元素的最外层只有一个电子;而锂、钠、钾、铷、铯、钫是碱金属元素的全部。

在这一论证中,引用了"锂元素的最外层只有一个电子""钠元素的最外层只有一个电子""钾元素的最外层只有一个电子""铷元素的最外层只有一个电子""铯元素的最外层只有一个电子""钫元素的最外层只有一个电子"和"锂、钠、钾、铷、铯、钫是碱金属元素的全部",这几个已知为真的判断,确定了"所有的碱金属元素的最外层都只有一个电子"这一判断的真实性。

从以上例1和例2可以看出,论证是借助推理进行的,而推理又是以由概念为要素的判断构成的。因而,从某种意义上说,论证是概念、判断、推理及逻辑规律知识的综合运用。

二、论证的组成

任何一个论证都是由三个部分组成,即论题、论据和论证方式。

（一）论题

论题又称为论点，是通过论证要确定其真实性的判断。它所要回答的是要"论证什么"的问题。论题是整个论证中的灵魂，论据和论证方式都是为论题服务的，都是为了论证论题的真实性的。上述例1中的"马克思主义是不怕批评的"，例2中的"所有的碱金属的最外层都只有一个电子"，就是论题。

作为论题的判断一般有两类：一类是科学上已被证明为真的判断。例如，老师向学生论证的科学定理等科学命题。对这类论题的论证，主要目的在于宣传教育，使人确信某个论题的真实性。另一类论题是认识中和科学上尚待证明其真实性的判断。例如，人们对于某些科学假说的论证，对这类论题的论证，其目的在于探索其论题的真实性。

（二）论据

论据是用来确定论题真实性的那些判断，或者说论据是使论题成立并使人信服的理由或根据。它所回答的是"用什么来论证"的问题，上述例1和例2中所引用的那些已知判断都是论据。

作为论据的判断一般有两类：一类是已被确认的关于事实的判断；另一类是表示科学原理的判断（如科学定义、公式等）。这里要特别指出的是，在司法论证过程中，有效的法律条文或者法律规定也可以作为论据使用。在一个具体的论证过程中，论题只有一个，而论据往往有许多个，但在简单的论证中，论据也可以是一个。

（三）论证方式

论证方式是指把论据和论题联系起来的方式，即从论据到论题的推演过程中所采用的推理形式。它所回答的是"怎样论证"的问题。在一个具体的论证过程中，可以采用一种推理形式作为其论证方式。例1是采用三段论的推理形式作为其论证方式的，而例2是采用完全归纳推理形式作为其论证方式的。再如，下面这段论证就是先用三个充分条件假言推理的否定后件式，然后再用一个相容选言推理的否定肯定式作为其论证方式的。

罗某是因为某种原因而被误杀的。因为罗某被杀的原因只有几种可能，即仇杀、财杀、情杀或者误杀。如果是仇杀，罗某生前必定与人有仇怨关系，然而调查证实，罗某生前朴实寡言，从未与人结过仇怨；如果是情杀，罗某生前就必定与人有过奸情关系，然而罗某一向为人正派，家庭关系甚好，夫妻和睦，无任何奸情迹象；如果是财杀，罗某必定有钱财引人注目，然而罗某却是全村出名的贫困户，多年来一直靠摆渡度日，收入甚微。因此，罗某只能是因某种特定原因而被误杀的。

从以上的分析可以看出，论证方式实际上是论证过程中各种推理形式的总和。普通逻辑研究论证，主要就是对论证方式的研究，即研究论证过程中所运用的推理形式的有效性问题，以便在论证中自觉遵循有关推理的逻辑要求，从而提高论辩能力。

三、论证与推理的关系

论证离不开推理，但并不是所有的推理都是论证。两者既相联系，又相区别。

（一）论证与推理的联系

论证必须使用推理，推理为论证服务。可以说，没有推理则就没有论证。具体说来，论证的论题相当于推理的结论；论证的论据相当于推理的前提；论证的论证方式相当于推理的形式。这种联系可用图11-1简略地表示。

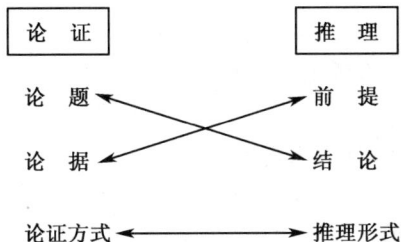

图 11-1 论证与推理联系示意图

（二）论证与推理的区别

1. 思维活动的方向不同 推理是从已知前提推出结论；而论证则总是有论题，然后为论题的真实性寻找论据。

2. 对作为根据的判断的要求不同 推理并不要求它的前提必然为真，它可以是真的，也可以是假的；而论证则不同，它要求它的论据必然为真，否则就不合乎论证的逻辑要求。

3. 逻辑结构的繁简不同 一个论证往往不只运用一种推理形式，而是由多种推理形式所构成，尤其是复杂的论证更是如此；而推理则比较简单。

4. 作为根据的判断与推出判断之间逻辑联系的要求不同 推理的根据判断与推出判断之间，即前提与结论之间，可以是必然性的，也可以是或然性的；而论证则要求根据论据的真实性必然能确定论题的真实性，即一般都要求论据与论题之间的联系具有必然性，或然性推理不能独立地起到论证的作用。

总之，任何论证都必然要运用推理，但并不是所有的推理都是论证。两者既相联系，又相区别，是辩证统一的关系。

第二节 论证的种类

根据不同的标准，可以把论证分为不同的种类。

一、演绎论证和归纳论证

根据在论证中所运用的推理形式不同，即论据与论题的联系性质的不同，可以把论证分为演绎论证和归纳论证。

（一）演绎论证

演绎论证就是通过演绎推理从论据推导出论题的论证。它的论据与论题相联结而构成的推理形式，属于各种演绎推理的形式（如前面介绍过的直接推理、三段论、联言推理、选言推理、假言推理、二难推理等）。

例如：

价值规律是不以人的意志为转移的。因为，价值规律是客观规律，不管人们是否承认它，是否喜欢它，它都存在着，都起着作用。

这一论证就是一个演绎论证。其论据与论题相联结而构成的推理形式，属于演绎推理

形式中的三段论,其具体的推理过程可以通过整理而表示为:

凡是客观规律都是不以人的意志为转移的。

价值规律是客观规律;

所以,价值规律是不以人的意志为转移的。

又如:

自然科学不属于社会意识形态。因为,只有那些为特定经济制度和政治制度服务的思想上层建筑,才属于社会意识形态。而自然科学它不属于上层建筑,它可以为任何社会制度服务。

这一个论证也是一个演绎论证。其论据与论题相联结而构成的推理形式,属于演绎推理形式中的必要条件假言推理的否定前件式,其具体的推理过程可以通过整理而表示为:

只有为特定经济制度和政治制度服务的思想上层建筑,才属于社会意识形态。

自然科学不属于上层建筑,它可以为任何社会制度服务(不是为特定经济制度和政治制度服务的思想上层建筑);

所以,自然科学不属于社会意识形态。

(二)归纳论证

归纳论证就是通过归纳推理从论据推导出论题的论证。归纳论证的论据相对于论题来说,则是有关个别、特殊事物的判断;论题则是一个比较一般的、具有概括性的判断。它的论据与论题相联结而构成的推理形式是归纳推理形式。

例如:

所有的生物都是有生命的。因为,植物是生物,是有生命的;动物是生物,是有生命的;微生物是生物,是有生命的。

这一个论证就是一个归纳论证。其论据与论题相联结而构成的推理形式,属于归纳推理形式中的完全归纳推理,其具体的推理过程可以整理为:

植物是生物,是有生命的;

动物是生物,是有生命的;

微生物是生物,是有生命的。

植物、动物和微生物是全部生物;

所以,所有的生物都是有生命的。

又如,在本书讲三段论的"两个特称的前提不能得出结论"这一规则的证明时,先指出三段论两个前提都是特称的,不外乎三种情况,即两个前提都是特称肯定前提、一个特称肯定前提和一个特称否定前提、两个前提都是特称否定前提,然后再说明这三种情况都不能得出结论。这一论证也是完全归纳论证。

由于完全归纳推理前提如果是真实的,结论就必然是真实的。因此,运用完全归纳推理进行论证,只要论据是真实的就能有效地确定论题的真实性。因而,严格意义下的归纳论证,只能采用完全归纳推理的形式。不完全归纳推理,因其是一种或然性推理,即在前提为真时,其结论仍有可能为假。因此,单独运用不完全归纳推理进行论证,还不能完全有效地确定论题的真实性,只能对论题的真实性给予某种程度的支持。当然,如果掌握大量的材料,以关于典型事例的判断作论据,而不是随意引用一些个别事例,这样其论题的真实性程度会大大提高。

二、直接论证和间接论证

根据论证的不同方法，即根据论证是否直接从论据的真实性推出论题的真实性，可以把论证分为直接论证和间接论证。

（一）直接论证

直接论证就是从论据的真实性直接推出论题的真实性的论证。它的特点在于引用论据从正面确定论题的真实性，亦即论据与论题直接发生联系，不经过中间环节。前面所举的论证的例子都属于直接论证。从这些例子中可以看出，无论是演绎论证还是归纳论证，从论证方法这个角度来看，它们都可以是直接论证。

（二）间接论证

间接论证就是通过确定与论题相排斥的判断的虚假，进而来确定论题的真实性论证。它的特点在于引用论据从反面确定论题的真实性，亦即论据与论题不直接发生联系，要经过中间环节，才能确定论题的真实性。间接论证通常又分为两种：反证法和选言证法。

1. 反证法　又称假言证法。它是通过确定与论题相矛盾的判断（即反论题）的虚假，从而来确定论题的真实性的一种间接论证。

例如：

我们必须大力发展教育事业。如果不这样，就不能满足"四化"建设对各种人才的需要，就不能迅速提高整个中华民族的文化素质，"四化"也就成为一句空话。

这个论证所运用的方法就是间接论证中的反证法。由反证法的定义和此例可以看出，运用反证法要经过如下四个步骤，即第一步，提出论题"p"（即原论题），在例中即"我们必须大力发展教育事业"；第二步，提出反论题"非 p"，即与原论题"p"相矛盾的判断，在例中即"我们不大力发展教育事业"；第三步，证明反论题"非 p"假，具体过程是运用充分条件假言推理的否定后件式，在例中即如果不大力发展教育事业，就不能满足"四化"建设对各种人才的需要，就不能迅速提高整个中华民族的文化素质，"四化"也就成了一句空话。这样就组成了一个充分条件假言判断，但其后件，即由反论题必然得出的结论显然不是人们所希望的，应予以否定，根据充分条件假言推理的否定后件必然否定前件的规则，从而推出反论题"我们不大力发展教育事业"是假的；第四步，根据排中律，推出"我们必须大力发展教育事业"为真。

由以上的分析可以看出，反证法的公式可表示为：

论题：p。

反论题：非 p。

证明：如果非 p，则 q；

非 q；

所以，非（非 p）；

根据排中律：所以 p。

反证法是人们经常使用的一种论证方法。需要注意的是，由反论题引出推断，并用论据否定其推断，可采用一个简单的充分条件假言推理的否定后件式，也可用下面这样的充分条件假言连锁推理的形式：

如果非 p，那么 q；

如果 q，那么 r；

如果 r,那么 s;

非 s;

所以,非(非 p);

根据排中律:所以 p。

在实际运用反证法时,证明反论题假,可以由反论题推导出与科学原理相矛盾或者明显荒谬的推断,通过否定这一推断,从而便否定了反论题;也可以由反论题引出两个相互否定的判断,亦即推导出逻辑矛盾,既然可以推导出逻辑矛盾,说明其"反论题"不能成立,从而便否定了反论题。

在运用反证法时,其论题与反论题必须构成矛盾关系,不能是反对关系,因为反对关系不能由一个假推出另一个真。反证法中的论证方式也必须是充分条件假言推理,不然就不能通过否定后件进而否定作为反论题的前件,达到"反证"的目的。

2. 选言证法 又称排除法或淘汰法。它是把论题先看作关于某个问题的所有可能情况之一,然后用论据证明除论题之外的其他可能情况的虚假或者荒谬,再运用选言推理的否定肯定式推出论题的真实性的一种间接推理。

例如:

毛泽东同志在论证"人的正确思想是从社会实践中来的"这个论题时,运用的就是间接论证中的选言证法。毛泽东同志指出:"人的正确思想是从哪里来的? 是从天上掉下来的吗? 不是。是自己头脑里固有的吗? 不是。人的正确思想,只能从社会实践中来,只能从社会的生产斗争、阶级斗争和科学实验这三项实践中来"(摘自"人的正确思想是从哪里来的?")。在这里,首先对人的正确思想的来源罗列出所有可能的三种情况,从哲学上看,第一种情况是客观唯心主义的说法;第二种情况是主观唯心主义的说法,第三种情况是辩证唯物主义的说法。然后否定前两种说法,从而便推出论题"人的正确思想是从社会实践中来的"的真实性。

从以上的分析可以看出,选言证法的公式可表示为:

论题:p。

已知:或者 p 或者 q 或者 r。

证明:非 q 并且非 r。

所以,p。

选言证法是日常思维中经常使用的一种论证方法。在使用过程中,需要注意以下两个方面:第一,构成包含论题在内的选言判断的选言肢应当是穷尽一切可能的情况,否则,即使证明了除论题以外的其余选言肢都假,也不能必然推出论题就真;第二,要证明除论题以外的其余选言肢都假,必须理由充足,否则就达不到证明其论题真实性的目的。

以上从不同角度介绍了论证的基本方法,在一个具体的论证过程中,究竟应该使用哪种论证方法,要具体问题具体分析,切不可生搬硬套。这些论证方法,有时可以单独使用,有时也可以结合起来加以使用。例如,对同一论题,既可以使用直接论证的方法从正面确定论题的真实性,又可以使用间接论证的方法从反面确定论题的真实性。这样就可以使得论证更具有说服力。

第三节　论证的规则

论证是一种极其复杂的思维过程,它要正确、要有说服力,除了要具备一定的具体知识和恰当地运用前面所介绍的论证方法外,还必须遵守一些有关论证的逻辑规则。论证是由论题、论据和论证方式这三个部分构成,这三个部分又是密不可分的,其中任何一部分发生问题,都会影响论证的正确性和说服力。因此,论证的逻辑规则就应包括论题的逻辑规则、论据的逻辑规则和论证方式的逻辑规则。以下就三个方面的逻辑规则加以介绍。

一、关于论题的规则

(一)论题应当清楚、明了

论题是论证的中心,如前所述,它所回答的问题是"论证什么",即论证的对象问题,而论题是由概念所构成的判断来表述的。所谓论题应当清楚、明白,就是指在论题中所使用的概念必须清楚、明白,即其内涵和外延必须明确;构成论题的判断不应当发生歧义,即论题本身的断定必须是一义性的,不应留下产生误解或多解的种种可能。在一个论证中,对论题中的重要概念,必要时应当加以定义,以避免产生歧义。例如,邓小平同志在论证"'一国两制'是根据实际情况提出的构想"这一论题时,就对什么是"一国两制"这一重要概念加以了解释,从而使整个论题十分清楚、明白。论证的根本目的就在于确定论题的真实性,如果论题本身是含混不清的,那就无法找到适当的论据与恰当的论证方法来证明它的真实性。因此,论题清楚、明白,这是论证正确、有说服力的一个起码的、基本的条件。

违反了这条规则,就要犯"论题模糊"或"论题不清"的逻辑错误。

例如:"青年人喜欢生活丰富多彩,比如,听听流行歌曲,开开家庭舞会,穿穿喇叭裤,戴戴变色镜,我看没什么不可。社会在发展,时代在前进,旧的习惯总要被新东西所代替。人们的审美观念也在改变。资产阶级的科学技术要学,难道生活方式就是一个'禁区'吗!对这个问题应当用历史唯物主义的科学态度实事求是地进行分析。当然,我并不赞成我们的青年去学习资本主义的生活方式,开家庭舞会,穿喇叭裤,戴变色镜,毕竟不符合我国的民族风俗习惯,所以,我也不赞成青年们把这一套当作宝贝吸收过来,加以模仿。"

这段议论其目的在于要表明对穿喇叭裤、戴变色镜等,应采取什么态度,对资产阶级的生活方式又应采取什么态度。但是就议论本身来看,并未达到目的,其态度似肯定又似否定,一开始说青年人穿喇叭裤、戴变色镜等"没有什么不可",后来又说"不赞成"青年人穿喇叭裤、戴变色镜等。其态度是赞成还是反对,使人难以把握,即它要"论证什么"是含混不清的。从逻辑上讲,它违反了"论题应当清楚、明白"的规则,犯了"论题模糊"或"论题不清"的逻辑错误。

(二)论题应当保持同一

论题是论证的中心,而一个具体论证的中心只能有一个。所谓论题应当保持同一,是指在一个具体的论证中,只能有一个论题,应当遵守同一律的要求,保持论题的首尾一致性。如果在同一论证过程中,任意变换其论题,那么就达不到论证的目的。违反了这条规则,就会犯"转移论题"或"偷换论题"的逻辑错误。"转移论题"是非故意地违反了这条规则所犯的逻辑错误,而"偷换论题"则是故意地违反了这条规则所犯的逻辑错误。在一个具体论证中,如果违反了这条规则,究竟它犯的是"转移论题"还是"偷换论题"的逻辑错误,要根据具体情况而定。

"转移论题"或"偷换论题"常见的表现有如下几种:

1. 用内容完全不同的另一个判断替换原论题 例如一个大学生上逻辑课时去踢足球,老师批评他"上逻辑课时间怎么能去踢足球呢!"学生理直气壮地答道:"难道踢足球,锻炼身体不对吗!"

这段议论就犯了"偷换论题"的逻辑错误。学生用"难道踢足球,锻炼身体不对吗!"(即"踢足球,锻炼身体是对的")替换了老师的"上逻辑课时间怎么能去踢足球呢!"(即"上逻辑课时间不能去踢足球")这一论题。而这二者在内容上是根本不同的两个判断。

2. 用一个近似的判断替换原论题常见的情形有"论证过多"和"论证过少" 所谓"论证过多",是指在论证中,不去论证原论题,而去论证比原论题断定较多的判断。如果原论题是 p,在论证中,不去论证 p,而去论证 p+1,这就犯了"论证过多"的逻辑错误。例如,本来要论证的是"原因和结果是有区别的",而实际上论证的却是"原因和结果是辩证统一的";又如,古希腊辩者欧布里德曾作了"某人不认识自己的父亲"的诡辩论证。他先问这个人:"你认识你的父亲吗?"那人回答:"当然认识"。然后,欧布里德叫这个人的父亲隐藏在帷幕后面,再问他:"你认识这个人吗?"那人由于不知道帷幕后面是谁,因而回答:"不认识"。欧布里德据此证明:"这人不认识自己的父亲。"这两例都犯了"论证过多"的逻辑错误。前例要求论证"原因和结果是有区别的",但是实际上不仅论证了"原因和结果是有区别的",而且还论证了"原因和结果是有联系的",这样就"论证过多"了。后例由证明"某人的父亲"到证明"人",其手法是将"你的父亲"这一概念偷换成一般"人"的概念,客观上造成了"某人不认识自己的父亲"的效果,这样也就"论证过多"了。

所谓"论证过少",则是指在论证中,不去论证原论题,而去论证比原论题断定较少的判断。如果原论题是 p,在论证中,不去论证 p,而去论证 p-1,这就犯了"论证过少"的逻辑错误。例如,本来要论证的是"优秀的文艺作品都有积极的社会意义",而实际上论证的却是"优秀的小说都有积极的社会意义"。这样,虽然论证了后一个判断,但是由于后一个判断比原论题断定得少,因而却没有论证原论题。像这样的论证就犯了"论证过少"的逻辑错误。

二、关于论据的规则

(一)论据应当是已知为真的判断

论据是论题成立的根据。只有论据真实,论题的真实才具有客观基础。如果论据本身虚假或其真实性还需要证实,那么就不能从论据中推出论题的真实。

违反了这条规则,就会犯两种逻辑错误:一是"论据虚假";二是"预期理由"。

"论据虚假"则是指以虚假的判断作为论证的根据,它亦称为"基本的错误"。例如,有篇文章说:"只有逆境才能出人才,因为从古至今,世界上没有哪一位杰出的科学家没有一段坎坷的经历。"这里的论据就是虚假的。事实上,并非每一位杰出的科学家成才的境遇都不顺利。如达尔文,这位 19 世纪自然科学领域的杰出科学家,他的科学生涯就是一帆风顺的。由此可见,这一论证就犯了"论据虚假"或"基本的错误"的逻辑错误。

"预期理由"则是指以真实性尚未确知的判断或者是以真实性还需要证实的判断作为论证的根据的一种逻辑错误。例如,在"火星上是否有人"的辩论中,有人是这样辩论的:"人们用望远镜观察火星,发现有许多有规则的条状阴影,而据有的科学家说,这就是火星人开凿的运河。所以火星上有人"。这段论证用"据说"而未经证实的个别材料作为论据。因而犯了"预期理由"的逻辑错误，"火星上有人"这一论题的真实性是不足以确立的。在实际思维中，凡是以猜测、估计或者道听途说得来的判断作论据，或者以表述各种科学假说的判断作论据，在逻辑上都是犯了"预期理由"的错误。因此，在论证中，作为论据的判断不能是虚假的，也不能是真假未定的。

（二）论据的真实性不得依靠论题来证明

在论证中，论题的真实性是从论据的真实性推导出来的，也就是说，论题的真实性是依赖于论据的真实性的。如果论据的真实性又依赖于论题的真实性，要靠论题来证明，这样就会造成论题、论据互为论据、论题的情况，其结果就是什么也没有论证，等于"原地兜圈子"。

违反了这条规则，就会犯"循环论证"的逻辑错误。

例如，有这样一个论证："生物是进化的。因为，古代的生物和现代的生物有很大的差异。为什么有这种差异呢？就是因为生物是进化的。"此论证就违反了规则"论据的真实性不得依靠论题来证明"，犯了"循环论证"的逻辑错误。

如果以"p"表示论题，"q"表示论据，以"←"表示后者对前者的证明关系，"循环论证"就可表示为"p←q←p"，即用"q"证明"p"，又用"p"证明"q"，实质等于用论题来证明它自身。这样的论证既非正确，亦无说服力。

三、关于论证方式的规则

（一）论证方式的主要规则

论证方式主要有一条规则，即论据和论题之间应有必然的逻辑联系。也就是说，从论据能推出论题。这条规则要求在证明过程中必须遵守有关的推理规则。否则，从论据不能必然地推出论题，证明就是无效的。

（二）论证方式逻辑错误的表现

论证过程中，如果违反了其必须遵守的规则，就会犯"推不出"的逻辑错误。这种逻辑错误常见的有以下几种。

1. 证明中采用的推理形式不正确。比如，有人说："这人个子这么高，一定是个篮球运动员。"然而事实上并非所有高个子都是篮球运动员，"个子高"和"篮球运动员"这两者之间并无必然联系，不能以此人个子高为论据，证明此人一定是篮球运动员。如果把这一错误的证明中包含的推理形式表述出来，那就是：

篮球运动员都是高个子。

此人是高个子；

所以，他是篮球运动员。

不难看出，这一推理违反了三段论的推理规则，犯了"中项不周延"的逻辑错误。这样，即使两个前提都是真的，但由于前提与结论之间无必然联系，结论并不一定真。因而论据虽真，但却证明不了论题的真，这就是证明中的"推不出"的逻辑错误。

2. 论据和论题不相干，即证明中的论据虽然也可能是真实的，但却与所要证明的论题毫无关系。用这样的论据当然是判明不了论题的真实性。例如，有位年轻人在谈论自己学习不好的原因时说："我想，自己脑袋小，知识装不进去，学习不好的原因就在这倒霉的长相上。"这位年轻人把自己学习不好的原因归之于长相不好（脑袋小），显然是不科学的。其思维过程中就包含了这样一个逻辑证明,用"我的长相不好"作为论据来证明"我的学习不好"这一论题。而学习好不好同长相好不好(脑袋大小)是毫不相干的。因此,这位年轻人的证明也就包含了"推不出"的逻辑错误。

3. 以人为据。这是一种常见的"推不出"的逻辑错误,是指论证过程中,为了论证一个命题是否真实,不是以事实和已经证明的科学原理为依据,而是以与这一命题(论题)有关的(或提出者,或支持者,或反对者)人的权威、地位、品德作为论证这一命题真假的依据。例如:刘某非法持枪,被法治机关追究法律责任。刘某诡辩称:"伟大领袖毛主席曾说过'枪杆子里面出政权',伟大领袖说得没错,我怎么是非法持枪呢!"这种诡辩逻辑行为就是典型的"以人为据"。

4. 以相对为绝对。这也是一种常见的"推不出"的逻辑错误。这种错误是在寻找论据的时候,把在一定条件下的真实命题当作无条件的真实命题,也就是把在一定时间、地点、条件下正确的事物,当作在一切时间、地点,条件下都是正确的事物,并以此作为论据来进行证明。例如,1942年,在陕甘宁边区和敌后抗日根据地的有些作家,提出所谓"还是杂文时代,还要鲁迅笔法"的口号,在自己的那些隐晦曲折、滥用讽刺的作品中,对这种错误论点进行了宣扬。毛泽东同志指出:"鲁迅处在黑暗势力统治下面,没有言论自由,所以用冷嘲热讽的杂文形式作战,鲁迅是完全正确的。我们也需要尖锐地嘲笑法西斯主义、中国的反动派和一切危害人民的事物。但在给革命文艺家以充分民主自由、仅仅不给反革命分子以民主自由的陕甘宁边区和敌后的各抗日根据地,杂文形式就不应该简单地和鲁迅的一样。"根据毛泽东同志的这段论述,我们就会看到,陕甘宁边区和敌后抗日根据地的一些作家所提出的所谓的"还是杂文时代,还要鲁迅笔法"的口号,在逻辑上就是犯了以相对为绝对的错误,即把相对于鲁迅所处时代的某些做法,看成不分时间、地点、条件的绝对正确的事物,并以此作为论据来为自己的错误口号进行辩护。

第四节 论证的建构及其在实际论辩过程中的运用

一、论证的建构及其重要性

在日常生活、学习和工作中,常常免不了要为自己的行动、言论的合理性和正确性提出辩护,要对自己所不赞同的行动、言论(意见和观点)的不合理性和不正确性提出批评、驳斥,因此就常常自觉或不自觉地在进行论证。那么,这是否意味着建构一个论证是很容易的、很简单的事呢!是否意味着人人都会建构论证、人人也都善于进行论证呢!事实并非如此。

实际情况常常是不少人对自己实际进行的论证"胸中无数":要论证什么(包括证明什么或反驳什么),如何对话题进行论证等,都不明不白。自以为言之有理,持之有据,实则常常不过是提出了一些片面理由或者虚假论据……这种情况不仅表现在日常生活、学习和工作中,也突出地表现在辩论赛的整个过程中。因此,如何正确地去建构一个论证,并有效地去进行论证,这是每一个人随时都会面对的一个重要而迫切需要解决的问题。

那么,如何建构一个论证并有效地去进行论证呢?从前述关于论证的一系列基本知识来看,最重要的是要明确和注意两个问题:

1. 你想要论证的问题究竟是什么？

2. 你打算用什么样的论据去论证你想要论证的问题？

对于前一点，最重要的是必须根据问题寻找出更加有力的论据。一般的做法是把需要证明（或反驳）的论题同你打算用作论据的某个论断范围更广的命题联系起来。比如，你要证明"大学生必须努力学习"，你就应找到"一切学生都必须努力学习"这个论断范围更广的命题作为理由（论据）；你要反驳"鲸不是鱼"，你就应找到"一切哺乳动物都不是鱼"这个论断范围更广的命题作为理由（论据）……在这里，特别要警惕把那些似是而非的论断或者与论题貌似有关而其实无关的论断作为论据来论证自己的论题。有时，为了找到能更加有力地论证自己论题的论据，常常需要运用各种推理形式，建构起论题与不同层次的论据（基本论据与非基本论据）之间复杂而有层次的推理关系，而使论证过程变得极为复杂，最终导致整个论证不能成立。这是在论证的建构中必须特别注意的。

上述论证的建构问题，在论辩过程中表现得最为突出，问题也暴露得最为充分。所以，下面将结合目前盛行的论辩活动，着重探讨如何在论辩过程中正确建构论证的问题。

二、论辩过程与论证的建构

如前所述，建构论证的中心是明确论题。因此，在论辩过程中，要构造一个论证，首先要明确论辩的论题。

论辩过程中的论题一般是事先确定的，是论辩双方为之建构论证的共同中心，但论辩的目的则截然相反。一方的论辩目的是寻找充分的论据，运用严密的逻辑推理，来确立论题的真实性，为论辩的"正方"；另一方则相反，其目的在于确立论题的虚假性，为论辩的"反方"。可见，正方的论辩就是逻辑的证明或证实，而反方的论辩则是逻辑的证伪或反驳。

论辩的论题所涉及的问题通常是无明确答案的问题，正方对其肯定的论证或反方对其否定的论证，其结果通常都不能简单地视为"真理"或"谬误"。比如，1995 年 12 月与 1996年 10 月举行的中国名校大学生辩论赛，辩论的论题（即"辩题"）均是一些难有共识且又为很多人关心的命题，如"电脑给人类带来福音""流动人口的增加有利于城市的发展""离婚率上升是社会文明的表现""外来文化对民族文化的发展利大于弊"等。对于这些论题无论是正方的证明，还是反方的反驳，其结果也不能就此成为真理或谬误。因此，论辩的论题通常是不具有明显真理性的命题。

论辩过程中构造论证的第二步就是为证真（对正方而言）或证伪（对反方而言）论题而寻找论据。比如，"电脑给人类带来福音"时，反方大学的一号辩手为论证该论题提出了四条论据，来证明"电脑未必给人类带来福音"的反论题，亦即反驳论题。

由于论题均为无定论的非真理性命题，因而正、反双方各为相反的目的而寻求有事实依据并非难事。区别仅仅在于：各方所依赖的作为论据的事实依据，是经常发生的普遍现象，抑或仅为个别事例；是具有实质性的社会现象，抑或仅为过眼烟云似的一时表象。

与通常论证的建构一样，论辩中的论证的建构也需找到合适的论证方式，即论证中所使用的推理形式。目前论辩中所使用的论证方式，最常见的是不完全归纳法和归谬法（即充分条件假言推理的否定式）。论辩双方在用事实为论据证明本方论题时，常用不完全归纳法，有时也使用具有生动性和形象化特点、能提高说服力的类比法。由于非真理性的辩题难以找到论断范围更广的、对其存在蕴含关系的一般命题，所以常常难以运用演绎推理来加以证明。但在反驳对方的某一论点、论据或论证方式时，则常用归谬法，使其谬误性昭然若揭，使反驳鲜明有力。

三、论辩的基本规范和要求

论辩是逻辑论证的综合运用,因此,符合逻辑的论辩应当遵守上述的逻辑论证的所有规则。根据一般论辩的实践,论辩双方尤其要遵守以下基本规范和要求。

(一)辩题要同一

这是逻辑论证的基本规则之一,也是论辩的基本规范和要求。它要求在辩论过程中,辩论双方围绕同一个论题来证明或反驳,亦即一场辩论过程中应当只有一个论题。违背该规范要求的逻辑错误就是"偷换论题"。在实际论辩过程中,正、反双方"偷换论题"的错误通常表现不同。正方为了使自己提出的论据显得充分有力,常常故意缩小论题的断定范围,所以正方的"偷换论题"错误常表现为"缩小论题"(证明过少)。而反方为了有隙可钻,常常故意扩大论题的断定范围,所以反方的"偷换论题"错误常表现为"扩大论题"(证明过多)。

(二)辩题要明确

在论辩过程中,辩题以及构成辩题的每一个概念都必须明确,这也是保证"论题同一"的前提之一。在实际论辩中,论辩双方常利用辩题或辩题中概念的不明确而故意偷换论题,将内涵不明确的概念或断定含糊的命题解释成有利于己方的概念或命题。为了避免这种现象,论辩双方就有必要在寻找论据前将辩题中使用的概念先行明确。比如在"电脑给人类带来福音"的辩论中,正方开门见山先将"福音"的概念明确为:"其一,是否有利于人类的尊严确立,理性提升;其二,是否为人类的生存发展提供新的物质手段;其三,是否在现实中已经带来巨大利益;其四,是否在总体上、趋势上、根本上给人类带来积极影响。"这是很必要的。违反"论题同一"这一规范要求的逻辑错误主要表现为"偷换概念",即将辩题中使用的主要概念解释成有利于己方的概念。比如,在"外来文化对民族文化的发展利大于弊"的辩论中,正方为证明辩题的成立,故意将辩题中的"外来文化"这一概念理解成"外来文化的精华"。而反方则相反,故意将"外来文化"这一概念理解成"外来文化的糟粕",并各自选取不同的历史事实为依据,争得不亦乐乎。围绕这样不明确因而事实上不同一的论题进行辩论,当然辩不出什么结果来。

(三)有问应有答,所答应所问

辩论总是双方的事,缺了一方就辩不起来。辩论双方都有提问题的权利,也有回答双方问题的义务。因此,从逻辑上讲,辩论中任一方一般应做到有问必答,而不应有问不答。当然,对于对方明显不符合事实或有逻辑错误的问题,要避免简单作答而中其圈套,但也应用有力的事实或指出其逻辑错误给予"作答"。此外,所答应所问,而不应"顾左右而言他",答非所问。有问不答,逃避明确表态的义务,是违背排中律要求的表现;答非所问则是"偷换论题"的一种形式,是违背同一律要求的表现。

四、论辩中常见的逻辑错误

违背上述论辩的基本规范和要求,就会在实际论辩中出现逻辑错误。

(一)辩题不同一

这是论辩中最常见的逻辑错误。在辩论赛中,辩题是预先设定好的,应当不存在辩题不同一的问题。但是,有些辩论者为了达到"制胜"的目的,故意偷换论题。例如,在"外来文化对民族文化的发展利大于弊"的辩论中,作为反方队的辩手,一方面通过"偷换概念"的手法将"外来文化"混淆为"外来文化的糟粕"这一概念,将正方论点中的外来文化对民族文化发展是"有条件的利大于弊",扩大为"无条件的利大于弊",即将对方论点故意扩大化而"偷换论题";另一方面,他们又将"外来文化"分为"可通约部分"和"不可通约部分",并指出"可通约部分无利弊可言",以此将外来文化中的精华、对民族文化发展的利弊撇开不谈,仅仅讨论"不可通约部分"对民族文化发展的利弊问题,而这"不可通约部分"又仅指外来文化的糟粕部分。这样,就把原论题的反论题缩小为"外来文化的糟粕对民族文化弊大于利"。这样故意扩大或缩小论题(及反论题)的手法貌似机智,实则是一种违背论辩逻辑要求的诡辩手法。

(二)混淆概念

论辩中故意混淆概念也是论辩中常见的逻辑错误。上面所举偷换辩题的伎俩就是通过混淆概念的方法实现的。更有甚者,有时论辩双方一开始就对论题中的概念理解不一致,使论辩成了"两条道路上跑的车",说的不是一回事,论辩也无法正常进行下去。

例如,在"儒家思想可以抵御西方歪风"的辩论中,一方对"抵御"这一概念的解释是:我们说抵御当然是指有效的防御,就像穿一件棉袄可以御寒,要以你不感到冷为前提。抵御当然是指有效的抵御,是御敌于国门之外。但另一方对"抵御"的解释是:"我们认为把西文歪风的潮流压低,这就叫抵御"。

要抵抗敌人的话不一定要在国外作战。可见,双方对"抵御"概念的解释有明显差异,其结果只能是各说各的,使辩论难以正常进行下去。

(三)有问不答或以问代答、答非所问

在辩论中,"问"相当于"进攻","答"相当于"防守",显然进攻要比防守有利。如前所述,对于辩论双方而言,都有"问"的权利,也有"答"的义务。但是,有些论辩者为了使对方陷于"词穷理屈"的境地,却滥用权利而不尽义务。如在一场关于"人性是本善还是本恶"的论辩中,反方辩手对正方辩手提出的问题"恶花是如何结出善果来的"就采用了"有问不答"的手法,笼统地以"我方早就解释过了"搪塞了之。不仅如此,反而"以问代答",以"善花是如何结出恶果来的"这一问题连续追问正方7次,直到正方辩手无言可对。这正是由在论辩中权利与义务的不对等而引起的。

以上提及的大学生辩论赛中存在的一些问题(当然远不止这些问题),曾被一些人视为辩论"技巧"和"机智"而在论辩赛中"获胜"。但是,这种违背逻辑要求的辩论"技巧"和"机智"绝不能起到"真理愈辩愈明"的作用,而只会把辩论引向歧途。近年来的某些辩论赛正是由于过多使用这类"技巧",不仅使辩论的诡辩色彩越来越浓,削弱了辩论的逻辑力量和知识底蕴,也使听众的兴趣为之大减。古希腊"智者"为了在论辩中取胜,采用了许多荒谬的诡辩手法和伎俩,成为后人逻辑批判的对象,应当引以为戒。

第五节 反驳及其方法

一、反驳的定义

反驳就是根据一个或一些真实的判断,并借助推理来确定某一判断的虚假性或某个论证不能成立的思维过程。

例如,人们针对"吸烟无害论"这一观点指出:"凡是违反事实的观点都是错误的,而吸烟无害论是违反事实的观点,可见,吸烟无害论是错误的"。

这段议论就是一个反驳,它用"凡是违反事实的观点都是错误的"反驳了"吸烟无害论"的虚假性。

前面所介绍的论证是确定某个判断的真实性,反驳则是要确定某个判断的虚假性。可以说,前者在于立,后者在于破。"立"和"破"都是属于广义的逻辑论证。也可以说,"破"在某种意义上就是"立",要确定某一判断"p"的虚假性,而实际上就是确定"并非 p"的真实性。由此可见,反驳也是一种论证,只不过是一种特殊的论证。因此,它的结构和论证相似,也是由三个部分组成的,分别是:被反驳的论题、反驳的论据和反驳方式。

1. 被反驳的论题 就是在反驳中被确定为虚假的判断。如上例中,被反驳的论题就是"吸烟无害论"。

2. 反驳的论据 就是在反驳中引用来作为反驳根据的判断。如上例中的"凡是违反事实的观点都是错误的"和"'吸烟无害论'是违反事实的观点"这两个判断就是用来反驳对方论题的真实判断,即反驳的论据。

3. 反驳方式 就是在反驳中所运用的推理形式。如上例中所运用的反驳方式(即推理形式为三段论),其推理过程如下:

凡是违反事实的观点都是错误的。

"吸烟无害论"是违反事实的观点;

所以,"吸烟无害论"是错误的。

二、反驳的方法

反驳是针对某一论证来展开的。由于任何一个论证都是由论题、论据和论证方式这三个部分所构成的,因此,反驳就要针对这三个部分而进行。只要反驳了其中任何一个部分,都可以使得对方的论证不能成立。因而,反驳就可以分为三种类型,即反驳论题、反驳论据和反驳论证方式。

(一)反驳论题

反驳论题,就是用一个或一些真实的判断确定对方论题的虚假的思维过程。论题是一个论证的中心。反驳了对方的论题,不仅可以推翻对方的论证,而且更重要的在于起到否定对方观点的作用,因此,反驳论题较之反驳论据和论证方式更有意义。

反驳论题的方法,可分为直接反驳和间接反驳两种。

1. 直接反驳 就是引用真实的判断直接确定对方论题的虚假。

例如有人说:"人都是自私的"。这种观点是不对的。在现实生活中确实有许多人不是自私的,因此,并非人人都是自私的。

这就是一个直接反驳。它引用了"在现实生活中确实有许多人不是自私的"这一真实的判断,确定了对方的论题"人都是自私的"的虚假。

再如有人认为,"没有上过大学的人,是不可能成为杰出人才的"。然而事实并非如此。高尔基没有上过大学而成为伟大的文学家;爱迪生没有上过大学而成为伟大的发明家;法拉第和富兰克林也没有上过大学,而他们也成为了杰出人才……,可见,并非没有上过大学的人就不能成为杰出人才的。这也是一个直接反驳。它引用了一些真实的判断(或者是有关的事实),通过归纳推理,直接反驳了"没有上过大学的人,是不可能成为杰出人才的"这一论题。

从以上的两个例子可以看出,在直接反驳中,所借助的推理可以是演绎推理(即演绎反驳),如后一个例子。

2. 间接反驳 间接反驳有下面两种方法。

(1)另立相反论题反驳法。这种反驳方法的基本内容是先论证与被反驳的论题相矛盾或相反对的论题为真,然后根据矛盾律,进而确定被反驳的论题为假。例如,要反驳"所有的金属都是固体"这一论题,不直接引用真实的判断来确定它的虚假,而是先设立一个与被反驳的论题相矛盾的论题,即"有的金属不是固体",然后引用真实的判断(如"汞是金属,但不是固体")来确定"有的金属不是固体"的真实,最后根据矛盾律,便可推知"所有的金属都是固体"的虚假,这样就反驳了"所有的金属都是固体"这一论题。

另立反论题这种间接反驳的过程可用公式表示为:

被反驳的论题:p。

设:非 p(p 与非 p 是矛盾关系或反对关系)。

论证:非 p 真。

根据矛盾律,所以 p 假。

在独立论证非 p 真时,可以运用演绎论证,也可以运用归纳论证;可以是直接论证,也可以是间接论证。

(2)归谬法。这种反驳方法的基本内容是:先假定对方的论题(即被反驳的论题)为真,然后以它为前件引出推断,由此而构成一个充分条件假言判断。而推断(即充分条件假言判断的后件)又明显荒谬(即与已知事实或科学原理相矛盾),证明推断不能成立,最后根据充分条件假言推理的"否定后件就要否定前件"的规则,便可推出对方的论题为假,即被反驳的论题为假。归谬法的显著特点就是"以子之矛,攻子之盾",依照对方的逻辑推翻对方的命题。

例如《世说新语》中描述了这样一则故事:孔文举年十岁,随父到洛。时李元礼有盛名,为司隶校尉。诣门者皆俊才清称及中表亲戚乃通。文举至门,谓吏曰"我是李府君亲"。既通,前座。元礼问曰:"君与仆有何亲?"对曰:"昔先君仲尼与君先人李伯阳有师资之尊,是仆与君奕世为通好也。"元礼及宾客莫不奇之。太中大夫陈韪后至,人以其语语之,韪曰:"小时了了,大未必佳。"文举曰:"想君小时,必当了了。"韪大踧踖。在这个举例中,孔文举就是先假设了陈韪的"小时了了,大未必佳"(小时候很聪明,长大了未必出众)这一论题为真,并以此为前件推断出:"您小时候想必是很聪明的了,所以现在长大的您未必就一定是俊才"的结论,达到了"以子之矛,攻子之盾"的目的。

归谬法这种间接反驳的过程可用公式表示为:

被反驳的论题:p。

设:p 真。

论证:如果 p 真,那么 q。

非 q。

所以,并非 p 真(充分条件假言推理的否定后件式)。

所以,p 假。

归谬法与反证法是有密切关系的。反证法是通过确定反论题的假,间接地确定论题的真实性。在确定反论题假时,常常运用归谬法。因此,可以说反证法中运用了归谬法,归谬法是为反证法服务的。

归谬法与反证法虽然有紧密的联系,但二者又有所区别。其区别主要表现在:一是,二者有着不同的目的。反证法用于论证,其目的在于确定某一判断的真实性;而归谬法用于反驳,其目的在于确定某一判断的虚假性。二是,二者有着不同的结构。反证法较归谬法结构复杂,它需要设立反论题,而归谬法则不需要设立反论题;反证法需运用排中律,由确定反论题假,间接地确定论题真,而归谬法则不用排中律,而是根据充分条件假言推理的否定后件直接推出被反驳论题假。

(二)反驳论据

反驳论据就是用一个或一些真实的判断来确定对方论证中的论据虚假,即证明对方论证中的理由不能成立的思维过程。

论据是对方用来论证其论题真实的根据或理由,反驳了对方的论据,亦即驳倒了对方由此所构成的论证,使其论题难以成立。

例如某刊物载文说:厄瓜多尔的"比尔卡班巴山谷是世界上的长寿区,因为这里的大多数人都活到 120~130 岁。"对此,有人反驳:"所谓'比尔卡班巴山谷是世界上的长寿区'的说法不可信,因为这里的大多数人,并不像有人说的那样都活到 120~130 岁"。1974 年美国两位学者的调查表明,该地区居民有两个风俗。一是年过 60 岁的,总是理所当然地把实际年龄提高,如自称活了 129 岁的门迪达,在 61 岁(1944 年)时便虚称 70 岁,5 年后又自称为 80 岁,到 1974 年时便自称为 127 岁。这样的例子在几乎所有的老人身上都存在。其二是儿童或青少年死亡时,他们的名字要留给才出生的婴儿,比如一个名叫托斯的长寿者,实际上就是顶替了另一个名叫托斯的青年人的名字;这位 29 岁的青年人死的时候,正好他出生,于是便沿袭了这个名字,并且一生下来就算 29 岁。可见,"传说这里的大多数人都活到 120~130 岁"的说法是不可靠的。

这里反驳的就是论据。但是,反驳了对方的论据,并没有反驳对方论证的论题,只是说对方的论证缺乏根据,是难以成立的。前面所介绍的直接反驳、间接反驳,不仅适用于反驳论题,也适用于反驳论据。

(三)反驳论证的方式

反驳论证的方式就是指出对方的论证中其论据与论题或者没有逻辑联系,或者所运用的推理违反逻辑规则,即指出对方的论证犯了"推不出"的逻辑错误,也就是指出对方的论证方式不能成立。

例如,"某 5 口之家,准备建造一栋楼房,家庭成员之间就应建造几层楼房的问题意见不统一,发生激烈争论。有些人以此作为论据,来论证该家庭成员之间有矛盾,家庭不和谐。"这是完全站不住脚的。矛盾分为对抗性矛盾与非对抗性矛盾。后者则属于和谐矛盾。家庭成员意见不统一,存有的矛盾本质就是和谐矛盾。合理的争论则是家庭成员之间就矛盾的解决进行充分的交流与沟通,最终达成共识、解决矛盾的有效方法。故争论是解决矛盾的方法,不等同于非和谐矛盾的本身。即"家庭楼房建设过程中产生的意见不同,存有争论"与其论题"家庭不和谐"二者之间没有必然的逻辑联系,即论据与论题不相干,进而达到了推翻对方论证的目的。这一反驳表明,即使对方的论据真,也不能由此证明论题真。

再如,有这样一个论证:"小王学习不努力。因为,只有学习努力,才会取得好成绩;而小王的成绩不好。"要反驳这一论证,就可以指出它的论证方式是错误的,在这一论证中它所运用的推理形式是必要条件假言推理的"否定后件式",而这一推理形式是违反必要条件假言推理的规则的,因此这一论证犯了"推不出"的逻辑错误。

反驳论证方式一般是在论据真实而不充分的条件下使用的。在实际的反驳中要注意,反驳了对方的论证方式并不等于反驳了对方的论题,只是说对方的论题没有得到论证。

由于反驳可以看作论证的一种特殊形式,因而,前面所述论证的规则也可以看作是反驳的规则,这里不再赘述。

反驳这种逻辑方法是常常使用的,有时甚至是不可缺少的。在思想与理论领域的斗争中,它是一种不可或缺的重要形式。

第六节　谬　　误

一、谬误的定义

广义的谬误,指与实际不符合的认识,跟真理相对。狭义的谬误,指违反思维规律或规则的议论,特别是指推论中的逻辑错误。这里所谓谬误,主要指狭义的谬误。

谬误论在历史上曾经是逻辑学中的重要组成部分。谬误在中国古代逻辑中叫作"悖"(悖谬)、"惑"(迷惑)、"狂举"(胡乱列举)和"虚妄"等。印度逻辑学著作把谬误称为"妄"(虚妄)、"似"(貌似、虚假)或"过"(过错)等。古希腊亚里士多德有专论谬误,其《修辞学》讨论了讲演中的谬误。由中世纪到近现代,西方许多逻辑著作都有关于谬误的部分,研究谬误的专著也出版多种。

跟谬误有联系的一个术语是诡辩。诡辩通常被认为是有意违反逻辑规律的谬误。诡辩这个词在中国早就有了。《淮南子·齐俗训》说,某些玩弄文字游戏的人,把烦琐破碎、胡搅蛮缠当作智慧,"争为诡辩,久稽而不决"(即以诡辩言词作无休止的争论)。《史记·屈原列传》说,石显"持诡辩以中伤人"。所谓"诡"有违反、怪异、欺诈、虚伪之意。"辩"即辩论、议论,从逻辑上说,指证明、反驳。因此,诡辩指违反事实与真理的辩论。它常具有怪异的形式,并利用理智或语言上的技巧,论证虚假的论题,以引诱人们相信,具有一定的欺骗性。黑格尔曾说:"诡辩这个词通常意味着以任意的方式,凭借虚假的根据,或者将一个真的道理否定了,弄得动摇了,或者将一个虚假的道理弄得非常动听,好像真的一样。"可见,诡辩从逻辑上说,或者论题虚假,或者论据虚假,或者推论形式非有效。简言之,诡辩是违反逻辑规律或规则的似是而非的论证。

平时还有所谓强辩、狡辩或巧辩的说法。强辩是强词夺理、胡搅蛮缠的辩论;狡辩是狡猾、诡诈的辩论,其中都有诡辩的意思;巧辩如果指巧妙的辩论,若辩论过程不符合逻辑就会转变为诡辩。《淮南子·诠言训》说"邓析巧辩乱法",这里巧辩就含有诡辩之意。

二、谬误的种类

谬误有许多种,可以把它们分为形式谬误与非形式谬误。形式谬误对应于各种推论式。一般来说,有一种有效的推论式,就有一种不合这种推论式规范而产生的谬误。如上述肯定后件式的逻辑错误就是一种形式谬误。列举各种形式谬误是前面诸章的任务,这里不再着重阐述。非形式谬误是有关内容、实质的谬误,它一般又分为相关、歧义性的论据不足等类型。下面将介绍几种常见的非形式谬误。

（一）相关谬误

相关谬误是论证的论据与论题在心理上相关,而不是在逻辑上相关。正确的论证应该立足于论据与论题的逻辑相关,即论据在逻辑上支持论题,由论据真可导出论题真。在相关谬误中,论证者利用语言表达感情的功能,以言词来激起人们心理上的恐惧、敌意、怜悯或热情,诱导人们接受其论题。

正确论证是一种理性思维方式,它只能在逻辑上诉诸事实与真理,而不能仰仗感情、情绪、态度等心理因素。相关谬误的根源在于人类语言功能的多样性与人类心理素质的作用。语言不仅有传递信息、交流思想的认识功能,也有传递感情、激发情绪、唤起行动的表达功能。人不仅是理性的动物,也是有感情的动物。如果人们对论证中的心理相关与逻辑相关发生混淆,不是用逻辑的规范与标准审视、评价一个论证,而是受感情的左右与支配,以感情代替逻辑和理性,就会犯相关谬误。

相关谬误的主要种类如下。

1. 诉诸强力的谬误　诉诸强力的谬误,是指论证者借助强力或威胁,迫使人接受其论题。这个术语的拉丁文原意是指"依赖棍棒",经引申指各种强力与威胁。所谓"秀才遇着兵,有理说不清""强权胜于公理",以及"打棍子、扣帽子、抓辫子、装袋子"等,都带有诉诸强力的意思。其一般形式是:"我有强权,所以,我说的是真理。"例如古时办案,常凭借强力,对嫌疑者施以酷刑,在强力威逼下,很容易屈打成招,于是冤假错案层出不穷。又如中世纪西欧有所谓"围剿魔女"之举。传言魔女骑着扫帚、山羊在空中飞翔,去参加在深夜举行的魔鬼酒宴。于是教会与军政当局合谋,威逼拷问无辜者承认自己是魔女,然后处死。拷问的人向被拷问者提出如下一些离奇的问题,诸如"骑扫帚、山羊飞过吗?""参加过魔鬼集会吗?"等。严刑之下常有假供,且其所供内容与人们心中的恶魔形象有惊人的相似,于是拷问的人对假供深信不疑。这种逼供的做法正是诉诸强力谬误的表现。

2. 诉诸人身的谬误　诉诸人身的谬误又叫指向人的论证,即在证明、反驳中,诉诸保护或攻击提出论题的人,因人立言或因人废言。诉诸人身的谬误又可分为人格人身保护、人格人身攻击、处境人身保护与处境人身攻击等。

（1）人格人身保护:人格人身保护是以自己或他人"人格高尚"为理由,诱使他人相信其论题为真。例如说:"我以人格担保,我的话是真的。"又如说:"某人人格高尚,他的话可信。"这是因人立言。常言说:"智者千虑,必有一失。"人格高尚的人说话未必全对。如提出一个问题:"肚子饿了怎么办?"无论哪个人格高尚的人说:"肚子饿了应该打嘴巴!"这都是毫无逻辑的,都必须反对。

（2）人格人身攻击:人格人身攻击是通过诋毁对方的技能、才智、品性或人格,来否定对方论题。这是属于直接人身攻击,是诉诸人身谬误的诬陷或污辱形式,也叫作因人废言。其实,不管对方人格是否真的存在问题,对方人格与对方当前所提论题在逻辑上并不相关。进行人身攻击者的目的,是利用语言的表达、激发功能,诱使人产生心理联想,不相信对方的论题。

德国哲学家黑格尔在一篇随笔中曾经举了这样一个例子,在市场上一位女顾客对女商贩说:"喂,老太婆,你卖的是臭蛋呀!"这个女商贩恼火了,说:"什么!我的蛋是臭的!我看你才臭呢!……"这位女商贩的议论就是犯了人格人身攻击的错误。

这种不是针对论题本身,而是攻击提出论题者的谬误,又叫溯源谬误。这种谬误犹如球类运动中的"打人犯规"。

常言说:"愚者千虑,必有一得"。即使人格有问题的人说话也未必全错。正确的论证应该对事不对人、针对论题而不是针对人本身。

（3）处境人身保护:处境人身保护是以自己或他人处境优越为理由,诱使人相信其论题为真。如说,因某人在研究机关工作,所以其文章有学术价值;某人讲授逻辑课程,所以他的话合乎逻辑;某人专攻伦理学,所以他的言行合乎道德规范;某人研究美学,所以其作品合乎美的要求……。总之,人的出身、经历、职业、地位等各种处境优势,均可成为处境人身保护的借口。实际上人们处境的种种外在条件,跟其当前所提论题并无逻辑关系,而只是在心理上相关,而这些心理相关因素并不能成为论证其论题为真的充足理由。

（4）处境人身攻击:处境人身攻击是依靠攻击对方的处境来进行证明、反驳。这是属于间接人身攻击,是诉诸人身谬误的处境形式。如说某人很富,所以他一定花钱如流水;某人很穷,所以他一定见钱眼开,贪污受贿;某人是当官的,所以他一定会"官官相护"……。总之,列举某人处境方面的理由,同所论证的论题毫无逻辑联系,只能借助某种心理相关性取得表面的说服力,但实际上经不起理性的推敲,达不到论证的目的。

有一种处境人身攻击的形式,拉丁文名称叫"你也是",其特点是把矛头指向对方的言行矛盾,以图降低对方议论的可信度。实际上对方的言行矛盾跟其所提论题在逻辑上是两回事,不能用对方的言行矛盾作为逃避当前论题论证的遁词或挡箭牌。如有一位青年,经常以杀害无害动物取乐,别人批评他,他却理直气壮指责批评者:"你也不是吃素的,你吃牛肉吧! 牛也是无害动物。"这位青年就犯了"你也是"这种处境人身攻击的错误。

3. 诉诸无知的谬误　诉诸无知的谬误,是以一个命题的无知为根据证明或证伪,断言这一命题的假或真。

形式 1:因为尚未证明 A 真,所以 A 假。

例如,甲说:"我戒烟了。因为吸烟会得癌症。"乙说:"这还没有被证明。所以,吸烟不会得癌症。放心吸吧!"甲:"好吧! 我这就点上一支!"这里,乙凭借"吸烟会得癌症"还没有被证明,即对这一点的无知,而断言"吸烟不会得癌症",就犯了诉诸无知的错误。

形式 2:因为尚未证明 A 假,所以 A 真。

例如,甲说:"因为没有人能证明没有鬼,所以必定有鬼。因为举不出神不存在的证据,所以神必定存在。"根据这种逻辑,各种"牛鬼蛇神"就被认定为真实的存在。其实,这都不过是一些诉诸无知的诡辩遁词。

实际上,人们对某一现象领域的无知,丝毫也不能成为对该领域下断语的逻辑理由。逻辑推论的实质,是由已知测度未知,而不能把未知作为知的理由。

4. 诉诸怜悯的谬误　诉诸怜悯的谬误是指借助于打动人们的怜悯之心,以诱使人相信其论题。如号称"美国旅店皇后"的利昂娜是拥有 10 亿美元的旅店业大老板,其丈夫哈里是拥有 50 亿美元资产的大房地产主。利昂娜因偷税罪被起诉。她在有数百人旁听的法庭上,装出一副可怜相,哭哭啼啼地求情说:"没有人能够想象我感到多么羞惭。我觉得我如在噩梦之中。三年前,我失去了独生儿子杰伊。我求求你们,不要再让我失去哈里。我们俩这一辈子只有工作和相互扶持,除此之外,我们什么也没有。"利昂娜的话犯了诉诸怜悯的错误。

5. 诉诸众人的谬误　诉诸众人的谬误是指援引众人的意见、见解、信念或常识来进行论证。其一般形式是:因为众人都这样认为,所以是正确的。这也叫以众取证。如甲说:"鬼神是存在的。"乙说:"何以见得呢!"甲说:"因为大家都这么认为。许多人看见过鬼的形象,听到过鬼的声音(实为错觉、幻觉)。书上也记载有许多鬼神的故事(书上记载不等于事实)。"甲的论证就犯了诉诸众人的错误。

事实上众人的意见未必都是真理,真理有时只掌握在少数人手里,而众人的看法有时倒是谬见。在哥白尼之前,众人认为太阳和其他行星绕地球旋转,但这并不合乎事实和真理。在常识中有时包含着一个时代的偏见。然而众人之见常常对他人有一种心理影响,似乎"众人之见即真理",这正是诉诸众人谬误产生的根源。

如"曾参杀人"与"三人成虎"的故事:

孔子的弟子曾参住"费"城。当地有个跟他重名的人杀了人。甲跑来对曾参母亲说:"曾参杀了人。"曾参以孝行著称,其母对儿子很了解,于是说:"我的儿子不会杀人。"她继续织布,不为甲的言论所动。乙跑来对曾参母亲说:"曾参杀了人。"曾母照样织布,不予理睬。而丙又跑来说:"曾参杀了人。"这时曾母却害怕了,爬墙而逃。诗人李白说:"曾参岂是杀人者! 谗言三及慈母惊。"

战国时魏国为赵国所败。魏国太子与大臣庞恭要到赵国首都邯郸做人质。临走,庞恭启发魏王说:"假定现在有人说闹市上有虎,您相信吗? "魏王说:"不信。"庞恭说:"假定有两人说闹市上有虎,您相信吗? "魏王说:"不信。"庞恭说:"假定有三人说闹市上有虎,您相信吗? "魏王说:"那我就相信了。"庞恭说:"闹市并不是虎所居之处,这是很明显的。然而有三人说闹市上有虎,您就相信了! 而邯郸离魏国比闹市远多了,无中生有说我坏话的人也会不止三个,希望您明察。"事情发展不幸为庞恭所言中,待庞恭从邯郸返回时,魏王竟听信谗言不让他入境。

"曾参杀人"故事中的曾母与"三人成虎"故事中的魏王,都可以说是陷入了诉诸众人的谬误。

古人说:"言之为物也可以多信:不然之物,十人云疑,百人然乎,千人不可解。"(《韩非子·八经》)即某种见解为多数人所采纳,就可能被更多的人所误信。设事实为"不是P",十人说"可能是P",一百人会说"是P",一千人会说"必然是P"。常言道:"一犬吠形,百犬吠声;一人传虚,万人传实。"即一条狗见可疑形体而发出吠声,一百条狗会因听到这一条狗的吠声而鸣叫。一人传播虚假信息,一万个人会误以为真并加以传播。这都道出了诉诸众人谬误的实质和危害。

与诉诸众人谬误相关,有所谓大谎言谬误,是指捏造谎言,并借助谎言的不断重复而使人误信为真,即所谓"谎言被重复一千次就变成了真理"。无数冤假错案的当事人都曾因大谎言谬误而蒙受屈辱。1933年2月27日晚,希特勒党徒纵火焚烧柏林国会大厦,并嫁祸于无辜。1931年9月18日夜,日本关东军用炸药炸毁南满铁路长沈线上柳条湖(沈阳北郊)段路轨,然后"贼喊捉贼",诈称中国军队炸毁并袭击日本军队,以此作为向我国东北发动大规模武装进攻的借口。这都是大谎言谬误的事例。

6. 诉诸权威的谬误　诉诸权威的谬误是指在论证中以本人或他人的权威为根据来论证某一论题。它又分为诉诸他人权威与诉诸个人权威两种。

(1)诉诸他人权威:即因为某人是权威,所以他的话肯定是正确的,具有真理性。如一位经院哲学家不相信人的神经在大脑中会合的结论,于是一位解剖学家请他去参观人体解剖。当他亲眼看到人的神经在大脑中会合的事实,而不是如亚里士多德所说那样的在心脏中会合时,解剖学家问他:"现在你该相信了吧!"经院哲学家回答说:"您这样清楚明白地使我看到了这一切,假如在亚里士多德的著作里没有与此相反的说法,即神经是从心脏中产生的,那我一定会承认这是真理了。"这位经院哲学家就是犯了诉诸他人权威的错误,即以亚里士多德的观点来论证解剖学家的论点是否具有正确性。

（2）诉诸个人权威:即因为个人是权威,因此所提论题是正确的。在诉诸个人权威的论证中,论证者把个人的出身、学历、经历、职务、地位或业务知识等各种优势作为论据,诱使他人相信自己的论题。如一位专攻埃及学的教授说:"女性的逻辑跟男性的逻辑是不同的。作为一名教授,我可以说这是完全正确的。"这就犯了诉诸个人权威的错误。这往往还会导致一些权威人士对自我的认知盲目自信,在工作造成一定失误的同时,也让自己颜面扫地。溥仪在回忆录中曾记载这样一件事:新中国成立后,有一天他以一名游客的身份重游故宫,意在寻找儿时的记忆。当他进入光绪寝宫,看见标注为光绪的照片时,发现这并不是光绪的照片。于是对故宫的工作人员说:"这里有错误。这张照片不是光绪的照片,是醇亲王载沣的照片!"工作人员本不想理会这名"普通的游客",认为这是专家提供的照片,不会有错。但是经不住溥仪一再地坚持并强调,工作人员不得不请来了专家。溥仪指出问题后,专家则不以为意,坚信自己提供的照片没错。最后,溥仪实在忍无可忍,直接说道:"我是溥仪,这张挂的照片是我父亲,我还会认错么!"专家听后,顿时羞红了脸,尴尬至极,最后将光绪的照片换了回来。

（二）歧义性谬误

语言是思维的工具与表达,是人类重要的交际手段。它以语音为物质外壳,以词汇为构造元素,以语法为结构规律。它有传递信息、交流思想、表达感情、给出指示与引导行动等功能。要正确发挥语言的功能,实现成功的交际,就应该使语言具有清楚明确的性质,避免各种歧义。语言只有清楚明确,才能具有可识性、可解性,达到交际目的。违反语言明确性原则,会导致各种歧义谬误。以下列举其主要种类或表现。

1. 语词歧义的谬误 语词歧义的谬误,是指在同一个语境中,一个语词或短语的不同意义被混淆使用。又叫语词多义、模棱两可或含糊其词。

如以下议论:

一件事的"end"是完美。

死是生命的"end"。

所以,死是生命的完美。

这里"end"在第一次出现时是指"目标",第二次出现时是指"结束",意义不同,因而据此进行推论就造成语词歧义的谬误。

具有相对意义的词项,如果混淆了其所相对的范围、论域或语境,也可造成歧义性谬误。如从"这只老鼠大"与"这只象小"两前提得不出"这只老鼠大于这只象"。因为"老鼠大"指在老鼠群中为大,"象小"指在象群为小。如果把相对词项"大""小"绝对化会犯歧义性谬误。

2. 构型歧义的谬误 构型歧义的谬误,是由于语法结构不严谨而导致的语句整体上的歧义。它又叫语法歧义,可以有多种表现。

（1）语词结合关系不明:如一篇文章标题为"评鲁迅论孔子"。这个标题中语词不同的结合关系可以有不同的语义。如果是"评 / 鲁迅论孔子",意为"评鲁迅对孔子的论述"或"评鲁迅的孔子观"。如果是"评鲁迅 / 论孔子",意为"评鲁迅并且论孔子"。这两种语义显然是不同的。

（2）动宾关系不明：如说"他连我都不认识。"这里宾语究竟是"他"，还是"我"，意义不同。①"他"不认识"我"。这是把宾语提到动词前面；②他是谁？连我都不认识，即"我"不认识"他"。这是把宾语提到主语前面。

（3）代词所指不明：如"小安的父亲说他今天不在家"，这里的"他"是指小安，还是指小安的父亲，是不明确的。又如"小芳把信交给小兰，因为她明天就要走了"，这里的"她"是指小芳，还是指小兰，也是不明确的。

（4）定语修饰不明：如说"这是欧阳的画。"这里所谓"欧阳的画"，究竟是欧阳画的画、欧阳拥有的画，还是这幅画画的是欧阳，是不明确的。

（5）状语修饰不明：如"10天前，我访问了上海的朋友以后，去深圳了。"这里"10天前"这个时间状语是修饰"访问"，还是修饰"去"是不明确的，所以究竟是10天前访问上海的朋友，还是10天前去深圳，令人迷惑不解。又如"小李在火车车厢里写字"，这里"在火车车厢里"这个地点状语是限制"写字"这个动作的环境空间，还是限制"写字"动作的对象与结果，是不明确的，因而语句可有如下歧义：①"小李在火车车厢中写字"；②"小李把字写在了火车车厢上"。另外还有容易带来交际障碍的是动作起止时间不清。如在广州的哥哥给在北京的弟弟发电报说："父10日48次车来。"这里"10日"这个时间是表示出发还是到达，不明确。

（6）施受关系不明：如"关心的是班里的几位女同学"，这里"班里的几位女同学"是施事，还是受事，即是表现关心，还是被关心，不明确。"批评的是几位青年人"，这里"几位青年人"是"批评"，还是"被批评"，不明确。"找到了舅舅的孩子"，可有以下歧义：①"找到了／舅舅的孩子"，"孩子"为受事者；②"找到了舅舅的／孩子"，"孩子"为施事者。

如果用这一类歧义语句做论证的论据或论题，就会造成谬误。在"求神问卜""抽签算卦"的封建迷信活动中，常可以看到这种现象：人们在求测父母存殁情况时，通常会得到"父在母先亡"之类的描述测算结果的语句。如果对这种语句的主语、状语等作不同分析，可以产生许多不同的语义，能够把父母存殁的各种可能情况都囊括进去：①"母亲在，父亲先死"；②"父亲在，母亲先死"。若加上时间的因素，可解释为无论过去、现在、未来，或父亲先死，或母亲先死。于是某些头脑不清醒的"求算者"，就会感到一种似是而非的满足，而不知已被歧义语句所愚弄。

3. 强调的谬误　强调的谬误，指对一个语言表达式的某些部分，给予不正当的强调，而使其具有不同的意义。这种强调，可能通过说话时的改变重音、音调，或印刷时的改变字体、字号等手段来实现。

对以下语句中的"好"字读不同的声调，有不同语义：

hǎo
（1）王某是一个好说话的人。

hào
（2）王某是一个好说话的人。

（1）表示王某性格随和，容易采纳别人意见；（2）表示王某是一个话多之人。这种由不同读音引起的歧义，叫语音歧义。

如某外国保险公司的广告中说："提供万全的保险，使您生活富裕！"这个语句使人对其有高度信赖与期待，但仔细一看，在这个语句下面的括号中用小号字印着"死亡、伤害和疾病除外"，这实际上取消了最重要的保险项目。又如另一广告在一种商品的净价格之下用小号字印着"税金及其他另计"。这都是用强调的谬误表达来诱使粗心读者上当的把戏。

4. 断章取义的谬误　断章取义的谬误,是在引用别人的话时,使其脱离原来的语境(上下文、前后语),从而具有不同的含义。语境能使一段话的含义清楚显现,或使其具有明显的限制。离开原来语境的一段话,有可能被赋予完全不同的含义。严肃的引用应该尊重原意,而不能通过引用使其含义改变。如一位评论家在谈到一部小说时曾说:"我不喜欢这本书。也许在行至孤岛的情况下,没有了别的书,我才会喜欢它"。而出版商在引用这位评论家的话时,竟然说这位评论家自称"在行至孤岛的情况下",仍然"喜欢它",把原话中的贬义篡改成了褒义,这是明显的断章取义。

在日常生活中,有人只引用别人说他优点的话,而抛开别人说他缺点的话,也包含了断章取义的错误。在不正当的学术、政治争论中,断章取义的手法更为常见,后果也更为严重。

5. 含混笼统的谬误　含混笼统的谬误是指语言表达的所指与意义不明确、不具体所导致的谬误。语言有指谓、交际功能。语言表达式的所指(外延)、意义(内涵)应该明确,不然其指谓功能就不能体现。语言表达式应该清楚,能让人理解、认知,否则其交际目的就不能达到。春秋时卫人蘧伯玉派使者去见孔子,与孔子对话。使者走后,孔子批评说:"使乎!使乎!"(使者呀!使者呀!)由于孔子的话含混笼统,使后人疑惑,不知使者究竟犯了什么过错,引起不同意见的争辩。古人说:"书约则弟子辩"老师的话过于简约笼统,会引起弟子许多争辩。史书载"齐桓公负妇人而朝诸侯","负妇人"的陈述含混笼统,它可以指妇人侍立在齐桓公背后(当时是正常的),也可以指齐桓公把妇人背在背后("淫乱无礼甚也")。可见含混笼统会造成认识的困难与交际的障碍。

某些"神秘预言"常借助含混笼统的手法以诱人误信其灵验。一"半仙"用竖一指的手势语预示三位赴考者的结局,它可以包含各种含义:一人考中;一人考不中;一齐考中;一齐考不中。不论出现什么结果,都跑不出其"预言"的范围,自然容易使愚人上当。"公爵尚活着,亨利将废黜"这一"预言",可以理解为公爵废黜亨利,也可以理解为亨利废黜公爵。"如果克洛伊索斯(古吕底亚国王)对赛洛斯(古波斯国王)宣战,他会消灭一个庞大的王国"这一"预言",可以理解为波斯王国将被消灭,也可以理解为吕底亚王国将被消灭。

个别推销商品的广告也会用含混笼统的话语招引顾客。可见,含混笼统的谬误是一种诱人上当受骗的语言陷阱。

6. 非黑即白的谬误　非黑即白的谬误,是指在两个极端之间不恰当地二者择其一。这里黑、白比喻两个极端。因为在黑、白之间,还有其他多种颜色作为中间体,而非黑即白的思考,却无视这些中间体的存在,把选择的范围仅限于黑和白两个极端,并不恰当地要求在这二者中择其一。它又叫简单二分法或两端思考。其论证形式是:因为不是黑的,所以一定是白的。如一位妻子关心地对丈夫说:"许多人都说你是一个没头没脑的工作狂,你应该改一改,不然你会早死的。"丈夫说:"难道你让我做一个无所作为的懒汉吗!"丈夫的思考犯了非黑即白的错误。因为在工作狂和懒汉这两个极端之间,还有劳逸结合等各种情况。

非黑即白的谬误出现于事物情况不限于两个极端的场合,而在只有两种可能被选择的场合不适用。如:判断一被告不是有罪,就是无罪;或不是无罪,就是有罪。这里不存在非黑即白的谬误思考。

7. 稻草人的谬误　稻草人的谬误是指在辩论中先歪曲对方论点,然后再加以攻击。犹如绑扎一个稻草人以代表对方,然后用攻击稻草人的办法来冒充对论敌的反驳。语言交际的原则之一是关联原则,即说话要与已定的交际目的相关联。根据这一原则,在正当的辩论中,证明和反驳双方的议论应该切题,即一方所反驳的论题必须是对方真正提出的论题。而稻草人的谬误,则违反这一原则。

稻草人的谬误有以下的手法或形式。

(1)歪曲论点:把显然愚蠢的思想强加到论敌身上,然后加以驳斥,这是一种不正当的辩论手法。常见的歪曲论点的方式有夸张、概括、推广、引申、简化、省略等。孟轲曾说:"杨氏为我,是无君也。墨氏兼爱,是无父也。无父无君,是禽兽也。"(《孟子·滕文公下》)杨墨"为我"论点的含义是重视个人生命的保存,反对别人对自己的侵夺,不侵夺别人,孟轲却把它说成是目无君主。墨翟"兼爱"论点的含义是普遍平等地爱人,不受等级贵贱与血缘亲疏的局限,孟轲却把它说成是目无父亲。而无父无君又被等同于禽兽。这是一个古老而又影响深远的稻草人谬误。

某政党领袖考克应邀在一大学的开学典礼上讲话,当他讲到社会上难以找到急需人才时,他说自己有一个想法,即可以像国防兵役制那样,在社会福利方面实行一种类似的劳工制。有一家报纸略去他讲话中提出的一些条件,以横跨七栏的大标题"考克要求强迫劳役"加以报道。这是用夸张手法树立一个供人批判的稻草人。考克看了这一报道,认为记者意在诬蔑自己,感觉自己像是被抢劫了一样。

反驳者把原论点中的存在量词"有""有些"改为"一切",这是用概括的手法来夸张对方观点,以便使其论点显得更容易被驳倒。如甲对某领导说:"你有些事做得不对。"这位不清醒的领导立即回答说:"什么!你竟然认为我什么事都做得不对!"然后他就滔滔不绝地列举他认为做对的事来对甲的批评进行反击,事实上他反击的只是他树立的稻草人,因为甲并没有说他什么事都做得不对。

(2)虚构论点

第一、以强调相反观点的方式暗示虚构论点。

暗示对方采取某种为反驳者所虚构的特定观点的手法之一,是强有力地提出相反观点。在讨论、辩论中,如果一方强调某种论点,这马上会给人一种印象,即对方反对这一论点,于是为反驳者所虚构的论点,就无形中被强加给对方。如某人强调说:"我认为发扬民主才是我单位改进工作的头等大事"。这是在暗示对方的观点正相反。如果对方不立刻声明自己也同样赞成发扬民主,那么人们很容易会疑心他反对这一点。

在讲座、辩论中,只有当与其他人持有不同观点时,才可以用强调的方式提出自己的观点。正因为如此,以强调方式提出某种观点,会产生把虚构论点归咎于对方的效应。这是稻草人谬误的一种表现或手法。

第二、把捏造的论点跟对方所属的群体相联系,以归咎虚构论点。

由于群体的思想已被当作既成事实,而个人的思想又被设定为与群体一致,于是当把捏造的论点同对方所属的群体相联系时,就很容易把所捏造的论点强加于对方。这种手法的强加效应是如此之大,以至于受害者很难摆脱被归咎的虚构论点。如说:"作为共产主义者,他肯定是认为这位政治家是不可信任的""作为父亲,他肯定是护着自己的儿子的""作为妇女干部,她肯定是同情我的妻子的""作为教师代表,他肯定会投票赞成歧视工人的分房方案"等。这都是把对方所属群体作为归咎虚构论点的理由,这也是稻草人谬误常见的表现或手法之一。

第三、把虚构的对方论点绝对化、普遍化。

稻草人谬误的又一表现或手法,是把虚构的对方论点绝对化、普遍化,以显示对方的愚蠢和荒谬,并回避举证的责任。由于人们不知其所攻击的具体对象是谁,并且实际上也不存在这些对象,自然不会有谁站出来对质,于是这种虚构论点的归咎效应更强。某作家在批评系列"俗见"时,就用了这种手法,如他列举说:"所有人都认为×××公司制造的灯泡永远也不会熄灭。"对于这种夸张的虚构论点,首先可以使用的反驳方法,就是请他举出一个实际例子:"谁这样认为?"并且只要列举一个反例,就可以驳倒这种虚构:"至少我就不认为×××公司制造的灯泡永远也不会熄灭。"

(3)避强击弱:是指在讨论、辩论中避开对方较强的论据,而专攻较弱的论据,或避开较强的对手,而专攻较弱的对手。这也显示出稻草人谬误的实质,是把对方重塑为比实际更弱的形式,以便使对方显得更容易被驳倒,而自己则显得更强大,也更容易取得表面上的胜利。在日常生活中,用别人的缺点比自己的优点等,都存在避强击弱这种稻草人谬误的因素。

8. 合成的谬误 合成的谬误指由部分、元素的性质不恰当地推论整体、集合的性质。它又叫合谬、合悖。合成的谬误涉及语词意义的不同理解与运用,它又分以下两种。

(1)由部分到整体的无效论证:整体是由部分按一定方式组合起来的,它不是各个部分的简单相加,往往具有部分所不具有、而为整体所具有的性质,而部分也具有属于部分而不属于整体的性质。换言之,属于部分的性质,有些为整体所具有,有些不为整体所具有。因此,不能推论说,凡部分所具有的性质,整体必然具有。如一台戏的某一幕在艺术上完美,推不出整台戏在艺术上完美;某艘舰做好了战斗准备,推不出整个舰队做好了战斗准备等。

(2)由元素到集合的无效论证:集合由元素构成,但元素所具有的性质不一定为集合所具有。有些语词,在部分的即元素的意义上使用时成立,而在集合的意义上使用时不一定成立。如以下推论不成立:"一只大象吃的东西比一只老鼠多。所以,大象吃的东西比老鼠多。"有一个古老的谜语:"为什么白羊比黑羊吃得多?"谜底是:"因为白羊多。"这个谜语的奥妙在于"……比……吃得多"这个短语是在元素的意义上使用,还是在集合的意义上使用,混淆不清。

9. 分解的谬误 分解的谬误,指由整体、集合的性质不恰当地推论到部分、元素的性质。它又叫分谬、分悖,有以下两种。

(1)由整体到部分的无效论证:整体所具有的性质,不一定为部分所具有。所以,由整体的性质必然推论到部分的性质,会出现谬误。这种谬误推论的形式是:因为整体 P 具有性质 R,所以,P 的部分 Q 具有性质 R。如由某部机器沉重、庞大、复杂,推论其零部件也沉重、庞大、复杂;由高三学生身材高于高一学生,推论高三学生中某一矮个子高于高一学生等。

(2)由集合到元素的无效论证:集合所具有的性质,不一定为元素所具有。所以,由集合的性质必然推论到元素的性质,也会出现谬误。如由鲁迅著作一天读不完,推论到鲁迅著作的某一篇一天读不完;由一片树林林荫稠密,推论到其中某一棵树林荫稠密等。

这种谬误的产生跟类与集合的混淆有关。类的性质具有可分配性,即类的性质可以平等地分配于该类的每一分子。如"指头"是一个类,其每一分子都可以平等地称为"指头"。然而集合的性质却不一定具有这种可分配性。设把"五指"理解为一个集合,则其每一元素(指头)不能叫"五指",只有五个指头的集合才能叫"五指"。

10. 复杂问语的谬误 复杂问语的谬误是把两个以上的问题合并为一个问题,诱使对方作为一个简单问题来回答的谬误。它又叫多重问题谬误或诘问谬误,有以下三种形式。

(1)暗含不当假定:暗含不当假定,指在一个疑问句中暗含着一个不恰当的预设(预先假定),即假定对于一个在先的未问的问语已经给出了确定回答,而这个回答是对方并未认可的。如问:"你是否已停止打你父亲了?"这一复杂问语暗含一个不当假定:"你是打你父亲的。"这一不当假定是对一个在先的未问的问语"你打你父亲吗"的回答,而这一回答是对方并未认可的。

这种复杂问语设计者的诡辩伎俩,在于把不当假定预先作为已经回答了的问题,暗中裹藏在另一问语中来加以偷用。如提问者把"你是打你父亲的"这一不当假定暗藏在"你是否已经停止打父亲"的问语中。被问者如果没有料到对方的这种用心,把复杂问语误认作简单问语而回答说"是",则意味着"过去打父亲,现在不打父亲";回答说"否",则意味着"过去打并且现在还打父亲"。进退维谷,左右为难。明智的做法是识破对方的诡计,把复杂问语分析为不同的简单问语,而一一分别作答。在上例中,如果先回答说:"我不打父亲"那么剩下的"是否已停止打父亲"的问题,就迎刃而解、自行消失了。

由于复杂问语常被用来制造语言陷阱,所以又叫陷阱问题。如一位审判人员问:"你是什么时候隐藏凶杀武器的?"预设对方隐藏了凶杀武器。若问:"你把证据藏到哪里去了?"预设对方藏匿证据。若问:"你用偷来的钱干什么了?"预设对方偷了钱。若问:"你以后还偷吗?"预设对方偷了。若问:"你是什么时候自首的?"预设对方曾经自首。若问:"你犯罪的根源是什么?"预设对方犯罪。复杂问语是逼供、诱供者的常用手法,很容易造成冤假错案。

某些宣传工作者常用复杂问语诱使人接受其论点,并借此逃避对自己论点的证明。如国外某位忧心忡忡的伦理学家发问说:"我们是以道德沦丧为代价而发展市场经济呢?还是以道德进步为目标而限制市场经济呢?"在这两个复杂问语中暗含着预设:"发展市场经济导致道德沦丧,限制市场经济促进道德进步。"这种预设应该予以单独证明,而不能以问语的方式暗塞给对方。

(2)暗含不当形容词:有些复杂问语含有暗含不恰当的形容词,而这种形容词所表示的性质、特征并不为对方所认可,只是由于暗藏在复杂问语中顺带说出,而分散了对方的注意力,结果被糊里糊涂地接受。如以下对话:

调查者:作为骗人广告的效果,你的销售额增加了吗?

销售商:没有。

调查者:这么说你已经承认了你的广告是骗人的!你知道这种行为是不道德的吗!这会给你带来麻烦的!

这里,销售商被调查者的复杂问语搞糊涂了。销售商的注意力放在了"做广告之后销售额是否增加了"的问题上,而"骗人的"这一表示广告性质的形容词没有引起他的足够警觉,于是在作出"销售没有增加"的回答时,客观上等于承认了自己的广告是骗人的。

对暗含不当形容词的复杂问语,应该注意分割,即把暗含的不当形容词单独挑出来,跟其他问题分开,另外作答。

如问:"这一政策会导致毁灭性的通货膨胀吗?"

分割式回答:"是会导致通货膨胀,但并不是毁灭性的,而是有益的调整。"

又如问:"你的老师是一位怪僻的学者吗?"

分割式回答:"是一位学者,但并不怪僻。"

这种分割式回答,能够消除暗含不当形容词的复杂问语所带来的混乱。

(3)不当二合一:不当二合一指把两个简单问题合并为一个复杂问语,而不恰当地要求给出一个简单回答。这也是一种谬误或诡辩伎俩。如问:"你是支持民主党人和繁荣经济,还是不支持？请回答是或否。"这就是不当二合一的复杂问语。处理方式是避开简单回答"是"或"否"，而分离为两个简单问题，一一回答。如对以上问题，可以把它分离为"是否支持民主党人"与"是否支持繁荣经济"两个简单问题，而分别回答。

又如问："你是赞成集中与专制，还是选择民主与混乱？请回答是或否。"这是更为复杂的不当二合一的形式。它实际上是把四个不同的简单问题，合并为一个复杂问语，并不恰当地要求给出一个简单回答。这同样是一个陷阱问题，不管简单回答说"是"或"否"都有困难。如果回答"是"，等于赞成专制并且不选择民主；如果回答"否"，等于不赞成集中并且不选择混乱。防止误入陷阱的办法，是把这一复杂问语分离为四个简单问语，而一一回答。如说："我赞成集中但不赞成专制；选择民主但不选择混乱。"

（三）论据不足的谬误

正确而理想的论证，其论据应该能够充分地支持论题。论据不足的谬误，是指由于缺乏论据的充分支持，而使论题不能成立的错误论证。它有以下主要种类或表现。

1. 特例的谬误 特例的谬误是指把一般原则误用于特殊、例外的场合。它又叫以全概偏的谬误或偶然的谬误。

一般原则有其应用的具体情况和范围。不考虑其应用的具体情况和范围，会发生特例谬误。柏拉图在《理想国》中说："假定一个朋友在精神正常的时候，把武器交给我保管，而在精神不正常的时候，来向我索要，我该不该给他？没有人会赞同该给或给他是正确的。"如果在对方精神不正常的情况下，仍坚持"欠东西应还"的一般原则，而还枪给他，这就是犯了特例的谬误。

又如以下对话：

甲：我的习惯是昨天买什么，今天吃什么。

乙：那么我昨天看见你买生肉，看来今天你要吃生肉了！

"昨天买什么，今天吃什么"这个一般原则的应用范围限于食物的实体，不包括食物的自然状态。乙不顾这个一般原则应用范围的限制，由"昨天买生肉"推出"今天吃生肉"，也是犯了特例的谬误。

2. 特例概括的谬误 特例概括的谬误是指由特例不恰当地引申出一般规律的错误论证。它又叫非典型例证、仓促概括、以偏概全或逆偶然的谬误。

典型是能代表一般情况的个别事例，如一只麻雀能代表麻雀的一般情况，它便可以作为麻雀的典型。而非典型例证不能代表一类对象的一般情况。以特例或非典型例证为根据，引申出关于一类对象的一般结论，是轻率概括或以偏概全的一种表现。如古时宋国有一位农民，偶然遇到兔子碰在树墩上撞断脖子死去，于是他就丢掉手中农具，专门守在树墩旁，希望再拣到撞死的兔子。这就是著名的"守株待兔"的故事。故事中的这位农民就陷入了特例概括的谬误。再如：李某为了论证自己学说的正确性，如是说"我的理论中有一条是正确的，所以我所有的理论也都是正确的。"

3. 样本太少的谬误 样本太少的谬误，是指以少数样本为根据，仓促引申出一般结论的错误论证。它是仓促概括或以偏概全的另一表现。据以概括出一般结论。如某人由"一"字是一笔画，"二"字是两笔画，"三"字是三笔画，引申出表示数字的汉字与其笔画相应的一般结论，这就是犯了样本太少的谬误。如一项研究对美国3 141个县的肾癌发病率进行了调查，结论是：发病率偏低的县大部分都位于中西部、南部和西部人口稀少的乡村。据此推断：乡村的生活方式健康，没有空气和水污染，食品新鲜没有添加剂；因此肾癌发病率低。而实际情况是：乡村的人口较少，只要偶然多一个或少一个病例，发病率就会飙升或者骤降。

4. 平均数的谬误 平均数的谬误是指以平均数的假象为根据引申出一般结论的错误论证。如果在一系列数据中有少数几个很大的数，那么所谓平均数容易给人以假象，以此类推会陷于谬误。如一厂长对求职者甲说："我们这里报酬不错，平均工资每月 300 元。"甲工作数月后，每月所得工资仅为 100 元，他激动地找厂长要求其给予解释。厂长说："平均工资 300 元这没有错。你看，我得 2 400 元，我哥哥得 1 000 元，我 6 个亲戚每人 250 元，5 个领班每人 200 元，10 个工人每人 100 元，付给 23 人，平均每人 300 元，对吧！"甲说："对，不过我辞职。"厂长最初没有对甲言明工人每人月工资 100 元，而使甲误认为自己也能拿到这个平均数的月工资。又如说："一位小伙子在平均深度只有半米的河中淹死了。"听者会感到迷惑。其实这条河平均深度虽仅有半米，但也有深过 3 米的深度，此人正好是在此处溺死的。在这些事例中就包含平均数的谬误。

5. 数据不可比的谬误 数据不可比的谬误是指以不可比的两个数据错误相比的论证。如以前美国海军强调"海军的死亡率比纽约市民的死亡率还低"，纽约市民的死亡率是 16%，而美国与西班牙作战期间，海军的死亡率是 9%，于是刊登广告鼓励青年加入海军。然而，16% 与 9% 这两个数据不可相比，二者具有明显的不同。因为海军士兵是经过体格检查选拔出来的身强力壮的年轻人，而纽约市民中有不少婴幼儿、老年人和各式各样的病人。正确比较战时海军与普通市民的死亡率，应该选择同等条件的抽样，即在纽约市民中选择与海军士兵同样年龄和健康状况的人，才能得出在逻辑上可信的结论。又如人们常说："怎么现在得癌症的人越来越多！"这种想法中也包含着数据不可比的谬误。因为过去有不少患癌症的病例没有被检查出来，统计不充分，而现在诊断手段大为改进，统计资料更为充分，把这两种数据相比是不合理的。

6. 虚假相关的谬误 虚假相关的谬误是指把并非真正相关的两类事件，误认作密切相关的错误论证。如某国居民喝牛奶的比例与得癌症的比例都很高，于是误认为喝牛奶致癌。事实上该国老年人比例很高，而老年人得癌症的比例会更高。

7. 赌徒谬误 在掷骰子这种赌博形式中，出现点数为 1 的概率是 1/6，在盘子上具有红、黑二色的赌盘中，每次出现红色的概率是 1/2，这些事件是互相独立的，彼此没有关系。参与赌博的赌徒认识不到这些事件的独立性，形成所谓赌徒谬误，即每败一次就增加赌数，以为这次输了，下次会赢。而正确的逻辑是把每次的输赢都看作是独立事件，跟上次的输赢无关。

又如过去某妇女生了一个女孩，心想下一次该生个男孩了，结果下一次生的还是女孩。这样经过若干年后生了 9 个女孩。于是心想，既然生了 9 个女孩，第 10 个一定是男孩。但第 10 个孩子生出来还是女孩。其实生男或女的自然概率是 1/2，但对某位育龄妇女而言，下一次生男或生女跟上一次生的是男或女没有关系，不会由于过去多次生了女孩，而增加下一次生男孩的概率。这个生了 10 个女孩的妇女也是陷入了类似赌徒的谬误。

8. 虚假原因的谬误 虚假原因的谬误是把不是给定结果原因的事物误认为该结果的真实的原因。如某人晚上读书两小时，喝了浓茶，结果夜里失眠。第二天晚上又读书两小时，吸了烟，结果夜里又失眠。他以为读书是失眠的原因。这就是犯了虚假原因的谬误。这是抓住几个场合中都有读书这个表面上的共同点，从而不恰当地运用求同法而产生的谬误。实际上茶和烟中含有兴奋大脑神经的成分，如茶碱、烟碱（尼古丁）等，摄入这些成分是导致失眠的真正原因。又如某学生一上课就头疼，不上课就不头疼，他以为上课是头疼的原因。这也是犯了虚假原因的谬误。这是抓住两个场合中上课和不上课这个表面上的不同点，从而不恰当地运用了求异法而产生的谬误。后经医生检查，发现他上课时戴的眼镜不合适，才是引起头疼的真正原因。

9. 以先后为因果的谬误 以先后为因果的谬误是把先后关系误认为因果关系的错误论证。事物发展变化都是基于一定的原因，因在先，果在后。故人们在讨论事物之间的因果关系时，常会有"发生在结果之前的就是原因"这种错觉。这种依据事物发生的先后断定其因果关系的做法，就是典型的"以先后论因果"的逻辑错误，也就是错误归因逻辑谬误中的一种。如某国外少数民族，遇日食即击鼓"驱邪"，而每次击鼓后则见太阳重现，于是认为击鼓是太阳重现的原因。中国古人遇月食即放鞭炮"驱天狗"，而每次放鞭炮后则见月亮重现，于是认为放鞭炮是月亮重现的原因。可见以先后为因果的谬误是许多迷信与偏见产生的基础。

10. 因果倒置的谬误 因果倒置的谬误是指错把原因当作结果，或把结果当作原因。如微生物侵入是造成有机物腐败的原因，而有人误认为有机物腐败才导致微生物侵入，这是倒因为果。又如在19世纪的英国，勤劳的农民至少有两头牛，而好吃懒做的人通常没有牛。于是某改革家提出应给每位没有牛的农民两头牛，以便使他们勤劳起来。这是倒果为因。实际上是因为勤劳，才添置了两头牛，并不是因为有了两头牛，才勤劳起来。

11. 类推的谬误 类推的谬误是指把类似性相差较远或不具有类似性的事物加以比较而推出错误结论。也叫荒谬类比或谬比。《墨子》曾提出"异类不比"的原则，认为提出"木与夜孰长？智与粟孰多"之类问题是荒谬的。木头与夜间一关空间，一关时间；智慧与粮食一关精神，一关物质；性质与标准不同，不能相比。孟子说："不揣其本，而齐其末，方寸之木可使高于岑楼。"（《孟子·告子下》）即不考察根本，而只比较末节，一寸厚的木板可以使它比尖角高楼还高。如此类推自会得出荒谬结论。

12. 窃题的谬误 窃题的谬误是指把论题本身作为证明论题的根据，又叫窃取论点、预期理由、循环论证、以未经证明的假定为论据、不当假定、丐词等。

在逻辑上，想证明一论题成立，必须用除论题以外的其他命题作为支持的根据，即论据的真实性必须独立于论题。如果论据不过是论题变换形式的重复，或论据的真实性又依赖于论题，则陷于窃题的谬误。它有以下两种形式：

（1）简单形式：窃题的谬误的简单形式是论据重复论题。这种重复是从内容、实质、意义上说的，其语词、语句形式可能有所不同。唯其如此，它也才更有迷惑性，给人一种似乎有论据证明的假象，而实际上等于什么也没证明。

试看以下对话：

甲：李某是疯子。

乙：真的吗？你敢肯定？

甲：当然。我能证明这点。李某发狂了，所以他是疯子。

证明"李某是疯子"的论据是他"发狂了"，二者意思一样，等于没有提出论据。论据不过是论题变换形式的说法，把欲证当成了已证，窃取了论点。

（2）复杂形式：窃题的谬误的复杂形式是循环论证。其推论过程构成一个或长或短的封闭链环。其形式如：因为A所以B，因为B所以C，因为C所以D，因为D所以A。不管其中间环节有多少，其最后的结论也就是最初的论据，即以论题为据推出论题，从逻辑上等于没有论证,犹如一个车轮在原地打转,没有进展。所以这又叫"无进展"的谬误。这种论证由于中间环节繁多,给人一种似乎有理有据的现象,在演说、论辩中常见。如说:"竞争对经济有利。因为竞争使人人都争取优胜、迅速、廉价。而这是因为人们都喜欢竞争。因为竞争对经济有利。"这里通过若干中间环节,把最后的论据跟最初的论题首尾相衔接,构成一个封闭的循环圈。这种窃题的形式较难识别,因为有时其中间环节可能更多,论证过程拉得更长。不过它总是拐弯抹角地把论题包含在论据中,因而犯窃题的错误。

13. 迁题的谬误　迁题的谬误是指一个论证在证明某一特定的结论时,却转而指向另一个不相干的结论。犯迁题的谬误的证明对欲证论点的真实性没有提供任何根据,等于没有证明,是"无进展"谬误的又一种表现形式。它又叫转移论点、文不对题、答非所问、不相干结论等。如歌剧《刘三姐》中,刘三姐向莫怀仁请来的三位秀才提出一个问题:"为何世界上富人少穷人多?"其中陶秀才答:"穷人多者不少也。"李秀才答:"富人少者不多也。"罗秀才答:"不少非多多非少。"这三位秀才就犯了迁题的谬误。

14. 强词夺理、胡搅蛮缠的谬误　强词夺理、胡搅蛮缠的谬误是指无理强辩、任意纠缠的错误论证。又叫强辩的谬误。《墨子》中曾指出"迁"和"强"这两种错误论证。"迁"指迁题,"强"指强辩、牵强论证。司马迁指出诡辩家的辩论"苛察缴绕"也是这个意思。如鲁迅小说中人物阿Q肚子饿了,跳进静修庵的围墙内偷萝卜吃,被老尼姑发现了。老尼姑说:"阿Q,你怎么跳进园里来偷萝卜!"阿Q说:"我什么时候跳进你的园里来偷萝卜?"老尼姑指着他的衣兜说:"现在……这不是!"阿Q说:"这是你的!你能叫得它答应你吗!"阿Q这种强词夺理的诡辩,在现实生活中也可以遇到。如有一贵妇人,在首饰店用1万美元买了一只戒指。第二天她又到店里说:"昨天买的戒指不可心。"说着换了一只价值2万美元的戒指拔腿就走。店员向她索要1万美元的差额,贵妇人说:"怎么!我昨天给你1万美元,今天又给你价值1万美元的戒指,加起来不是2万美元吗!"这也是犯了强词夺理、胡搅蛮缠的诡辩。

黑格尔在《小逻辑》中曾对此有过精辟的阐释:诡辩论者可以为一切错误论题"辩解",同时也可以反对一切。即使世界上最坏、最无理的事物,都可以为它找出一些"好的理由。""但到了你体验到所谓说出理由究竟是怎样一回事之后,你就会对它不加理睬,不为强词夺理的理由所欺骗。""譬如,我生存和我应有生存的手段本来可说是我的行为的一个主要动机。但假如我单独突出考虑我个人的福利这一原则,而排斥其他,因此就推出这样的结论——为维持生存起见,我可以偷窃别人的物品,或可以出卖祖国,那么这就是诡辩。同样,在行为上,我须保持我主观的自由,这意思是说,凡我所作所为,我都以我的见解和我的自信为一个主要原则。但如果单独根据这一原则来替我的一切自由行为作辩护,那就会陷于诡辩,会推翻一切的伦理原理。"这是对强词夺理谬误的深刻分析。

诡辩家可以同时为相反的观点论证,在对立观点之间像游蛇一样游来游去。如说:"因为创立相对论的是爱因斯坦,而不是爱因斯坦的爸爸,所以儿子比爸爸聪明。"而转眼之间又说:"因为创立相对论的是爱因斯坦,而不是爱因斯坦的儿子,所以爸爸比儿子聪明。"又如战国时游说之士以其三寸不烂之舌朝秦暮楚亦是一证。齐国学者淳于髡用合纵的观点(联合关东六国以抗秦)游说魏王,说得头头是道,受到魏王信用,叫他担任卿相,为他准备了十辆豪华马车,让他出使楚国。临行前,他又以连横的观点(联合秦国以反对他国)游说魏王。魏王于是收回成命,不任用这个"朝秦暮楚"的"投机家"了。古今中外的"投机家"都精于强词夺理、胡搅蛮缠的诡辩之道。

（四）谬误的识别与避免

1. 谬误的识别 谬误的识别问题归根到底是辨别一个具体的推理或论证是否符合逻辑的问题。因此，相应于不同种类的谬误而言，其辨别的标准和方法自然就有所不同。下面，我们按形式谬误与非形式谬误这两类不同的谬误分别作简要的说明。

（1）关于形式谬误的识别：如前所述，形式谬误是违背形式逻辑推理规则而产生的谬误，它直接涉及的是推理形式的有效性问题。也就是说一个形式谬误的产生或存在必然相应伴随着一个无效的推理形式。因此，对形式谬误的辨别或识别主要步骤是：

第一、分析它所运用的推理形式属于何种类型的推理形式。必须明确，只有当其所运用的推理形式属于演绎的推理形式，亦即前提与结论有必然联系的推理形式，我们才能断定它具有形式谬误的性质，而将其归属于形式谬误的范畴。

第二、明确它属于演绎推理形式中的何种推理形式，比如弄清它是属于简单命题的推理形式，还是属于复合命题的推理形式。

第三、再用所判明推理形式的相应推理规则去辨别它，以明确揭示其对某一推理规则的违反，从而揭示其逻辑谬误之所在，达到对该逻辑谬误——形式谬误的辨别和识别的目的。

（2）关于非形式谬误识别：对于非形式谬误的辨别和识别较之形式谬误的辨别和识别情况就复杂得多。这是因为，如前所述，非形式谬误的表现是多种多样的，其分类是极其复杂的，因而各种非形式谬误之间常常错综交织，很少有泾渭分明的界限。所以，不论我们采用哪一种标准，我们都很难把一切谬误包罗无遗，因而也很难提供一个识别非形式谬误的共同标准。同时，也还必须明确，许多非形式谬误的产生，是由于对一些正确论证方法和论证技巧不恰当或不合适时使用的结果，因此，对于非形式谬误的确定，难以找到一个绝对的标准。常会出现的情况是在一种语言环境中是错误的论证而在另外的语言环境中可以是正确、有效的论证。为此，我们必须强调对谬误出现于其中的具体条件的考察，对谬误作具体分析。大致的步骤和思路如下：

第一、应用各种推理知识，特别是演绎推理的知识，对需要识别的谬误进行具体分析，以判明该谬误确系非形式谬误。

第二、再进一步分清谬误属语言方面的谬误，还是实质方面的谬误，亦即辨明该谬误是否是仅仅局限于语言使用方面的谬误，如系仅仅属于语言使用方面的谬误，那么，该谬误即系歧义性谬误，否则，该谬误即实质谬误。

第三、如已辨明该谬误并非由语言的歧义性所引起的谬误（这是容易辨明的），那就表明该谬误为实质谬误。这样，就可以再进一步去辨别该谬误所由此产生的推理或论证之所以错误的原因：看其是在于前提（论据）与结论（论题）之间是貌似相关而实际上无关呢，还是前提（论据）对结论（论题）的支持不够。如系前者该谬误即为相关谬误；如系后者，该谬误则为论据不足的谬误，也就是在归纳推理（或归纳论证）过程中所常见的各种谬误，即归纳谬误。

2. 谬误的避免 研究谬误是为了预防与避免谬误。最基本的是必须学习和把握逻辑学（主要是形式逻辑）的基本知识和原理，明确思维规律的逻辑要求和各种推理形式的有关规则，并自觉地运用这些逻辑知识、逻辑要求和逻辑规则于自己的实际思维中，以提高自己的逻辑思维能力和逻辑素养。必须明确，一个人逻辑思维能力和逻辑素养的高低是同他预防和避免逻辑谬误的能力的强弱成正比，而同其逻辑谬误产生的多寡成反比。也就是说，一个人逻辑思维能力越强，逻辑素养越高，他的预防和避免逻辑谬误的能力就越强，而就越能有效地预防和避免逻辑谬误,把思维过程中的逻辑谬误减少到最低限度;反之,一个人逻辑思维能力越弱,逻辑素养越低,他的预防和避免逻辑谬误的能力也就越弱,因而,就越难以有效地预防和避免逻辑谬误,从而就会使思维过程中逻辑谬误的出现越频繁。所以,预防和避免逻辑谬误的基本途径是自觉地学习逻辑、应用逻辑,不断提高自己的逻辑思维能力和逻辑素养,舍此别无其他捷径。

另外,由于各种逻辑谬误的性质和产生的具体原因有所不同,因此,为了有效地预防和避免逻辑谬误,还必须针对不同谬误的不同特点,对症下药,采取不同的措施和办法。比如,对于形式谬误,就应当熟练地掌握各种必然推理的规则及其相应的有效式,同时还必须熟悉其相应的各种无效式。这样,就能对实际思维过程中出现的各种形式谬误迅速且准确地加以识别和避免;对于歧义性谬误,则应当尽可能注意在确定的语言环境下保持语词和词句的确定性,使语词所表达的概念和语句所表达的判断、命题能保持同一性;对于实质相关谬误则应当尽力避免心理因素与逻辑因素相混淆,力求在推理和论证过程中严格遵循逻辑要求进行逻辑推导,力戒各种心理因素,特别是情感因素对推理和论证过程产生干扰;对于论据不足的谬误则应当把注意力集中到推理或论证过程中前提(论据)对结论(论题)的支持程度上。为此,必须确切判明结论(论题)所依据成立前提(论据)的有无或多少,并判明它们对结论(论题)的支持和确证的程度,借以识别和预防那些似是而非的错误推理或论证,以避免论据不充足的种种谬误出现。

复习思考题

1. 什么是论证? 论证由哪些部分组成?
2. 论证和推理的联系和区别是什么?
3. 什么是演绎论证? 什么是归纳论证?
4. 什么是直接论证? 什么是间接论证?
5. 什么是反证法? 什么是选言证法? 二者的步骤和逻辑形式如何?
6. 论证的规则有哪些? 违反这些规则所犯的逻辑错误是什么?
7. 什么是反驳? 反驳与论证的关系如何?
8. 为什么说驳倒了论据和论证形式还不能说就驳倒了论题?
9. 什么是演绎反驳? 什么是归纳反驳?
10. 什么是间接反驳? 间接反驳与归谬法有何区别?
11. 归谬法与反证法有何区别?
12. 什么是谬误? 几种主要的谬误形式是什么?
13. 如何识别和避免谬误?